교육심리학 ^{2판}

| 조규판 · 주희진 · 양수민 공저 |

Educational Psychology

학지사

‥‥‥‥
2판 머리말

　교육은 종종 '인간 행동의 계획적인 변화'로 정의되고 있다. 교수자는 학습자의 개인 내적 특성인 인지적·정의적·신체적 특성뿐만 아니라 교육 현상이나 환경을 연구하여 학습자의 행동을 계획적으로 변화시키려 한다. 한편, education의 어원적 의미나 Gardner의 다중지능이론 등에서 알 수 있듯이 교육은 학습자의 잠재적 능력을 개발시켜 줄 것을 강조한다. 교육은 그 목적이 인간 행동의 계획적 변화든 인간의 잠재적 능력 개발이든 간에 학습자에 대한 이해가 선행되어야 한다. 교육심리학은 교육현상에서 학습자, 특히 학습자의 행동을 심리학적 방법을 통해 과학적으로 이해하려는 학문이다.

　저자들은 그동안 학부 및 교육대학원에서 교육심리학을 강의해 왔다. 교육심리학이 다른 교직이론 과목에 비해 재미있다고 하나, 교직 과목을 처음 접하는 학생들에게는 생소하고 어려운 과목이다. 수업 시간에 학생들의 흥미나 학습동기를 유발하기 위해 가능한 한 많은 예시를 사용하였으며, 특히 이해가 어려운 개념이나 이론은 학생들이 알고 있는 쉬운 예를 들어 설명하였다. 이러한 강의 경험을 바탕으로 저자들은 이 책에서 이론과 그에 적합한 예시를 교육현장에 적용할 수 있도록 쉽게 집필하려고 노력하였다.

　이 책은 총 13개의 장으로 구성되어 있다. 1장은 '교육심리학의 기초'로 교육심리학의 개념 및 영역, 교육심리학의 기반을 이루고 있는 기초이론 그리고 교육심리학의 연구방법에 대해 개괄적으로 서술하였다. 2장은 '인지발달'로 먼저 발달의 개념과 원리에 대해 설명하였으며, 교육심리학에서 인지발달의 두 개의 큰 축으로 보는 Piaget와 Vygotsky 인지발달이론을 다루었다. 3장 '성격발달'에서는 Freud의 심리성적 성격발달이론과 Erikson의 심리사회적 성격발달이론 그리고 Marcia의 정체성 지위이론을 중심으로 학습자의 성격발달을 이해하고자 하였다. 4장 '도덕성 발달'에서는 도덕성의 의미와 발달에 대해 개괄적으로 설명한 후, Piaget와 Kohlberg의 도덕성 발달이론을 자세하게 설명하였다. 5장 '지능'에서는 지능의 정의와 이론 그리고 지능의 측정 및 지능검사를 다루었다. 6장 '창의성과 인지양식'에서는 창의성의 개념, 측정, 훈련 기법과 인지양식의 유형 및 교육적 적용에 대해 서술하였다. 7장 '특수한 학습자'에서는 특수한 학습자의 개념, 영재아동, 학습장애, 정서행동장애의 특성 및 판별, 교육에 대해 설명하였다. 8장에서 11장까지는 행동주의이론, 사회인지이론, 인지주의이론, 구성주의이론이 각각 학습을 어떻게 해석하고 접근하는지에 대해 기술하였다. 8장 '학습에 대한 행동주의적 접근'에서는 학습의 행동주의적 접근 및 교육적 적용을, 9장 '학습에 대한 사회인지주의적 접근'에서는 학습에 대한 사회인지주의적 접근 및 교육적 적용을, 10장 '학습에 대한 인지주의적 접근'에서는 Tolman의 잠재학습, 형태주의 심리학, 정보처리이론과 이들 이론의 교육적 접근에 대해 설명하였다. 11장 '학습에 대한 구성주의적 접근'에서는 구성주의 교수–학습 원리 및 방법과 교육적 적용에 대해 서술하였다. 그리고 12장 '학습동기'에서는 동기의 개념, 종류, 이론을 설명한 후 학습동기의 유발전략에 대해 서술하였다. 마지막으로, 13장 '교육평가'에서는 교육평가의 개념 및 유형에 대해 설명하고, 문항의 제작 및 문항분석 방법을 제시하였으며, 교육평가도구의 구비조건에 대해 서술하였다.

　교육심리학은 학문적 범위가 매우 넓고 깊은 학문이다. 2판에서는 초판에서 일부 부족한 내용을 보완하였으며, 13장 교육평가 부분을 추가하였다. 2판의 미흡한 부분들도 지속적으로 보완해 나갈 것을 약속드린다. 마지막으로, 이 책의 출판을 흔쾌히 허락해 주신 학지사의 김진환 사장님과 김은석 부장님 그리고 편집과 교정을 맡아 주신 편집부 김준범 차장님께 감사드린다.

2019년 봄
조규판, 주희진, 양수민

1판 머리말

교육은 종종 '인간 행동의 계획적인 변화'로 정의되고 있다. 교수자는 학습자의 개인 내적 특성인 인지적 · 정의적 · 신체적 특성뿐만 아니라 교육 현상이나 환경을 연구하여 학습자의 행동을 계획적으로 변화시키려 한다. 한편, education의 어원적 의미나 Gardner의 다중지능이론 등에서 알 수 있듯이 교육은 학습자의 잠재적 능력을 개발시켜 줄 것을 강조한다. 교육은 그 목적이 인간 행동의 계획적 변화든 인간의 잠재적 능력 개발이든 간에 학습자에 대한 이해가 선행되어야 한다. 교육심리학은 교육현상에서 학습자, 특히 학습자의 행동을 심리학적 방법을 통해 과학적으로 이해하려는 학문이다.

저자들은 그동안 학부 및 교육대학원에서 교육심리학을 강의해 왔다. 교육심리학이 다른 교직이론 과목에 비해 재미있다고 하나, 교직 과목을 처음 접하는 학생들에게는 생소하고 어려운 과목이다. 수업 시간에 학생들의 흥미나 학습동기를 유발하기 위해 가능한 한 많은 예시를 사용하였으며, 특히 이해가 어려운 개념이나 이론은 학생들이 알고 있는 쉬운 예를 들어 설명하였다. 이러한 강의 경험을 바탕으로 이 책은 이론과 그에 적합한 예시를 교육현장에 적용할 수 있도록 쉽게 집필하려고 노력하였다.

이 책은 총 12개의 장으로 구성되어 있다. 1장은 '교육심리학의 기초'로 교육심리학의 개념 및 영역, 교육심리학의 기반을 이루고 있는 기초이론 그리고 교육심리학의 연구방법에 대해 개괄적으로 서술하였다. 2장은 '인지발달'로 먼저 발달의 개념과 원리에 대해 설명하였으며, 교육심리학에서 인지발달의 두 개의 큰 축으로 보는 Piaget와 Vygotsky의 인지발달이론을 다루었다. 3장 '성격발달'에서는 Freud의 심리성적 성격발달이론과 Erikson의 심리사회적 성격발달이론 그리고 Marcia의 정체성 지위이론을 중심으로 학습자의 성격발달을 이해하고자 하였다. 4장 '도덕성 발달'에서는 도덕성의 의미와 발달에 대해 개괄적으로 설명한 후, Piaget와 Kohlberg의 도덕성 발달이론을 자세하게 설명하였다. 5장 '지능'에서는 지능의 정의와 이론 그리고 지능의 측정 및 지능검사를 다루었다. 6장 '창의성과 인지양식'에서는 창의성의 개념, 측정, 훈련 기법과 인지양식의 유형 및 교육적 적용에 대해 서술하였다. 7장 '특수한 학습자'에서는 특수한 학습자의 개념, 영재아동, 학습장애, 정서행동장애의 특성 및 판별, 교육에 대해 설명하였다. 8장에서 11장까지는 행동주의이론, 사회인지이론, 인지주의이론, 구성주의이론이 각각 학습을 어떻게 해석하고 접근하는지에 대해 기술하였다. 8장 '학습에 대한 행동주의적 접근'에서는 학습의 행동주의적 접근 및 교육적 적용을, 9장 '학습에 대한 사회인지주의적 접근'에서는 학습에 대한 사회인지주의적 접근 및 교육적 적용을, 10장 '학습에 대한 인지주의적 접근'에서는 Tolman의 잠재학습, 형태주의 심리학, 정보처리이론과 이들 이론의 교육적 접근에 대해 설명하였다. 그리고 11장 '학습에 대한 구성주의적 접근'에서는 구성주의 교수-학습 원리 및 방법과 교육적 적용에 대해 서술하였다. 마지막으로, 12장 '학습동기'에서는 동기의 개념, 종류, 이론을 설명한 후 학습동기의 유발전략에 대해 서술하였다.

교육심리학은 학문적 범위가 매우 넓고 깊은 학문이다. 하지만 저자들이 아는 것이 부족하여 이 책의 내용은 아직 미흡하거나 부족한 부분이 많다.

이러한 생각 때문에 탈고하여 책으로 내기까지 많은 용기가 필요했다. 이 책의 미흡한 부분들은 지속적으로 보완해 나갈 것을 약속드린다. 마지막으로, 이 책의 출판을 흔쾌히 허락해 주신 학지사의 김진환 사장님과 김은석 부장님 그리고 편집과 교정을 맡아 주신 편집부 박나리 선생님께 감사드린다.

2016년 여름
조규판, 주희진, 양수민

차례

제1장 ──● **교육심리학의 기초** ········ 19

학습에 대한 사회인지주의적 접근 ·········· 217

학습에 대한 인지주의적 접근 ·········· 235

제1장 교육심리학의 기초

1. 교육심리학의 개념

1) 교육학과 심리학

교육학(pedagogy)은 교육과 관련된 다양한 현상을 과학적으로 설명하고 연구하여 결과를 체계화한 학문이다. 여기서 교육(education)은 종종 인간의 행동을 바람직한 방향으로 변화시키는 계획적 과정이나 활동으로 정의된다. 이 정의에 따르면 교육의 목적은 교육의 대상인 인간의 행동을 가치 있고 바람직한 방향으로 계획적이고 의도적으로 변화시키는 것이다. 교육의 정의에서 '행동'이란 눈에 보이는 외현적인 행동뿐만 아니라 지식이나 사고, 태도, 가치관, 성격 등의 내면적인 행동도 포함한다. '계획적'이라는 용어에는 학습자를 어떠한 인간으로 변화시키고 형성하겠다는 교육자의 분명한 의도가 내포되어 있다. 교육자는 교수-학습과정에서 경험이나 사실, 실증, 법칙, 이론 등에 의해 구성된 교육과정을 매개로 하여 학습자를 교육의 목적에 맞게 의도적으로 변화시키려고 노력한다. '변화'는 자연 발생적 또는 우연적인 변화가 아닌 교육자에 의한 의도적이고 목적적인 변화를 의미한다. 즉, 단순한 인간 행동의 변화가 아니라 가치 있고 바람직한 방향으로의 변화를 의미한다. 이러한 인간 행동의 바람직한 변화를 위해 과학적인 연구방법으로 다양한 교육현상을 설명하고 연구하여 그 성과를 체계화한 학문이 바로 교육학이다. 교육학의 주요 영역으로는 교육심리, 교육평가, 교육철학, 교육사, 교육상담, 교육사회, 평생교육, 교육행정, 교육과정, 교육공학 등이 있다.

심리학(psychology)은 인간의 행동을 과학적으로 탐구하는 학문이다. 심리학에서 인간의 행동을 연구하는 이유는 관찰 가능한 객관적인 행동에 대한 연구를 통하여 인간을 이해하기 위해서다. 여기서 행동은 관찰할 수 있는 외현적 행동뿐만 아니라 감정이나 사고와 같은 관찰할 수 없는 내재적 행동도 포함한다. 심리학이 모든 학문의 근원인 철학을 기초로 형성되었기 때문에 초기 심리학의 연구 대상은 주로 인간의 마음이나 정신세계였다. 하지만 인간의 마음이나 정신세계는 관찰할 수가 없어 연구하기가 어려웠으며, 과학적 연구방법이 대부분의 학문의 연구방법으로 자리매김하면서 심리학의 연구 대상은 관찰이 가능하고 증명이 가능한 인간의 행동으로 바뀌었다. 최근 연구방법이 발달하면서 인간의 행동뿐만 아니라 초기 심리학의 연구 대상이었던 마음이나 정신과정과 같은 인간의 내재적 특성들이 다시 연구 대상에 포함되었다.

이상에서 살펴보았듯이 심리학은 인간의 행동과 심리과정을 과학적으로 탐구하는 학문이라고 정의할 수 있다. 심리학을 기반으로 한 주요 학문 영역에는 교육심리학, 임상심리학, 상담심리학, 발달심리학, 산업심리학 등이 있다.

2) 교육심리학

교육심리학(educational psychology)은 인간 행동의 변화를 위해 과학적 연구방법으로 교육현상을 연구하는 교육학과 인간 행동을 과학적으로 이해하려는 심리학을 접목시켜 형성된 학문 영역이다. 따라서 교육심리학은 심리학적인 방법론을 사용하여 교육적인 사실이나 현상과 관련된 측면을 이해하려는 학문적 성격을 갖는다. 교육심리학은 심리학의 이론과 법칙을 교육 실제에 적용하는 응용 분야로 보는 견해와 그 자체의 이론과 연구 주제 및 연구방법을 가진 독립적인 학문 분야로 보는 견해로 구분된다. 종래에는 교육심리학을 '심리학이 밝힌 원리를 교육문제를 해결하는 데 응용하려는 학문' 또는 '교육문제를 탐구하기 위해 심리학의 방법을 적용하는 학문' 등으로 정의하면서 독립적인 학문 분야가 아닌 심리학 응용 분야의 하나로 인식해 왔다. 이후 교육장면에 대한 심리적 현상을 체계적으로 탐구하여 고유한 이론과 방법을 체계화하기 시작하면서 최근에는 교육심리학을 심리학의 응용 분야가 아닌 하나의 독립된 학문 분야로 보는 견해가 일반적이다.

Ausubel(1969)은 교육심리학을 학교학습의 본질, 조건, 성과 그리고 평가에 관한 심리학의 분과라고 하여 교육심리학이 심리학의 응용학문 중의 하나라는 것을 인정하면서도 학교에서의 학습에 초점을 두어야 한다는 점에서는 교육심리학이 심리학과 구별되어야 한다고 주장하였다. 또한 그는 학습 경험과 교육현장의 문제는 실험실 연구로부터 이끌어 낸 심리학의 연구 결과나 이론으로는 해결할 수 없다고 하였다. Wittrock(1992)은 교육심리학의 근본 목적이 교육에 대한 이해와 개선이기 때문에 심리학과는 구별된다고 하였다. 그는 교육심리학이 심리학적 원리를 교육에 응용하려는 생각을 버리고 교육현장에서 인간의 행동을 기술하고, 이해하고, 예언하고, 통제하려는 시도를 해야 한다고 주장하면서 교육심리학이 행동을 과학적으로 연구하는 독립적인 학문임을 강조하였다. 이처럼 교육심리학은 자체의 이론과 연구방법 및 기술을 가진 독립적인 학문으로 이해되고 있다(Woolfolk, 1993).

한편, 역사적으로 볼 때 교육심리학은 심리학의 관심 영역과 밀접한 관계를 맺으면서 학습, 개인차, 발달, 인지, 측정 등 많은 분야에서 심리학의 발전에 공헌을 하였다. 예를 들어, Thorndike(1921)의 학습과 전이에 대한 연구, Skinner의 강화이론, 조건형성이론, 프로그램 교수방법 등의 연구는 심리학의 학습이론을 구축하는 데 절대적인 공헌을 하였다. 그리고 Ausubel(1968)의 유의미학습이나 Bruner(1959, 1961)의 발견학습 등과 같은 교육심리학적 연구는 심리학의 초기 인지모형 성립에 중요한 역할을 하였다. 이 밖에도 Binet와 Cronbach(1951)의 심리검사와 측정 및 평가에 관한 연구, Sternberg(1987)의 사고 과정과 훈련 등에 관한 연구는 심리학에 영향을 미치고 있다(이성진, 1996).

교육심리학에 대한 학자들의 정의를 살펴보는 것은 교육심리학의 학문적 성격을 좀 더 깊이 있게 이해하는 데 도움이 된다. Seifert(1991)는 교육심리학이 학습이 발생하는 기제를 탐구하고 그러한 연구가 실제적으로 학습에 도움을 줄 수 있는 방법에 대해 연구하는 학문이라고 하였다. 그는 교육심리학이 학습에 도움을 주기 위해 학습자의 특성과 발달, 다양한 개인차를 가진 학습자의 능력을 조화시키는 방법, 학습에 대한 평가 등을 연구해야 한다고 하였다. Goetz, Alexander와 Ash(1992)는 교육심리학을 학습과 교수 그리고 그와 관련된 요인을 연구하는 학문으로 정의하였다. 그들은 교육심리학이 학생들의 심리적 발달에 대한 이해와 학습과정 그리고 학생들이 익혀야 할 지식과 기술의 본질을 이해하는 데 도움을 줄 수 있으며, 학생의 수행에 대한 평가와 측정에 유용한 기초를 제공한다고 하였다. 한국교육심리학회(1999)는 교육심리학을 교육에 내재되어 있는 심리적인 현상을 과학적으로 연구하여 교육방법의 이론적 근거를 제공하고, 이를 토대로 교육실천의 과정을 지원하는 학문이라고 정의하고 있다.

이상의 정의를 종합해 보면, 교육심리학이란 교육과 관련된 사실과 현상을 연구 대상으로 하며 교육의 목표를 효과적으로 달성하기 위해 심리학적 측면에서 이론과 실천적 방법을 탐구하는 과학적인 학문이다.

2. 교육심리학의 영역

교육심리학은 그 자체의 연구 대상과 연구 주제 그리고 연구방법이 있는 독자적인 과학이며, 따라서 심리학과는 구별되는 고유한 연구 영역을 가지고 있다. 교육심리학의 주제를 영역별로 정리하면 다음과 같다.

첫째, 학습자(learner)에 대한 이해다. 교육은 학습자를 대상으로 하는 활동이므로 효과적인 교수-학습을 위해서는 학습자에 대한 이해가 선행되어야 한다. 그 이유는 교육의 목적이 학습자의 행동 변화에 있고, 교육이 학습자를 중심으로 일어나기 때문이다. 학습자를 제대로 이해하기 위해서는 학습자의 인지적·정의적 특성의 발달 특징 및 수준을 이해해야 할 뿐만 아니라 이러한 특성들이 연령 증가와 함께 어떻게 발달하는가를 파악하는 것이 필요하다. 아울러 학습자가 지닌 개인차를 이해하는 것 또한 학습자를 이해하기 위해서 중요하다. 즉, 학습자에 대한 이해에는 시기에 따른 발달적인 변화와 그 수준을 이해하는 측면과 더불어 개인차를 이해하는 측면이 있다. 이러한 학습자 특성에 대한 이해는 교육목표를 설정하고 교육과정을 개발하며 교수-학습방법을 결정하는 데 영향을 미치게 된다.

둘째, 교수자(teacher)에 대한 이해다. 교수자의 자질은 학습자의 학업성취뿐만 아니라 인지적·정의적 특성의 형성과 발달에도 중대한 영향을 미친다. 교수자는 학습자에 대한 이해를 기초로 개인 또는 집단 상담을 하여 생활지도 방안을 강구하고, 학생들이 최적의 상태에서 학습할 수 있도록 도와주는 역할을 한다. 최근 이러한 교수자의 인성, 심리적 안녕감, 교수 효능감 등에 관한 연구가 새로이 주목을 받고 있다.

셋째, 학습(learning)에 대한 이해다. 교육의 가장 중요한 목적 중의 하나는 학습 성과를 극대화하는 것인데, 학습 성과의 극대화를 위해서는 학습이 무엇이며, 어떤 과정을 통해 일어나고, 학습을 촉진하거나 방해하는 요인이 무엇인가에 대한 체계적인 정보와 지식이 필요하다. 교육심리학은 학습에 대한 체계적이고 과학적인 연구를 통해 학습을 촉진하기 위해 활용할 수 있는 실제적인 지식을 제공한다.

넷째, 교수(teaching)에 대한 이해다. 교육심리학은 교실에서의 효과적인 수업을 위한 수업모형과 다양한 교수방법에 대한 연구를 통해 수업의 효과를 높이는 데 도움을 줄 수 있는 지식을 제공한다. 교사가 아무리 훌륭한 교재와 수업을 준비하여도 학습자가 수업을 들을 마음이 전혀 없다면 학업성취는 이루어지지 않는다. 그러므로 교사는 학생들의 학습동기를 극대화하도록 도움을 주어야 하는데 이를 위한 수업계획과 교수방법을 체계적으로 조직하는 것은 쉬운 일이 아니다. 따라서 교사는 다양한 연령층의 학습자가 가진 동기에 관련된 문제와 동기이론 등을 고찰하여 효과적인 수업전략을 위한 방안을 모색하여야 한다.

다섯째, 평가(evaluation)에 대한 이해다. 교육활동을 제대로 수행하려면 교육과 관련된 다양한 요인을 객관적으로 측정하고 평가해야 한다. 평가활동은 교육활동이 종료된 후에만 이루어지는 것이 아니다. 평가활동은 교육이 시작되기 전에 학습자의 특성을 이해하기 위해 실시될 수도 있고, 수업이 진행되는 동안에 교수-학습과정을 개선하기 위해 실시될 수도 있다. 평가는 학습목표의 달성을 측정하는 데 그치지 않고, 앞으로의 학습목표를 설정하는 기반이 되며, 교수자가 수업을 개선하는 데에도 도움을 준다. 이러한 측정과 평가의 결과를 확인하고 분석함으로써 보다 나은 교육방법의 개선이 이루어질 수 있다. 교수자는 평가활동을 수행할 때 확고한 평가관을 지니고 있어야 하며 평가의 실제에 관한 전문적 능력도 갖추고 있어야 한다.

지금까지 살펴본 바와 같이 교육심리학은 학습자, 교수자, 교수-학습, 평가에 대한 이해를 중심으로 교육과 관련된 광범위한 영역에서 이론체계를 확립하고 실제로 일어나는 교육 상황에 효과적으로 적용할 수 있다.

3. 교육심리학의 기초이론

1) 정신분석학

정신분석학(psychoanalysis)은 인간 정신세계의 구조와 작용에 관한 Freud의 이론에 기초를 두고, 인간의 심층심리를 이해하고자 한다. Freud는 인간의 마음을 의식(consciousness)과 무의식(unconsciousness)의 세계로 나누었다. 의식의 세계는 수면 위로 드러난 빙산과 같이 마음의 일부분을 차지할 뿐이고, 무의식의 세계가 수면 아래에 숨겨진 빙산과 같이 마음의 대부분을 차지한다고 보았다. 따라서 Freud에 의하면 인간의 심리현상과 행동은 주로 무의식의 지배를 받으므로 인간의 정신과정과 행동을 이해하기 위해서는 우리가 알 수 있는 의식보다는 무의식을 연구해야 한다.

정신분석학은 성격이상, 비정상 행동, 사회 부적응 등 심리적으로 어려움을 겪고 있는 사람을 치료하고 연구하는 심리학자들이 주로 사용하는 방법이다. Freud에 따르면 인간은 성적 추동, 욕망, 의식되지 않는 아동기의 외상적 기억이 동기로 작용하여 행동하는 존재로, 이러한 억압된 충동들은 꿈이나 말실수를 통해 표출되거나 심리장애의 증상으로 나타나는 등 끊임없이 의식적 마음에 영향을 미친다. 그러므로 무의식 속에서 원인이 되는 사실을 정신분석적 방법으로 찾아내어 그것을 해석함으로써 치료가 가능하다고 본다.

인간의 성격 형성이나 행동에 있어서 유전적으로 물려받은 생물학적인 본능을 중시한 Freud의 고전적 정신분석학은 후천적으로 획득한 사회·문화적 요인을 강조하는 Jung, Adler, Erikson 등의 후기 정신분석 학파에 의해 새로이 정립되었다. 성격에 대해서 Freud는 어린 시절의 영향을 받아서 거의 변하지 않는다는 결정론적 견해를 가졌던 반면에, Jung은 성격이 생활 속에서 경험에 의해 후천적으로 변할 수 있고 미래의 목표와 열망에 의해 형성된다고 믿었다. Adler는 인간의 성격이나 행동을 설명하기 위해 열등감, 우월성 추구, 출생 순위 등의 개념을 제시하였다. 그는 어린 시절에 느꼈던 육체적이거나 정신적인 열등감을 보상하기 위해 우월성 추구를 하면 건설적 생활양식을 갖게 되어 심리적으로 건강한 성격을 형성하게 되고, 열등감에 집착하면 파괴적 생활양식을 갖게 되어 신경증에 빠지게 된다고 하였다(Ryckman, 2000). Erikson은 심리성적인 측면에서 성격발달을 설명한 Freud의 이론과는 달리 심리사회적 성격발달이론을 정립하여 성격의 형성과 발달에 있어서 사회·문화적 영향을 강조하였다.

2) 행동주의 심리학

행동주의 심리학(behavioral psychology)은 관찰 가능하고 측정 가능한 행동을 연구 대상으로 한다. 즉, 인간의 심리현상이 행동으로 관찰될 수 있다고 보고 행동을 관찰하고 해석함으로써 인간을 이해하려고 한다. 행동주의 심리학은 인간의 행동을 설명하는 과정에서 인간의 내부에 있는 심리과정이나 신경생리적 과정에 대한 관심을 배제하고, 행동을 유발하는 외적 자극과 그에 대응하는 반응을 중심으로 심리학의 체계를 정립시켰기 때문에 자극-반응 심리학이라고도 한다. 따라서 기본적으로 인간의 의식세계는 믿을 수 없고, 중요한 것은 표출된 행동뿐이라고 주장한다. 이와 같은 입장에서는 인간을 다른 모든 유기체와 다를 바 없이 자연의 모든 환경적 조건에 반응하는 반응체로 본다.

행동주의 심리학은 학습방법, 행동수정 기법 및 교육개혁 방안이나 수업모형까지 영향을 주었다. 대표적인 이론으로는 Pavlov의 고전적 조건형성이론, Thorndike의 도구적 조건형성이론, Skinner의 조작적 조건형성이론 등이 있다. 이후 행동주의 심리학은 점차 정신과정에 대해서도 관심을 갖고 연구 주제에 포함시키는 신행동주의 심리학으로 발전하였다. 최근에는 인접과학 및 연구방법이 발달하여 직접 관찰 가능한 정신과정의 범위가 확대됨에 따라 많은 내현적인 현상을 연구 대상에 포함시키고 있다.

3) 인지심리학

인지심리학(congnitive psychology)은 인간의 뇌에서 이루어지는 주의, 지각, 기억, 사고, 추론 등의 정보처리 과정을 탐구하고 그 결과를 응용하는 학문이다. 즉, 인지심리학은 인간 두뇌 속의 과정에 대해 눈으로 직접 관찰할 수는 없지만 얼마든지 객관적이고 과학적인 연구가 가능하다고 보고, 정신과정을 연구하는 데 초점을 두고 있다. 인지(cognition)란 우리 머릿속에서 일어나는 일련의 지적 과정으로 외부에서 들어오는 자극을 여러 가지 방법

으로 변형·부호화하여 기억 속에 저장한 후 필요할 때에 인출하는 과정을
말한다.

인지심리학은 1900년대 초에 독일에서 등장한 형태주의 심리학에서 근원
을 찾을 수 있다. 형태주의 심리학을 정립한 Wertheimer, Koffka, Köhler 등
은 지각에 미치는 의식작용에 관심을 가졌다.

[그림 1-1]이 무엇처럼 보이는가? 사람들은 이 그림을 무의미하고 단순한
도형으로 보지 않고 그들의 마음 상태에 따라 천사로 보기도 하고 박쥐로 보
기도 한다. 이와 같이 형태주의 심리학자들은 사람들이 단순한 기하학적 도
형을 보고 어떻게 의미 있는 형태로 지각하는가에 관심을 두었다. 이들은 인
간의 지각이 요소들 간의 연합이 아니라 지각하게 되는 모든 것의 관계 속에
서 전체적이고 상대적인 것이라고 본다. 여기에서 전체는 부분들의 단순한
합이 아니라 그 이상의 것이며 부분들은 전체 내에서 관계를 가질 때 의미를
가지게 된다는 것이다.

인지심리학에 따르면 인간은 자극을 단지 수동적으로 지각하는 것이 아니
라 능동적으로 받아들여 다시 새로운 형태나 항목으로 변경시킨다. 따라서

[그림 1-1] 형태의 주관적 지각

인간 개개인은 사고의 틀이 다르므로 동일한 자극 대상에 대해서도 각자 다르게 해석하고 지각할 수 있는 것이다. 즉, 인간을 이해하고 설명하기 위해서는 인지 기능 및 과정을 분석해야 할 필요가 있다.

인지심리학자들은 기억, 지각, 학습, 지능, 문제해결을 집중적으로 연구함으로써 심리학의 정의를 확장하였으며, 인지 구조가 변하지 않는 한 인간 행동은 변하지 않는다고 본다. 대표적인 이론으로는 Köhler의 통찰설, Tolman의 목적적 행동주의, Lewin의 장이론 등이 있다.

4) 인본주의 심리학

인본주의 심리학(humanistic psychology)은 정신분석학이나 행동주의 심리학에 반대하면서 등장하였다. 개인의 주관적 경험을 주된 연구주제로 삼으며, 인간의 자유의지와 자기실현에 초점을 두고 있다. 인본주의 심리학에서는 인간은 무의식적 충동이나 동물처럼 외적 자극에 의해 조종되는 존재가 아니라 자유의지로 자신의 운명을 통제할 수 있는 존재라고 본다. 인간은 자신의 행동에 대해 책임지기를 바라며, 자신의 통제력 밖에 있는 힘에 의해서 행동하기를 원치 않는다. 따라서 인간의 행동은 무의식이나 어떤 선행조건의 산물이 아니라 개인의 자유의지가 작용하는 의식의 발로라고 본다.

인본주의 심리학은 인간에 대한 객관적 탐구보다는 문학, 예술, 역사, 철학 등의 영향을 받아 인간의 주관적 세계에 대한 탐구를 강조한다. 이는 인간이 자기 자신과 자신을 둘러싼 세계를 어떻게 지각하는가를 연구함으로써 인간의 본질에 대해 많은 지식을 얻을 수 있고, 인간의 심리현상에 대해 설명할 수 있다고 보기 때문이다. 인본주의 심리학에서는 인간을 자신의 문제를 해결하고 잠재력을 실현하며, 삶을 긍정적으로 변화시킬 수 있는 능력을 가진 자율적인 존재로 본다. 따라서 인간은 지금까지 인식되어 온 것보다 더 자유롭고 창조적인 존재이며, 인간에게는 성장가능 잠재력과 자기실현을 위한 역량이 있다고 주장한다.

인본주의 심리학은 연구방법의 차원에서 과학적 기반을 지니지 못한다는 비판을 받아 왔지만 사랑, 이타성, 건강한 인격 등과 같은 인간 행동의 긍정적인 면에 대한 연구를 발전시켰다는 측면에서는 가치를 인정받고 있다. 대표적인 이론으로는 Maslow의 욕구위계이론, Rogers의 인간중심이론, Allport의 특질이론 등이 있다.

5) 신경생리학

신경생리학(neurophysiology)은 뇌와 신경계에 의해 이루어지는 모든 생리현상을 연구하는 학문이다. 즉, 신경생리학에서는 인간의 행동과 정신작용을 두뇌와 신경계 안의 신경세포들 사이에서 일어나는 생리학적 과정으로 설명한다. 예를 들면, 새로운 자극이 주어졌을 때 뇌와 신경계통에서 어떤 변화가 일어나는지를 살펴보거나, 두뇌의 어떤 부위에 자극을 주면 기쁨, 슬픔, 공포, 분노와 같은 정서적 반응을 얻을 수 있는가 등을 실험을 통해 연구한다.

신경생리학의 공헌 중 하나는 인간의 뇌는 우반구와 좌반구의 기능이 다르며, 이로 인해 운동기능이나 학습에 있어서도 차이가 난다는 것을 밝혀 준 것이다. 우반구는 신체의 왼쪽을 관장하고, 좌반구는 신체의 오른쪽을 관장한다. 또한 우반구는 공간 지각력이나 직관력 등과 관계가 깊고, 좌반구는 언어나 논리, 수학적 능력과 관계가 있다. 이와 같은 신경생리학의 연구 결과는 두뇌의 특정 부위의 손상에 따른 기능성 장애와 특정 교과의 학습장애 간의 관계를 밝혀 주기도 한다.

최근의 신경생리학 연구들은 뇌의 활동과 인간의 행동 또는 경험 간에 밀접한 관계가 있다고 보고하고 있다. 신경생리학 및 이와 관련된 연구들은 인간의 두뇌작용에 관해 가장 정확한 정보를 제공하게 될 것이라고 기대할 수 있다.

4. 교육심리학의 연구방법

교육심리학자들은 종종 당연한 것을 연구한다는 비난을 받는다(Gage, 1991). 그러나 당연한 것이 항상 옳은 것은 아니다. 예를 들어, 대부분의 사람은 능력별로 학급을 편성하는 것이 학생들의 능력 차이를 좁혀 교사가 효과적으로 가르칠 수 있게 함으로써 학생들의 학업성취를 높일 수 있을 것이라고 생각한다. 그러나 능력별로 학급을 편성한 결과 낮은 수준의 학급에 속한 학생들의 학업성취가 떨어지는 것으로 나타남으로써 사람들이 당연하게 여겼던 확신이 틀린 것으로 밝혀졌다(Good & Marshall, 1984; Slavin, 1987). 또한 많은 교사는 학생들의 잘못된 행동에 대해 꾸중을 하면 그 행동이 고쳐질 것이라고 생각한다. 실제로 꾸중을 들으면 잘못된 행동을 고치는 학생들도 많지만, 어떤 학생들에게는 꾸중이 오히려 관심이라는 보상이 되어 그러한 행동의 빈도를 더 증가시키기도 한다. 그래서 Gage(1991)는 학습과 관련된 요인들 중에서 애매한 문제뿐만 아니라 명백한 문제에 대해서도 과학적이고 객관적인 방법을 통해 연구할 필요가 있다.

그러므로 교육심리학 연구는 교육과 관련된 제반 문제에 대한 최선의 해답을 과학적으로 밝히는 일련의 과정이라 할 수 있다. 교육심리학자들은 교육과 관련된 문제를 해결하기 위하여 다양한 종류의 연구를 설계하고 수행한다. 교육심리학에서 주로 사용되는 연구방법으로는 조사연구, 관찰연구, 실험연구, 사례연구 등이 있다. 이러한 연구방법들은 각각 장단점이 있으며, 어느 연구방법이 가장 좋은 연구방법이라고 말하는 것은 어렵다. 연구문제를 해결하는 데 가장 적합한 방법이 가장 좋은 연구방법이다(Kennedy, 1997). 교육심리학에서 주로 사용되는 연구방법들의 특성을 살펴보자.

1) 조사연구

조사연구(survey research)는 교육심리학 연구에서 가장 많이 사용되는 연구방법 중의 하나로, 주로 어떤 대상들의 태도, 신념, 견해 등과 같은 정보를 알아보기 위해 사용한다. 조사연구를 할 때는 흔히 연구 대상이 너무 많아 전체를 대상으로 연구하기 어려운 경우가 많다. 이 경우에는 연구 대상의 전체 집단인 모집단(population)의 일부를 추출한 표본(sample)을 대상으로 자료를 수집하여 모집단에 대한 정보를 추론한다.

　조사연구 방법 중 질문지법은 일련의 문제에 관한 질문지를 조사자들에게 배포하여 응답하도록 하는 방법이다. 질문지법의 장점으로는, 첫째, 다른 연구방법에 비해 일시에 많은 양의 정보를 간편하게 수집할 수 있어 시간과 비용이 절약된다. 둘째, 자료수집 과정과 연구절차가 비교적 간단하다. 셋째, 응답자가 시간적 여유가 있기 때문에 심사숙고하여 정확하게 응답할 수 있다. 단점으로는, 첫째, 취학 전 아동이나 문자해독능력이 없는 대상에게는 사용할 수 없다. 둘째, 자기보고적인 자료에 의존하기 때문에 자칫하면 응답자의 고의나 무성의로 허위반응이나 중립화 경향의 정보를 얻게 될 수 있다. 셋째, 사회적 바람직성과 같은 요인의 영향으로 응답자가 문항을 읽고 자신의 생각이나 태도가 아닌 사회적으로 바람직하게 여겨지는 것에 응답할 수 있다.

　따라서 조사연구 방법에 의한 연구 결과가 객관적이고 타당하기 위해서는 표본이 모집단을 대표할 수 있어야 하며 설문지 작성, 자료의 해석 및 분석이 신뢰롭고 타당한 방법으로 이루어져야 한다. 그리고 연구 결과가 공개되었을 때 개인 정보가 누출되어 인권 침해 등의 문제가 발생할 수 있는 경우에는 개인의 신상을 밝히지 않는 조건 등을 제시하여야 할 것이다.

2) 관찰연구

　관찰연구(observational research)는 연구자가 감각기관, 특히 시각과 청각을 통해 보고 들은 연구 주제와 관련된 내용을 분석하는 연구방법이다. 관찰의 종류에는 연구자 자신이 연구 대상의 행동을 스스로 보고 기록하는 직접관찰과 나타난 자료나 증거를 가지고 분석하는 간접관찰이 있다. 또 연구자가 연구 대상들과 함께 생활하면서 그들의 행동을 관찰하는 참여관찰과 연구 대상과 일정한 거리를 두고 떨어져서 관찰하는 비참여관찰이 있다. 마지막으로 연구 대상에게 인위적 조작을 가하지 않고 있는 그대로의 자연스러운 상황에서 행동을 관찰하는 자연적 관찰과 어떤 처치를 가한 후에 변화하는 행동을 관찰하는 인위적 관찰이 있다.

관찰 결과를 기록하는 방법에는 일어난 사건을 중심으로 기록하는 일화기록법(anecdotal record), 행동을 서술한 목록에 기록하는 행동목록법(check list), 정해진 항목상의 행동에 대해 그 정도를 판정하여 표시하는 평정척도법(rating scale) 등이 있다. 최근에는 관찰의 객관성을 높이기 위해 피관찰자의 동의를 얻어 비디오카메라나 녹음기 등을 이용하기도 한다. 관찰에 의한 평가를 위하여 자료를 기록할 때 주의할 점은, 첫째는 기록된 자료의 활용을 염두에 두고 기록하여야 하며, 둘째는 기록을 수량화할 수 있도록 고려하여야 하고, 셋째는 관찰한 즉시 기록해야 한다는 것이다.

관찰연구의 장점으로는, 첫째, 관찰대상의 교육정도나 능력에 제한 받지 않으므로 어떤 대상에게나 용이하게 활용할 수 있다. 둘째, 허위반응과 중립화 경향을 어느 정도 방지할 수 있다. 셋째, 비언어적 행동 변화에 관한 자료를 얻을 수 있다. 단점으로는, 첫째, 관찰하고자 하는 행동이 일어나길 기다려야 하므로 시간과 비용이 많이 든다. 둘째, 관찰자의 의도나 주관적 편견이 개입될 가능성이 많아 객관적인 연구 결과를 얻지 못할 우려가 있다. 셋째, 자연 상황에서의 관찰은 외적 변수를 통제할 수 없다.

3) 실험연구

실험연구(experimental research)는 연구자가 관심을 가지고 있는 하나 이상의 변인이나 요인을 의도적으로 조작하고 그 결과를 확인하여 변인 간의 인과관계를 밝히는 연구다. 즉, 실험연구는 통제된 상황에서 독립변인을 인위적으로 조작해서 종속변인에서 나타나는 변화를 관찰하여 변인 간의 인과관계를 밝혀내고자 한다. 실험연구는 변인들 간의 관계를 밝히기 위한 여러 과학적 탐구방법 중에서도 인과관계를 규명할 수 있는 가장 강력한 연구방법으로 평가된다(Gall, Gall, & Borg, 1999).

실험연구에서는 두 개 이상의 변인을 다루게 되는데, 여기서 영향을 주는 변인을 독립변인(independent variable)이라고 하고 영향을 받는 변인을 종속변인(dependent variable)이라고 한다. 독립변인은 다른 변인에 미치는 영향을 알아보기 위해 연구자가 직접 통제하거나 조작한 변인으로 실험연구에서는 주로 실험 처치가 독립변인이 된다. 여기서 독립이라고 하는 이유는 종속변인에 영향을 줄 가능성이 있는 다른 변인들의 영향으로부터 자유롭기 때문이다. 반면, 종속변인은 독립변인의 조작에 따른 영향을 받는 변인으로 독립변인의 효과 혹은 결과를 말한다. 여기서 종속이라고 하는 이유는 독립변인의 조작에 따라 영향을 받는다고 가정하기 때문이다. 예를 들어, 영상매체를 활용한 교수방법이 중학생의 학업성취도에 미치는 효과를 밝히고자 한다면, 이때 실험 처치인 '영상매체를 활용한 교수방법'은 독립변인이고 '학업성취도'는 종속변인이 되는 것이다.

실험연구의 목적은 독립변인이 종속변인에 어떤 영향을 주었는가를 확인하는 데 있다. 그러나 실험장면에서는 많은 변인이 종속변인에 영향을 줄 수 있기 때문에 독립변인이 종속변인에 미치는 효과를 정확하게 확인하기 위해 실험집단(experimental group)과 통제집단(control group)을 구성하여 연구를 수행한다. 그렇지 않으면 독립변인이 종속변인에 미치는 고유한 효과를 정확하게 구분하기가 어렵다. 실험집단이란 연구자가 실험 처치를 가한 집단을 말하고, 통제집단이란 다른 여러 측면에서는 실험집단과 동일하지만 실험 처치만 받지 않은 집단을 말한다. 예를 들면, 연구자는 실험집단에 속하게 된 학생들에게는 영상매체를 활용하여 수업을 실시하는 반면, 통제집단에 속하게 된 학생들에게는 일반적인 강의식 방법으로 수업을 진행한다. 실험 결과에서 실험집단 학생들이 통제집단 학생들보다 학업성취도가 높으면, 영상매체를 활용한 교수방법이 강의식 수업방법보다 효과가 높다고 말할 수 있다.

실험연구는 변인 사이에 존재하는 인과관계를 밝혀서 실험 처치의 효과를 측정할 수 있다는 장점이 있지만 실험 처치 이외의 외적 요인을 모두 통제하기 어렵고, 실험 상황에서 얻은 결과를 실제 상황에 적용하는 데는 제한점이 있다.

4) 사례연구

사례연구(case study)는 두드러진 행동 특성을 보이는 개인이나 집단 또는 기관을 대상으로 하여 어떤 문제나 특성을 심층적으로 조사하고 분석하는 연구다. 주로 개인이나 소수의 연구 대상을 선정해서 필요한 각종 정보나 자료를 여러 가지 방법으로 조사 · 수집하고 이러한 자료들을 기초로 하여 연구 대상이 가지고 있는 특성이나 문제점을 종합적으로 진단하고 기술하는 연구다(이성진, 2000). 학교 부적응의 특성을 보이고 있는 학생의 개인, 가정, 학교, 사회의 심리 및 환경적 특성들, 즉 성격, 지능, 태도, 건강, 대인관계, 가정환경 등을 조사해서 학교 부적응의 문제와 원인을 진단하고 그에 따른 적절한 치료방법을 제시하는 것이 사례연구의 한 예다.

사례연구에서는 집단의 특성이나 집단 간의 차이에는 관심의 초점을 두지 않는다. 주로 연구의 대상이 되고 있는 개인이 당면한 곤란이나 부적응을 교육적으로 혹은 심리적으로 치료하는 데에 그 목적이 있다. 예를 들어, 공격성을 보이는 학생을 대상으로 그 원인을 심층적으로 분석한 후 행동수정 기법을 이용하여 문제 행동을 감소시키고자 하는 목적으로 수행된 연구를 들 수 있다.

사례연구는 개인이나 소수의 집단을 심도 있게 연구하므로 변인들이 어떻게 작용하는지 그 과정을 정확하게 밝혀낼 수 있는 장점이 있으나, 연구 대상이 특정 개인이나 집단이므로 연구 결과를 일반화하는 데 한계가 있다. 또한 사례연구자 자신의 주관적 기대와 이론적 입장에 부합되는 정보들만 선택적으로 취합할 가능성이 있기 때문에 연구의 객관성을 확보하기 어렵다는 단점이 있다.

제2장 인지발달

1. 발달의 이해

1) 발달의 개념

발달(development)이란 수정된 순간에서부터 사망에 이르기까지 전 생애에 걸쳐서 연속적으로 일어나는 모든 변화를 의미한다. 여기에는 신체적 특성뿐만 아니라 지능, 언어, 성격, 정서, 사회성, 도덕성 등 심리적 특성들이 포함된다. 전 생애에 걸친 발달과정에서 일어나는 이러한 변화는 양적 변화와 질적 변화로 구분된다. 양적 변화는 같은 모양과 특징을 가지면서 기능의 속도가 변화는 것으로 그 성질은 동일함을 유지하면서 변화되는 것을 의미한다. 즉, 키가 크거나 몸무게가 증가하는 것과 같은 크기나 양의 증가현상을 의미한다. 질적 변화는 미분화된 낮은 수준에서 정밀화된 높은 수준으로의 구조적 변화와 미숙한 상태에서 유능한 수준으로의 기능적 변화를 의미한다. 즉, 어느 시기에 가서 그 전까지의 구조나 형태, 특징과 방식이 없어지고 대신에 또 다른 모습이 나타나 급격하고 독특한 형태로 변화하는 것을 의미한다.

발달적 변화는 긍정적이고 상승적인 변화일 수도 있고, 부정적이고 하강적인 변화일 수도 있다. 종래에는 상승적 변화만을 발달로 간주하였기 때문에 대부분의 발달단계이론들이 발달단계를 출생부터 청소년기까지 만을 다루고 있다. 그러나 근래에 발달 개념에 대한 인식의 변화로 발달 기간을 수정된 순간에서 사망에 이르기까지의 전 생애로 확대하면서 발달은 상승적 변화와 하강적 변화를 모두 포함하는 넓은 의미로 사용되고 있다. 그 이유는 청소년기 이후 노년기까지의 기간이 고령화로 인해 이전 기간보다 더 길어졌을 뿐만 아니라 이 기간 동안에도 신체적·정서적·행동적 측면에서 많은 변화가 일어나기 때문이다. 그러므로 발달은 양적으로 증대되고 기능의 수준이 높아지는 긍정적인 변화는 물론 양적으로 감소하고 기능이 약화되고 구조가 쇠퇴하는 부정적인 변화도 포함한다.

발달과 관련되는 개념으로 성장과 성숙, 학습이 있다. 성장(growth)이란 신체의 크기나 능력이 증가하는 것으로 주로 양적인 변화를 의미한다. 한동안 성장이 주로 신체적 특성의 긍정적인 변화를 뜻하는 개념으로 받아들여져 왔으나, 근래에 와서는 지적 성장이라는 용어가 낯설지 않듯이 성장과 발달을 비슷한 개념으로 사용하기도 한다.

성숙(maturation)은 유전인자가 발달과정을 방향 짓는 기제를 뜻한다(Crain, 1992). 따라서 개념상으로 성숙은 환경의 영향과는 전적으로 무관한 유전적 특성에 의해 이루어지는 발달적 변화에 국한된다. 그러나 인간의 발달과정에서 환경의 영향을 전혀 받지 않고 전적으로 성숙에 의존하는 변화가 있을 수 있는 가는 논란의 여지가 있다.

학습(learning)은 직접 혹은 간접 경험의 산물로서 훈련이나 연습을 통해 일어나는 발달적 변화를 의미한다. 우리가 지닌 대부분의 능력과 습관은 성숙에 의해서만 결정되는 것이 아니라, 여러 가지 사건에 대한 경험, 부모, 선생님 그리고 다른 중요한 사람들과의 상호작용을 통해 학습되는 것이다.

2) 발달의 원리

인간발달은 무질서하게 일어나지 않고 일정한 규칙에 따라 일어난다. 여러 학자가 다양한 관점에서 제시한 발달의 원리 중에서 공통적인 특성들을 요약하면 다음과 같다.

첫째, 발달은 유전과 환경의 상호작용으로 일어난다. 발달이 유전에 따른 것인지 아니면 환경에 따른 것인지에 대한 논쟁은 지속되어 왔다. 발달에 있어서 유전을 강조하는 학자들은 인간의 성장과 발달이 유전적으로 이미 결정되어 있다고 본다. 즉, 개인마다 나타나는 인지적·정서적·신체적 개인차의 원인이 유전자의 차이에 의해 발생한다고 본다. 반대로 발달에서 환경의 영향을 강조하는 학자들은 개인차의 원인을 개인의 경험이나 환경에서 찾는다. 하지만 아무리 뛰어난 유전적 요인을 가지고 태어났어도 사회·문화적 결손이 심한 환경에서 자라면 유전적 요인은 제대로 발휘될 수 없다. 반대로 환경적 요인이 완벽하다고 하더라도 기본적으로 타고난 유전적 능력에 한계가 있다면 발달하는 데 제한을 받을 수밖에 없다. 그러므로 유전이나 환경 중 어느 한 요인만으로 발달을 설명하기보다는 이 두 가지 요인이 상호작용하면서 발달이 일어난다는 상호작용론이 가장 타당하다고 할 수 있다.

둘째, 발달에는 일정한 순서가 있다. 행동의 변화는 무질서하게 일어나는 것이 아니라 일정한 순서와 방향을 갖고 있다. 발달이 일정한 순서를 거친다는 원칙은 모든 영역의 발달현상을 지배하는 일반적 원리로서 전 단계가 다음 단계의 토대가 되며, 하위 단계에서 상위 단계로 이행할 때 높은 차원의 발달이 이루어진다는 것을 보여 준다. 신체는 상부에서 하부(cephalic-caudal)로, 그 다음은 중심에서 말초(proximal-distal)로, 전체활동에서 특수활동(mass-specific activity)으로 발달한다. 언어발달의 경우에는 울음, 옹알이, 한 단어 문장, 두 단어 문장 그리고 세 단어 이상의 복잡한 문장으로 발달한다. 정서발달의 경우에도 태어날 때는 몇 가지 대표적인 정서 반응만 나타내지만 점차 분화되어 사랑, 미움, 분노, 두려움 등의 특수한 형태로 발달한다.

셋째, 발달의 각 측면은 상호 관련성이 있다. 신체발달, 언어발달, 인지발

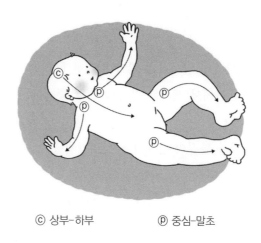

ⓒ 상부-하부   ⓟ 중심-말초

[그림 2-1] 신체발달의 순서

달, 정서발달, 사회성 발달, 도덕성 발달 등은 서로 영향을 주고받으며 발달
한다. 기본적으로 신체발달은 언어발달, 인지발달, 정서발달, 사회성 발달의
기초가 되며, 언어발달 및 인지발달은 사회성 발달에 영향을 미치고 사회성
발달은 다시 언어발달 및 인지발달에 영향을 미친다. 예를 들어, 신체의 발
달은 가족이나 또래와의 상호작용을 촉진하는데 이를 통해 언어 및 사회성
이 발달한다. 사회성이 발달하면 다른 사람들과의 교류가 많아져 언어 및 인
지, 정서 발달로 이어진다. 이처럼 발달의 각 영역은 서로 영향을 미치면서
함께 발달한다.

넷째, 발달은 계속적으로 일어나지만 각 영역별 발달 속도는 일정하지 않
다. 인간은 일생 동안 계속 변화하지만 신체의 각 부위에 따라 또는 인지
적·정의적·언어적·사회적·도덕적 영역에 따라 발달의 속도가 연령별
로 다르게 나타난다. 예를 들면, 뇌는 영아기에 급격한 발달을 보이고 이후
완만하게 발달하지만, 생식기관은 아동기까지 느린 발달을 보이다가 사춘기
이후 급격하게 발달한다. 언어발달은 5세 이전에 급격하게 일어나 어휘력이
급속도로 향상되지만, 인지발달에서 추상적 사고력은 아동기에서 청년기에
걸쳐 현저하게 향상된다. 이처럼 발달은 전 생애에 걸쳐 연속적으로 일어나

지만, 영역별 발달 속도는 연령별로 다르게 나타난다.

다섯째, 발달에는 개인차가 있다. 인간에게 있어 발달은 일정한 순서와 방향을 가지지만, 발달 속도와 시기에 있어서는 개인차가 있다. 개인차에는 두 가지 측면이 있는데, 개체들의 차이를 의미하는 개인 간 차(inter-individual difference)와 특정 개체 내에서 여러 특성의 차이를 의미하는 개인 내 차(intra-individual difference)로 구분할 수 있다. 예를 들면, 신체발달의 경우 연령은 같은데 키가 큰 학생과 작은 학생이 있는 것은 개인 간 차이이고, 한 학생의 경우 신체발달에 비해 성적 발달이나 지적 발달이 느리거나 빠른 것은 개인 내 차이다. 따라서 인간발달을 올바르게 이해하기 위해서는 발달에 개인차가 있음을 수용해야 할 것이다.

3) 발달연구의 접근법

(1) 횡단적 접근법

횡단적 접근법(cross-sectional approach)은 서로 다른 연령의 개인이나 집단으로부터 비교적 일시에 원하는 자료를 얻는 접근방법이다. 즉, 횡단적 접근법은 동시에 여러 연령층의 대상들을 선택해서 필요한 발달의 변화나 특징을 알아보는 방법이다. 예를 들어, 연령별 자아정체감 발달의 정도나 그 추이를 알아보기 위해서 각 연령대별로 100명씩을 추출하여 자아정체감 검사를 실시하여 결과를 비교할 수 있다. 횡단적 접근법은 종단적 접근법에 비하여 비교적 짧은 기간 내에 적은 경비와 노력을 투입하여 필요한 정보를 얻을 수 있다는 장점이 있다. 그러나 이 접근법은 연령층마다 서로 다른 대상들의 각 연령별 대푯값을 서로 연결시켜서 발달의 일반적 경향을 알아보는 것이므로 개인의 성장과 발달 과정에 관한 상황을 파악할 수 없는 단점을 지니고 있다. 따라서 연령이 다른 집단 간에 어떤 특성에 차이가 있다 해도 그것이 연령의 차이인지 아니면 집단 간의 차이인지에 대한 정확한 결론을 내리기 어렵다. 왜냐하면 횡단적 접근법에서 연령별 차이는 연령 그 자체만의 영향이라기보다는 동시대 출생집단 효과(cohort effect)의 영향일 수도 있기 때문이다.

(2) 종단적 접근법

종단적 접근법(longitudinal approach)은 동일한 개인이나 집단을 비교적 장기간 추적하여 시간 변화에 따른 어떤 특성들의 차이를 살펴봄으로써 연령 간의 변화를 알아보는 접근방법이다. 종단적 접근법은 초기 경험과 후기 행동 간의 인과관계를 규명할 수 있고, 개인이나 집단의 성장과정 및 변화의 양상을 구체적으로 파악할 수 있다는 장점이 있다. 그러나 장기간에 걸쳐 연구하는 것이므로 많은 시간과 경비를 필요로 하고, 연구 대상의 중도 탈락 등으로 연구 대상의 선정 및 관리가 용이하지 않은 문제점이 있다. 또한 반복적인 검사 실시와 관찰로 연습 효과가 생길 수 있는 단점이 있어 측정의 신뢰성 문제가 야기되기도 한다. 연구의 초기와 후기에 사용하는 측정도구가 변화되어 측정한 결과를 서로 비교하기 어려운 경우도 있다.

(3) 순차적 접근법

순차적 접근법(sequential approach)은 횡단적 접근법과 종단적 접근법을 결합하여 서로의 단점을 보완하고자 설계된 것으로 횡단적 접근법의 연구 대상을 다시 종단적으로 추적하는 방법이다. 이는 둘 이상의 다른 연령집단을 선정하여 종단적으로 연구함으로써 비교적 짧은 기간에 종단적인 연구의 이점을 살릴 수 있다(Shaffer, 1999). 동시에 연구자는 다른 시기에 태어난 같은 연령의 아동을 비교함으로써 동시대 출생집단의 효과가 있는지를 파악할 수 있으며, 종단적 및 횡단적 비교가 가능하기 때문에 연구 결과에 대한 확신을 가질 수 있다. 순차적 접근법은 효과적인 방법이지만 횡단적 접근법보다는 시간과 경비가 많이 들고, 종단적 접근법보다는 발달적 변화를 일반화할 수 있느냐의 문제를 여전히 남겨 놓고 있다.

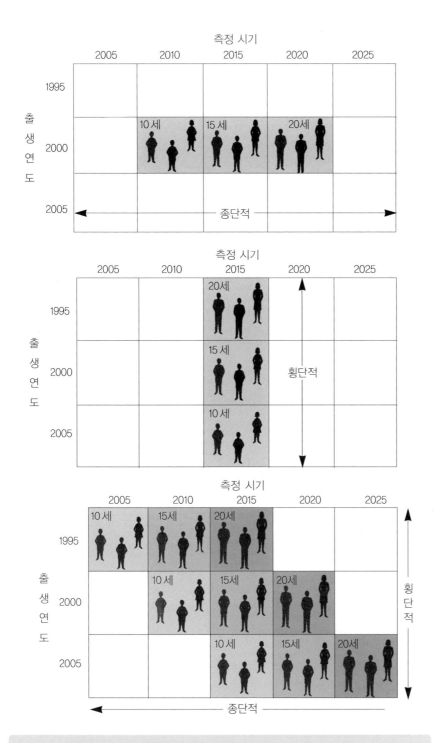

[그림 2-2] 종단적 접근법, 횡단적 접근법, 순차적 접근법

출처: Cobb (1998).

2. Piaget의 인지발달이론

Jean Piaget
(1896~1980)

스위스에서 태어난 Jean Piaget는 10세의 나이에 공원에서 색소결핍증이 있는 참새를 관찰한 후 논문을 발표하였고, 고등학교 시절에는 연체동물에 대한 논문을 발표하였으며, 21세에는 생물학 박사학위를 받았다. 이러한 생물학에 대한 그의 관심은 이후 인지발달이론의 형성에 많은 영향을 미쳤다. 즉, Piaget는 생물이 환경에 적응하는 과정에 대한 이해가 인간의 인지발달에도 적용된다고 보았다. 따라서 신체구조가 환경에 맞추어 적응하듯이 사고구조도 외부세계에 맞도록 점차 발달해 간다고 생각하였다.

1920년 Piaget는 파리에 있는 Binet 연구소에서 지능검사를 표준화하는 작업에 참여하였다. 그곳에서 지능검사 문항에 대한 정답보다 오답이 아동의 사고를 이해하는 데 더 많은 정보를 제공한다는 사실에 주목했고, 비슷한 연령의 아동들이 같은 오답을 한다는 사실을 발견하였다. 여기서 그는 나이 든 아동이 어린 아동보다 단지 영리한 것이 아니라, 이들 사고의 질이 서로 다르다는 결론을 내리게 되었다. 이를 통해 Piaget는 아동의 사고과정이 성인의 사고과정과 질적으로 다르다는 결론을 내리고 아동의 사고발달을 본격적으로 연구하기 시작하였다. 특히 그는 자신의 세 자녀를 대상으로 다양한 실험, 관찰, 면접을 실시함으로써 인지발달이론을 정립하였다.

1) Piaget 인지발달이론의 주요 개념

● 도식

도식(schema)은 우리의 머릿속에 저장된 외부세계에 대한 정신적 표상, 지식 또는 행동 유형으로 인간은 환경과의 적응과정에서 반복되는 행동과 경험을 통해 도식을 구성해 나간다. 또한 도식은 기억 속에 축적된 사고 또는 지식의 기본 구조이기 때문에 어떤 사물에 대한 개념적인 정보를 담고 있다. 따라서 사람들은 생활 속에서 어떤 사물이나 현상을 접할 때 사전지식으로 형성된 도식에 맞추어 사물이나 현상을 이해한다.

도식은 감각운동도식, 상징도식, 조작도식으로 구분된다. 감각운동도식(sensory-motor schema)은 조직화된 행동 패턴으로 행동도식이라고도 한다. 예를 들어, 신생아가 물건을 입으로 가져가 빨려는 일반적 능력인 빨기도식이나, 물건을 움켜쥐려는 잠재능력인 잡기도식은 감각운동도식에 해당된다. 상징도식(symbolic schema)은 사물이나 사람을 정신적 상징으로 표상하는 것을 말한다. 공을 한글로 공이라고 하고 영어로 ball이라고 하는 것이나, 지연모방에서 사용하는 도식은 상징도식의 예다. 조작도식(operative schema)은 논리적이고 체계적인 사고를 통해 사물이나 현상을 이해하려는 정신활동 또는 정신적 인지구조를 말한다. 생후 초기의 도식은 감각운동적 차원에서 구성되며, 성장하면서 조작적 차원으로 확대되어 나가는데 이러한 조작적 차원의 도식을 인지구조라고 한다.

발달이 진행됨에 따라 도식은 환경과의 상호작용을 통해 점차 분화되고 통합되어 많은 도식이 생겨나며 이러한 도식 혹은 인지구조가 질적으로 변화되는 과정이 곧 인지발달이다. 즉, 인지발달이란 환경과의 상호작용 과정에서 동화와 조절이라는 적응과정을 통해 도식 혹은 인지구조를 정교화하고 변형하는 과정이다.

● 동화와 조절

Piaget는 유기체가 환경변화에 적응하기 위해 생체구조를 변화시키며 발달해 나가는 능력이 있듯이 인간도 새로운 환경에 적응하기 위해 인지구조를 끊임없이 변화시키고 재구성하며 발달해 나가는 능력이 있다고 하였다. 적응(adaptation)은 외부환경에 적합하도록 변화하려는 선천적인 본능으로 도식과 새로운 경험을 서로 조정하는 과정인 동화와 조절을 통해 진행된다. 인간은 일생 동안 환경의 요구에 적응하기 위해 상호 보완적 활동인 동화와 조절을 한다.

동화(assimilation)는 새로운 사물이나 현상, 경험을 우리 뇌에 조직화되어 있는 기존 도식에 적용함으로써 그것을 이해하고 적응하려는 인지 과정이다. 동화는 새로운 정보가 기존 도식을 근본적으로 변화시키지 않고 흡수될 때 일어난다. 사람들은 새로운 사물이나 현상을 접하면 그것을 이미 가지고 있는 유사한 기존 도식에 맞추어 이해함으로써 환경에 적응하려는 경향을 가지고 있다. 예를 들어, 개에 대한 도식을 가진 유아가 염소나 송아지를 보고 개라고 부른다면 동화를 하고 있는 것이다.

조절(accommodation)은 기존 도식으로 새로운 사물이나 현상을 동화하는 데 적합하지 않을 경우 기존의 도식이 변경되고 새로운 도식이 만들어지는 적응의 유형이다. 조절은 기존의 도식 자체를 변형시켜 새로운 사물을 파악해 가는 과정이다. 예를 들어, 개에 대한 도식을 가진 아동이 염소나 송아지를 보고는 개와는 다른 염소나 송아지에 대한 도식을 형성한다면 조절을 하고 있는 것이다. 유아는 기존의 개에 대한 도식 외에 염소나 송아지에 대한 새로운 도식을 추가함으로써 이전보다 더 높은 단계의 인지적 수준에 이르게 된다.

● 평형화

평형화(equilibration)란 현재의 인지구조와 새로운 정보 간의 균형을 회복하는 과정을 의미한다. 평형화는 인지발달의 핵심 기제로 새로운 경험을 기존의 도식으로 이해할 수 있으면 평형상태가 그대로 유지되나, 기존의 도식으로 새로운 경험을 이해할 수 없다면 인지적 갈등(cognitive conflict)이 생기게 되어 불평형(disequilibration) 또는 인지 불균형이 초래된다. 인간은 인지적 갈등이나 인지 불균형 상황에서 불안을 느끼게 되며 인지 불균형에 따른 불안을 감소시키기 위해 동화와 조절의 인지활동을 통하여 평형상태를 이루게 된다. Piaget에 의하면 인지발달이란 기존의 도식에 비추어 유사한 정보는 동화시키고 기존의 도식에 적절하지 않은 지식은 도식을 변경하는 조절의 과정을 거쳐 평형화를 이루는 과정을 의미한다. 이를 통해 끊임없이 도식을 확장시켜 이전보다 더 높은 인지 수준에 도달할 수 있다.

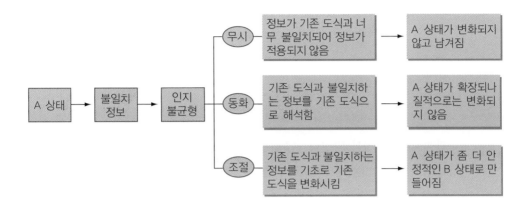

[그림 2-3] 기존 도식과 불일치한 정보에 대한 평형화 과정

출처: Bjoklund (2000).

새로운 정보가 기존 도식으로 해결되지 않는 경우 조절이 일어나기도 하지만 동화와 무시라는 기제가 발생할 수도 있다. 즉, 이러한 경우 자신의 도식을 이용하여 억지로 해석해 버리기도 하고, 정보를 무시하기도 한다. 그러므로 새로운 정보가 기존의 구조와 완전히 일치하거나 지나치게 차이가 있을 경우 인지발달은 일어나지 않는다. [그림 2-3]에 제시된 바와 같이 안정된 인지발달은 새로운 정보와 기존의 인지구조 사이에 조금 차이가 있을 때 일어난다.

2) Piaget의 인지발달 단계

Piaget는 인지발달 단계를 감각운동기, 전조작기, 구체적 조작기, 형식적 조작기의 네 단계로 구분하였다. Piaget의 인지발달이론은 단계이론으로 발달이 질적으로 구분되는 여러 단계를 거치면서 진행된다는 관점을 취한다. 그는 발달단계 순서가 불변적이고 문화적 보편성이 있다고 가정한다. 즉, 문화권에 관계없이 모든 아동은 일련의 발달단계를 동일한 순서로 통과한다. 하지만 각 단계에 들어서거나 다음 단계로 이동하는 연령이나 속도는 아동의 경험, 문화, 성숙도에 따라 개인차가 있다.

(1) 감각운동기(sensorimotor period, 출생~2세)

감각운동기는 주로 감각이나 운동을 통해서 환경을 탐색하는 시기다. 이 시기에 영아는 여러 가지 운동 활동과 시지각 능력이 발달하고, 감각과 운동 활동 간의 관계를 익힌다. 이 단계에서 인지발달은 감각과 신체적 운동으로부터 얻어진 정보에 기초하기 때문에 감각운동기라고 한다. 감각운동기에 일어나는 가장 중요한 인지발달의 변화는 대상영속성의 습득과 지연모방 능력의 발달이다.

● 대상영속성

대상영속성(object permanence)이란 어떤 대상이 시야에서 사라지더라도 계속 존재한다는 것을 인식하는 능력이다. 대상영속성은 지각이나 행위와 관계없이 사물이 존재한다는 것을 인식하는 능력이므로 대상영속성이 획득되지 않은 유아들에게 있어 보이지 않는다는 것은 존재하지 않는다는 것을 의미한다. 이러한 대상영속성은 생후 8개월까지는 불완전하여, 영아는 부분적으로 가려진 사물을 찾을 수 있지만 완전히 감추면 찾지 못한다. 생후 8~12개월에는 대상영속성이 획득되어 완전히 감춘 사물도 찾을 수 있다. 하지만 숨긴 장소를 바꾸면 숨겨진 대상을 마지막으로 본 장소가 아닌 예전에 찾았던 장소에서 찾는 경향을 보인다. 그러다가 생후 12~18개월이 되어서야 대상물을 어디에 숨기든 마지막으로 본 장소에서 대상을 찾는 능력을 보이게 된다. 대상영속성의 획득은 이후 모든 지적 기능의 토대가 된다.

● 지연모방능력

지연모방능력(deferred imitation ability)은 말 그대로 관찰한 모델의 행동을 일정 시간이 지난 뒤에 모방할 수 있는 능력으로 생후 18~24개월에 최초로 나타난다. 즉, 지연모방능력은 본 것을 그 자리에서 바로 모방하는 것이 아니라 머릿속에 넣어 두었다가 시간이 지난 후 재현하는 능력이다. 이는 대상영속성과 마찬가지로 눈앞에 없는 대상이나 상황에 대해서도 사고를 할 수 있게 되었다는 것을 의미한다. 이 능력이 발달하면 전조작기의 특성인 상징놀이 또는 가상놀이가 가능하게 되며 이후 관찰학습의 토대를 형성하게 된다.

(2) 전조작기(preoperational period, 2~7세)

전조작기는 상징적 도식이 활발하게 발달하는 시기로 감각운동기에 비해 정신적 상징을 훨씬 많이 사용할 수 있게 된다. 그러나 논리적 사고나 조작을 이해하지 못하기 때문에 전조작기라고 한다. 전조작기는 상징적 사고, 자기중심적 사고, 물활론적 사고, 전인과적 사고 등의 특징이 나타나며, 중심화로 인해 보존개념, 유목화, 서열화 등에서 어려움을 겪게 된다.

● 상징적 사고

상징적 사고(symbolic thinking)란 특정 대상에 대해 내재적으로 형성된 표상을 다양한 형태의 상징, 언어, 그림 등으로 표현할 수 있는 능력을 말한다. 전조작기가 되면서 유아는 상징을 사용하기 시작하며, 이제 '레몬'이라는 단어를 들으면 머릿속에 레몬을 떠올리며 상큼함에 입 속에 침이 고일 수 있다. 또한 사물이나 대상을 나타내기 위해 언어를 사용할 수 있게 된다. 그리고 가상적인 사물이나 상황을 실제 사물이나 상황으로 상징화하는 놀이인 가상놀이를 통해 유아는 사물, 사람, 상황의 속성을 재현할 수 있다. 즉, 인형이나 장난감 자동차를 가지고 놀 때 실제 아기나 자동차를 대하듯 한다. 이러한 특징들은 전조작기의 유아가 상징적 표상을 사용하여 실제 대상을 표현할 수 있게 되었음을 의미한다.

● 자기중심적 사고

자기중심적 사고(egocentrism thinking)란 자신의 입장이나 관점에서 사물이나 사람 그리고 세상을 보는 것으로 타인의 생각, 감정, 관점 등이 존재하는 것을 알지 못하는 사고 경향을 말한다. 즉, 전조작기 유아는 자기중심적 사고를 지녔기 때문에 다른 사람들이 상황을 어떻게 지각하는가를 이해하지 못하고 자신이 좋아하는 것을 다른 사람도 좋아하고, 자신이 느끼는 것을 다른 사람도 느끼며, 자신이 알고 있는 것을 다른 사람도 알고 있다고 생각한다. 따라서 전조작기 유아는 다른 사람들이 자신과 같은 관점에서 생각한다고 믿고, 사람들이 자신과 다르게 생각할 수 있다는 것을 알지 못한다. 성인들에게서 나타나는 자기중심적 사고는 다른 사람의 견해가 옳더라도 받아들이지 않고 자기 견해만을 주장하는 것을 말하는 반면, 전조작기 유아의 자기중심적 사고는 다른 사람의 견해는 존재하지 않는 것으로 믿고 행동한다는 점에서 차이가 있다.

자기중심적 사고의 특징은 Piaget와 Inhelder(1956)의 세 개의 산 모형실험에서 잘 드러나고 있다. [그림 2-4]에서와 같이 유아에게 크기, 모양, 색상이 다른 세 개의 산 모습을 보여 주고, 산을 보는 위치와 다른 위치에 있는 관찰자가 어떤 모습의 산을 볼 수 있을지를 질문하면 이 시기의 유아는 다른 사람도 자신이 보고 있는 동일한 모습의 산을 볼 것이라고 한다.

전조작기의 자기중심적 사고는 이와 같은 자기중심적 시각조망(egocentric visual perspective)과 함께 자기중심적 언어(egocentric speech)에서도 찾아볼 수 있다. 자기중심적 언어는 자기가 하는 말을 다른 사람이 이해하는가를 고려하지 않고 자기 생각만 일방적으로 전달하는 의사소통 방식을 일컫는다. 그래서 전조작기 유아는 종종 대화를 이해하지 못하는 듯하고 엉뚱한 대답

[그림 2-4] Piaget의 세 산 모형 실험

을 하기도 한다. 그것은 대화를 하고 있는 상대를 고려하지 않고 이야기하기 때문이다. 유아가 모여 노는 모습을 멀리서 지켜보면 잘 노는 것처럼 보이지만 가까이 다가가 대화하는 내용을 들으면 실제적인 상호작용은 없이 자신의 말만 열심히 하는 경우를 볼 수 있다. Piaget는 이것을 집단독백(collective monologue)이라고 하였다.

● 물활론적 사고

물활론적 사고(animistic thinking)는 무생물을 살아 있는 생명체처럼 생각하는 비논리적인 사고 경향을 말한다. 전조작기 유아는 생명이 없는 대상에게 생명과 감정을 부여한다. 종이를 가위로 자르면 사각사각 소리가 나는데 이것은 종이가 아프다고 소리를 내는 것으로 생각한다. 물활론적 사고는 단계별로 발달하는데, Piaget는 유아의 사고발달 과정에 따라 나타나는 물활론적 사고의 발달 양상을 4단계로 구분하였다.

1단계에는 사람에게 영향을 주는 모든 사물이 살아 있다고 생각한다. 만물이 살아 있다고 생각하기 때문에 정신적 교감을 자연스럽게 할 수 있다. 2단계에는 사물의 움직임을 보고 생명 유무를 판단하게 되어 자전거, 자동차, 구름, 태양 등 움직이는 것은 살아 있다고 생각한다. 3단계에는 단순한 움직임만으로 판단하는 것이 아니라 움직임의 원동력을 생각하게 되어, 움직이는 것 가운데서도 해, 구름, 태양처럼 스스로 움직이는 것은 살아 있다고 생각한다. 4단계는 성인의 사고 수준에 도달하는 단계로, 생물학적 생명관에 근거하여 생물과 무생물의 개념을 파악하게 되어 물활론적 사고 경향이 사라지게 된다.

● 전인과적 사고

전인과적 사고(precausal thinking)란 원인과 결과에 대한 논리적 추론능력이 부족하여 나타나는 비논리적이고 주관적인 전조작기 유아의 인과적 사고를 말한다. 이러한 전인과적 사고는 목적론, 인공론, 전환적 추론과 같은 특징을 갖는다(송명자, 1995). 목적론(finalism)은 우연히 존재하게 된 현상의 원인을 찾아내려는 인과적 사고를 말한다. 예를 들어, "저기 왜 큰 산과 작은 산이 있어?"라는 질문에 "큰 산은 많이 걷는 데 필요하고, 작은 산은 조금 걷는 데 필요해요."라고 답하는 것은 목적론의 한 예다. 인공론(artificialism)은 사람이 세상에 존재하는 모든 현상을 만들었다고 생각하는 인과적 사고를 말한다. 예를 들어, "저 달은 누가 만들었을까?"라는 질문에 "달은 밤을 밝히기 위해 사람들이 만들어 하늘에 달아 둔 거야."라고 답하는 것은 인공론의 예다. 전환적 추론(transductive inference)은 서로 관련이 없는 두 개의 사건을 원인과 결과의 관계로 연결시키는 사고 경향을 말한다. 예를 들어, "동생이 왜 아프니?"라는 질문에 "내가 동생을 어제 미워했더니 오늘 아픈 거야."라고 답하는 것은 전환적 추론의 예다.

● 중심화

중심화(centration)는 사물이나 현상의 한 가지 차원에만 초점을 두고 다른 중요한 특성을 간과하는 경향성을 뜻한다. Piaget는 보존실험을 통해 전조작기 유아의 중심화와 직관적 사고 경향을 설명하였다. 직관적 사고(intuitive thinking)는 현저한 지각적 특성에 따라 그 사물이나 대상의 성격을 판단하는 중심화된 사고를 말한다. 전조작기의 유아는 이러한 직관적 사고에 의존하기 때문에 대상들을 여러 관점에서 보지 못하고 사물이 시각적으로 보이는 대로 보고 한 가지 측면에서만 사고하게 된다.

[그림 2-5]에서 유아는 자기 앞에 놓인 컵 A와 컵 B에 같은 양의 액체가 채워지는 것을 본다. 액체의 양이 같은지를 물어보는 질문에 유아는 같다고 대답한다. 그 후 유아는 컵 B의 액체가 길고 좁은 컵 C로 옮겨 부어지는 것을 지켜본다. 그리고 다시 컵 A와 컵 C에 담긴 액체의 양이 같은지를 물으면 유아는 컵 C의 액체가 더 많다고 답한다. 이렇게 액체의 높이에만 주목하고 넓이의 변화를 간과하는 것은 중심화 때문이다. 또한 액체의 높이라는 시각적 인상에 의해 유아의 사고가 지배당하는 직관적 사고 때문에 보이는 오류다.

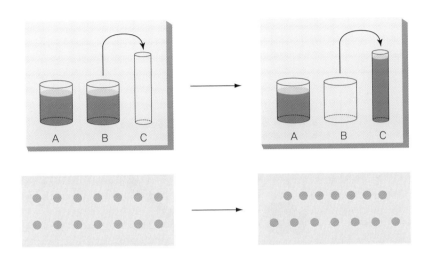

[그림 2-5] 보존개념 실험

(3) 구체적 조작기(concrete operational period, 7~11세)

전조작기 유아와 달리 구체적 조작기 아동은 인지능력이 극적으로 변화하여 이전 단계와는 전혀 다른 사고를 하게 된다. 이 시기의 아동은 체계적인 논리적 조작을 할 수 있게 되면서 높이, 무게 등의 차원을 기초로 하여 물체 또는 대상을 배열할 수 있게 되며 가역성의 개념을 획득하여 보존과제를 성공적으로 수행할 수 있게 된다. 가역성(reversibility)이란 일련의 단계를 따라 사고한 다음 정신적으로 그 방향을 역으로 다시 돌려서 시작점으로 돌아가는 것이다. 이러한 가역적 사고가 발달함에 따라 이 시기의 아동들은 보존개념, 유목화, 서열화, 조망수용능력 등을 획득할 수 있게 된다.

단, 이들이 보이는 능력은 자신이 다룰 수 있거나 현재 다루고 있는 구체적인 대상이나 상황에 국한될 뿐이며, 가설을 설정하여 문제해결에 접근해 가거나 추상적인 대상 또는 상황에 대한 사고를 하지는 못한다. 이처럼 이 단계의 아동은 구체적인 물체에 대해서만 조작이 가능하므로 구체적 조작기라 한다.

보존 유형	최초 제시	최초 제시와 비교되는 변형	습득 연령
수	어느 쪽이 더 많은가 	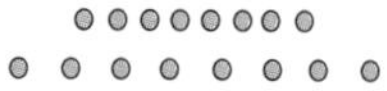	6~7
질량	어느 쪽이 더 큰가 	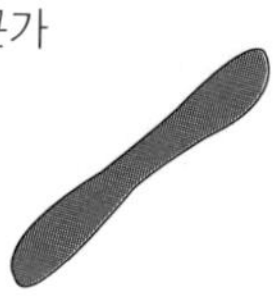	7~8
길이	어느 쪽이 더 긴가 	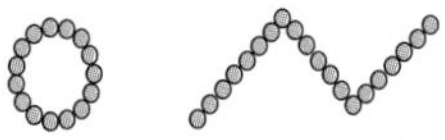	7~8
면적	어느 쪽이 더 넓은가 		8~9
무게	어느 쪽이 더 무거운가 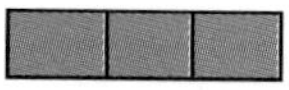	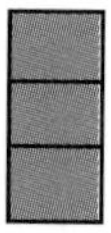	9~10
부피	물의 위치는 어떻게 달라지나 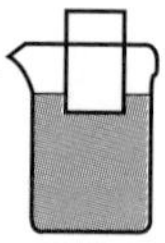	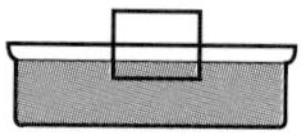	14~15

[그림 2-6] 여러 가지 형태의 보존과제

● 보존개념

보존개념(conservation concept)은 사물의 외형이 변해도 수, 양, 길이, 면적, 무게, 부피 등의 속성이나 실체는 변하지 않는다고 생각하는 능력이다. 과제의 형태에 따라 보존개념이 획득되는 시기에는 차이가 있다. Piaget (1973)에 따르면 길이, 크기, 양, 수의 보존개념은 6~7세, 무게의 보존개념은 8~9세, 넓이와 부피의 보존개념은 11~12세경에 획득된다. 이처럼 구체적 조작기에서도 과제의 형태에 따라 보존개념의 획득 시기가 차이 나는 현상을 수평적 격차(horizontal decalage)라고 한다.

● 유목화

유목화(class-inclusion)는 부분과 전체의 논리적 관계, 상하의 위계적 관계를 이해하는 것이다. 아동은 유목화를 통해 물체를 공통의 속성에 따라 분류하고, 한 대상이 하나의 유목에 속하는 것으로 분류할 수 있게 된다. 예를 들면, 장미꽃 4송이와 나팔꽃 12송이를 아동에게 보여 주고 나팔꽃이 더 많은지, 꽃이 더 많은지를 물어보면 전조작기의 유아는 나팔꽃이 더 많다고 대답하는 반면 구체적 조작기의 아동은 꽃이 더 많다고 대답한다. 이것은 이 시기의 아동이 장미꽃과 나팔꽃이라는 하위 유목과 이를 포함하는 상위 유목인 꽃을 비교하여 분류할 수 있게 된 것을 보여주는 것이다.

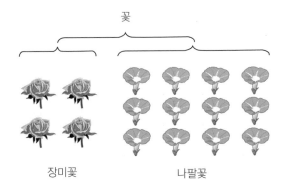

[그림 2-7] Piaget의 유목화

출처: Berk (2006).

● **서열화**

서열화(seriation)는 길이나 크기, 무게와 같은 양적인 기준에 따라 대상을 순서대로 배열할 수 있는 능력을 의미한다. 예를 들어, 길이가 서로 다른 여러 개의 막대를 짧은 것부터 또는 긴 것부터 차례대로 나열할 수 있느냐는 것이다. 전조작기 유아는 많은 오류를 보이지만 구체적 조작기 아동은 길이 순서대로 배열할 수 있다. 막대기의 색깔을 다르게 하여 시각적으로 혼란스럽게 하면 서열화에 실패하는 유아기와는 달리 구체적 조작기의 아동은 안정된 서열화 능력을 보인다.

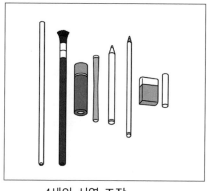
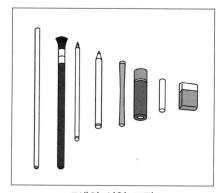

4세의 서열 조작　　　　　　　7세의 서열 조작

[그림 2-8] **서열화 조작 실험**

출처: 이신동, 최병연, 고영남(2011).

● **조망수용능력**

구체적 조작기에는 전조작기의 자아중심성에서 벗어나 타인의 생각이나 감정 등을 추론하고 이해할 수 있는 조망수용능력을 획득하게 된다. 조망수용 능력(perspective taking ability)은 공간적 · 인지적 · 정서적 조망수용능력으로 구분할 수 있다. 공간적 조망수용능력(spatial perspective taking ability)은 아동이 타인의 위치에서 공간적 배치를 추론할 수 있는지에 관한 능력이다. 인지적 조망수용능력(cognitive perspective taking ability)은 다른 사람의 생각이나 사고 과정을 추론할 수 있는 능력을 뜻한다. 정서적 조망수용능력 (affective perspective taking ability)은 감정이입과 관계가 깊으며, 타인의 감정과 정서에 대해 공감을 할 수 있는 능력을 뜻한다. 조망수용능력에 관한 최근의 연구에서는 공간적 · 인지적 · 정서적 조망수용능력을 구별하지 않기도 한다.

(4) 형식적 조작기(formal operational period, 11세 이후)

구체적 조작기에는 실제로 존재하거나 존재하였던 구체적 사물이나 사건에 대해서만 논리적인 추론을 할 수 있는 반면에, 형식적 조작기에 접어들면 추상적 대상이나 가상의 상황에 대해 상당히 논리적인 추론을 할 수 있게 된다. 형식적 조작기의 청소년들은 추상적 · 관념적 · 상징적 개념을 가지고 논리적 사고를 할 수 있을 뿐만 아니라 현실과 다른 가설적인 상황도 이해하거나 추리할 수 있다. 이 시기에 습득되는 능력으로는 가설연역적 사고, 추상적 사고, 조합적 사고 등이 있다.

● 가설연역적 사고

가설연역적 사고(hypothetic-deductive thinking)는 다양한 현상에 대해 가설을 설정하고 검증을 통해 결론을 도출하는 것이다. 구체적 조작기에도 적합한 증거만 제시하면 논리적 사고를 통해 결론을 낼 수 있다. 그러나 그 사고는 구체적인 대상이나 상황에 한정된다. 반면, 형식적 조작기에는 구체적 사실에만 한정되지 않고 가설을 설정할 수 있는 능력이 형성된다. 이 시기의 청소년들은 여러 현상에 대해 가설을 설정할 수 있으므로 구체적이고 현실적인 아동기 사고의 한계에서 벗어나 다양한 가능성에 대해 생각할 수 있다.

가능성에 대한 가설설정 능력은 물리적 현상에 대한 과학적 사고에 한정되지 않고 사회, 정치, 종교, 철학 등 전 영역에 걸친 이상주의(idealism)로 확대된다. 이상주의로 말미암아 이 시기의 청소년들은 자기 관념에 집착하고 그 관념을 달성하기 위해 심혈을 기울이며, 자기의 관념과 일치하지 않는 것들은 비판하거나 배척하는 성향을 나타내기도 한다.

● 추상적 사고

추상적 사고(abstract thinking)는 구체적이고 일정한 형태와 성질을 갖추고 있지 않은 것에 대해서도 논리에 근거하여 사고하는 것을 말한다. 따라서 형식적 조작기의 청소년은 자신의 사고에 대해 인식할 수 있는 메타인지가 발달하여, 자신의 사고를 조절하고 통제할 수 있는 능력을 가지게 된다. 또한 추상적 사고는 눈에 보이지 않는 추상적인 개념뿐 아니라 추상적 관련성을 이해하는 것을 말한다. Piaget(1952)는 10개의 속담과 각 속담이 내포하는 의미를 찾는 실험을 실시하였는데, 구체적 조작기의 아동은 속담을 사실 그대로만 설명할 수 있을 뿐 속담 속에 담겨 있는 의미를 이해하지 못하였다. 하지만 형식적 조작기에 해당되는 청소년들은 속담이 내포하고 있는 의미를 비교적 잘 파악하는 것으로 나타났다.

● 조합적 사고

조합적 사고(combinational thinking)는 문제를 해결할 수 있는 모든 가능성에 대해 논리적이고 체계적으로 시험해 보는 사고를 말한다. 즉, 조합적 사고는 어떤 문제에 직면했을 때 가능한 모든 해결책을 논리적으로 모색하여 체계적으로 문제를 해결하는 사고를 말한다. 구체적 조작기의 아동은 주로 시행착오를 통해 문제를 해결하는 반면, 형식적 조작기의 청소년은 문제해결을 위해 사전에 계획을 세우고, 체계적으로 해결책을 구하려고 한다.

Inhelder와 Piaget(1958)는 [그림 2-9]와 같은 실험을 통해 청소년의 조합적 사고능력을 밝혀냈다. 5개의 병 중 4개의 병에 1번부터 4번까지 번호를 적고 차례로 무색무취의 황산, 물, 과산화수소, 디오황산을 넣고 나머지 1개의 병에는 g의 시약을 넣는다. 이 실험은 액체들을 마음대로 섞어서 노란색이 나오도록 하는 것이며 1과 3 그리고 g의 액체를 섞어야 나타나게 되어 있다. 구체적 조작기의 아동은 1, 2, 3, 4의 네 개의 병에 g의 시약을 각각 차례대로 부어 노란색이 나오지 않자 더 이상 시도를 하지 않았다. 그러나 형식적 조

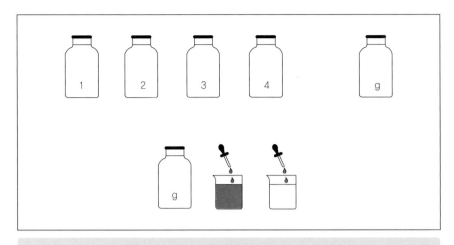

[그림 2-9] Inhelder와 Piaget의 조합적 사고실험

작기의 청소년은 모든 가능성에 대한 체계적인 실험을 통해 결국 노란색을 만들어 냈다. 이 실험 결과를 통하여 청소년은 문제를 해결할 수 있는 가능성을 체계적으로 검토하여 문제를 해결할 수 있음을 알 수 있다.

● 청소년기 자기중심성

Piaget는 형식적 조작기인 청소년 시기에 자신과 타인에 대한 추상적인 관점을 구분하지 못하는 새로운 형태의 자기중심성(egocentrism)이 나타난다고 보았다(Inhelder & Piaget, 1958). 자신은 특별한 존재라 여기는 청소년기 특유의 자기중심성이 지닌 특성을 Elkind(1978)는 개인적 우화와 상상적 청중으로 설명하였다. 개인적 우화(personal fable)란 청소년이 자신은 특별하고 독특한 존재이므로 자신의 감정이나 경험세계는 다른 사람의 그것과 근본적으로 다르다고 믿는 비합리적인 관념을 의미한다. 이러한 개인적 우화는 청소년에게 자신감과 위안을 부여하는 긍정적인 측면도 있지만, 심하면 청소년은 자신의 존재에 대한 영속성과 불멸성을 믿게 됨으로써 과격한 행동에 빠져들 위험도 있다. 상상적 청중(imaginary audience)은 자신의 관심이 자기 자신에게 쏠려 있듯이 주위 사람들이 자신과 똑같은 관심을 가진다고 생각하는 청소년기 자기중심성의 한 형태다. 청소년은 상상적 청중을 즐겁게 하기 위해 많은 힘을 들이고, 타인이 의식하지도 못하는 자신의 작은 실수 때문에 고민하기도 한다. 그리고 상상적 청중에 대한 자신의 위신이 손상된다고 생각되면 작은 비난에도 심한 분노를 보인다. 이러한 청소년기 자기중심성은 11~12세경에 시작되며, 15~16세경에 정점을 이루다가 다양한 대인관계의 경험을 통해 자신과 타인에 대한 객관적인 이해가 이루어지면 서서히 사라지게 된다(송명자, 1995).

3) Piaget 이론의 교육적 적용

Piaget의 인지발달이론은 발달에서 인지의 중심적 역할을 강조하면서, 인지발달을 이해하는 데 핵심적인 역할을 하였으며, 아동을 능동적 학습자로 인식하였다는 점 등에서 긍정적 평가를 받고 있다. 하지만 다음과 같은 점에서 몇 가지 한계가 지적되고 있다.

첫째, Piaget의 인지발달이론은 전 단계에서 다음 단계로 변화하는 발달기제가 명확하지 않다. Piaget는 인지적 평형화 과정을 통해 인지발달이 일어난다고 설명하고 있지만 인지발달을 유발하는 요인을 구체적으로 설명하지 못했다는 비판을 받고 있다.

둘째, 유아의 인지능력을 과소평가하였다. Piaget는 감각운동기의 영아는 신체적인 행위나 감각을 통해서 세상을 이해할 수 있을 뿐 개념적 사고가 불가능하다고 하였다. 하지만 감각운동기의 가장 중요한 변화인 대상영속성은 Piaget가 주장한 시기보다 빨리 나타나는 것으로 후속 연구(Baillargeon, Graber, DeVos, & Black, 1990)에서 밝혀지고 있다. 또한 전조작기 유아들은 직관적이고 자기중심적이며, 비가역적이고 보존개념이 형성되지 않는 등으로 기술하여 실제 능력보다 과소평가하고 있다는 부정적 평가를 받고 있다. 하지만 최근 연구(Gelman, 2000; Siegler, 2006)에서 전조작기 유아가 보존과제 실험과 세 산 모형 실험에서 실패하였던 이유는 과제가 친숙하지 않았기 때문이라는 주장이 있다. 보존과제 수행에서 과제나 질문을 쉽게 하면 성공적으로 수행할 수 있다는 것이다.

셋째, 청소년기의 인지능력을 과대평가하였다. Piaget에 따르면 청소년 기나 성인은 대부분 형식적 조작 능력을 획득한다. 그러나 대학교 1학년 학 생 중에서 일관성 있게 형식적 조작에 근거하여 추리할 수 있는 경우는 20~ 25%에 불과하다는 Kammi(1984)의 연구나 고등학교 3학년 중 과학문제 해 결에 형식적 조작에 근거한 추리를 적용할 수 있는 학생이 33%에 불과했다 는 Sprinthall(1987)의 연구결과는 형식적 조작능력이 청소년기나 성인의 보 편적인 특징이 아니라는 것을 시사한다. 이러한 한계가 있음에도 불구하고 Piaget의 인지발달이론은 다음과 같은 교육적 시사점을 제시하고 있다.

첫째, 아동의 인지발달 수준을 고려하여 학습 내용을 제시하여야 한다. Piaget는 아동들의 인지발달 단계마다 사고의 특성이 다르게 나타난다고 보 고, 아동의 인지발달 수준과 과제의 난이도가 부합될 때 이상적인 학습상황 이 된다고 하였다. 만약 아동의 인지적 발달을 가속시키기 위하여 현재의 발 달 수준과 너무 차이가 나는 선행학습을 하는 경우 인지구조에 혼란이 일어 나 오히려 역효과를 가져올 수 있다.

둘째, 아동이 상위 수준의 단계로 발달하려면 현재 인지구조로는 해결할 수 없는 인지갈등을 경험해야 한다. 새로운 자극으로 인지적 불평형 상태에 놓이면 동화와 조절의 인지활동을 통해 평형상태를 이루려고 하고, 이 과정 에서 인지발달이 이루어지기 때문이다. 인지갈등을 유발하려면 우선 현재 지식수준과 사고방식을 정확하게 진단한 다음 학습자에 따라 발달 수준에 맞추어 내용 또는 과제를 제시해야 한다. 이때 제시되는 새로운 수업 내용과 활동은 학생의 인지발달 단계를 과도하게 뛰어넘어서는 안 된다.

셋째, 학습자의 활동을 촉진할 수 있는 환경을 조성해야 한다. 학습은 학 습자가 적극적으로 지식을 구성하는 능동적인 과정을 통해 이루어지므로 활 동, 조작, 탐색, 토론의 기회를 충분히 부여해야 한다. Piaget는 교육의 목적 이 지식의 양을 증가시키는 것에 있는 것이 아니라 새로운 것을 발견할 수 있는 가능성을 창조하는 데 있다고 하였다. 따라서 지식을 주입하려고 하지 말고 흥미유발 및 문제제기를 통하여 아동 스스로 문제를 해결하도록 하는 환경을 마련해 주어야 한다.

3. Vygotsky의 사회문화적 인지발달이론

Lev Semyonovich Vygotsky
(1896~1934)

러시아의 심리학자 Lev Vygotsky는 Jean Piaget와 같은 해인 1896년에 태어났다. 1934년 결핵으로 사망하여 38세의 짧은 생을 살았지만, 그는 인지발달이론에 가장 영향을 많이 끼쳤던 학자 중의 한 사람이다. Piaget가 아동은 스스로의 세계를 구조화하고 이해하는 존재라고 생각한 것과는 달리, Vygotsky는 아동은 타인과의 관계에서 영향을 받으며 성장하는 사회적 존재임을 강조하였다. 발달에서 생물학적 성숙을 강조하고 아동 혼자서 주변세계를 탐색하고 발견한다는 Piaget의 관점과는 달리, Vygotsky는 발달에서 사회와 문화의 영향을 강조하고 다른 사람과의 사회적 상호작용을 중시했다. Vygotsky는 한 문화 속에 있는 가치, 신념, 관습 등과 같은 문화가 어떻게 세대를 거쳐 전달되는지에 초점을 두고 있다. 따라서 Vygotsky의 이론에 의하면 아동은 보다 성숙한 사회 구성원들과 상호작용하는 동안 자신의 문화에 적합한 인지를 발달시키며, 인지발달은 유전적으로 결정된 것이 아니라 사회와 상호작용을 한 결과라고 할 수 있다.

1) Vygotsky 인지발달이론의 주요 개념

● 근접발달영역

근접발달영역(zone of proximal development: ZPD)이란 아동이 혼자서 과제를 해결할 수 있는 수준인 실제적 발달 수준(level of actual development)과 자신보다 유능한 성인이나 또래의 도움을 받아 과제를 해결할 수 있는 수준인 잠재적 발달 수준(level of potential development) 간의 차이를 의미한다(Vygotsky, 1978). 즉, 근접발달영역은 아동이 혼자서는 과제를 해결할 수 없지만 성인이나 유능한 또래와 함께 학습하면 성공할 수 있는 영역을 말한다

(Wertsch, 1985). Vygotsky는 실제적 발달 수준보다 근접발달영역이 인지발달 수준을 더 적절하게 설명해 준다고 본다. 유능한 다른 사람의 도움을 받아서 복잡한 문제를 해결할 수 있는 근접발달영역은 아동들의 실제적 발달 수준이 동일하더라도 개인에 따라 차이가 날 수 있다. 개인의 인지발달을 이루기 위해서는 근접발달영역을 찾아내어 그 영역에서 해결 가능한 높은 수준의 수업을 함으로써 아동의 잠재적인 능력을 발달시켜야 한다.

　이러한 근접발달영역은 원래 Vygotsky가 전통적인 지능검사의 사용을 반대하는 과정에서 소개되었다(Berk & Winsler, 1995). 전통적인 지능검사는 아동이 독자적으로 해결할 수 있는 실제적 발달 수준은 측정하고 있으나 지적 잠재력은 측정하지 못한다는 제한점이 있다. 전통적인 지능검사를 포함한 전통적 평가인 정적 평가(static assessment)는 아동이 혼자 할 수 있거나 혹은 이미 알고 있는 실제적 발달 수준을 확인하기 위한 평가를 의미한다. 즉, 평가자가 아동에게 문제만 제시해 줄 뿐이고, 아동의 수행에 대한 피드백을 제공해 주지 않는 것이다. 근접발달영역을 측정하는 것은 일반적 인지능력 이상을 측정하고자 하는 것으로, Vygotsky는 근접발달영역을 측정하기 위하여 역동적 평가를 제안하였다. 역동적 평가(dynamic assessment)란 다른 사람의 도움을 통해 수행할 수 있는 잠재적 능력에 대한 평가를 의미한다. 즉, 아동

잠재적 발달 수준
근접발달영역
실제적 발달 수준

[그림 2-10] 근접발달영역

출처: 신명희 외(2010).

에게 문제를 제시해 줄 뿐만 아니라, 아동이 문제를 풀 수 없을 때 힌트를 제시해 주는 것이다.

근접발달영역의 개념은 인지가 사회적 상호작용의 결과로 발달한다는 사실을 강조하고 있으며, 아동의 인지발달에 교사나 성인이 적극적으로 도움을 줄 수 있는 이론적 근거를 마련하였다는 점에서 중요한 의미를 지니고 있다.

● 발판화

Vygotsky는 아동의 인지발달이 교사나 성인 혹은 자신보다 더 능력 있는 또래와의 상호작용을 통해 발생한다고 믿었다. 교사나 성인 또는 유능한 또래는 아동이 지적으로 성장하는 데 필요한 요소를 지원하는 안내자 혹은 교사의 역할을 할 수 있다. 이러한 조력을 발판화라고 한다. 발판을 비계라고도 하는데, 비계는 건물을 지을 때 높은 곳에서 공사를 할 수 있도록 임시로 설치한 가설물이다. 이처럼 발판화(scaffolding)는 아동이 혼자서 학습할 수 없는 과제에 대해 아동이 스스로의 힘으로 문제를 해결할 수 있도록 성인, 교사, 유능한 또래가 제공하는 도움의 정도, 내용, 방법 등의 조력을 의미한다.

발판화를 제공할 때는 학습자 개개인의 실제적 발달 수준과 잠재적 발달 수준을 고려하여 실제적 발달 수준보다 약간 더 높은 수준의 과제를 제시한 다음 문제를 해결하는 과정에서 도움을 주는 것이 효과적이다. 잠재적 발달 수준에 비해 지나치게 어려운 과제를 제시하면 아무리 많은 도움을 준다고 하더라도 학습 효과는 나타나지 않는다.

이러한 발판화 과정에서 중요한 점은 아동에게 학습의 초기단계 동안에 많은 지원을 한 후 아동이 스스로 학습하는 것이 가능해지면 점차적으로 지원을 감소시켜 스스로 학습할 수 있도록 하는 것이다(Rosenshine & Meister, 1992). 즉, 도움을 감소시켜 가면서 아동의 책임감이 가능한 한 빨리 증가하도록 하여 결국에는 아동이 자신의 능력 안에서 그러한 과제들을 스스로 해결할 수 있도록 하는 것이 중요하다.

● 혼잣말

아동이 일상생활을 하면서 자기 자신에게 혼잣말을 하는 것을 볼 수 있다. 예를 들어, 아동은 혼자 퍼즐을 하면서 "빨간 조각은 어디에 있지?" "이건 맞지 않아. 여기에 끼울까?" 등과 같은 혼잣말을 한다. Vygotsky는 아동이 사회적 의사소통을 목적으로 할 뿐만 아니라 자기 행동을 계획, 조정, 감시하기 위해서도 언어를 사용한다고 하였으며 이런 방식의 언어를 혼잣말(private speech)이라고 하였다.

Piaget는 혼잣말을 타인의 입장을 고려하지 않은 채 자신의 생각만을 전달하는 의사소통 양식으로 보았다. 그는 자아중심성에 기인하여 나타나는 혼잣말을 자기중심적 언어(egocentric speech)라고 하여 자기중심적이고 미성숙한 것이라고 보았다. 그러나 Vygotsky는 이러한 아동의 혼잣말이 인지적 미성숙의 표시라기보다는 인지발달에 핵심적인 역할을 하는 사고의 도구로서 아동기 초기 사고과정에서 중요한 역할을 하는 것으로 보았다.

Vygotsky에 따르면 아동의 혼잣말은 특정 맥락에서 보다 자주 발생한다. 예를 들어, 아동은 문제를 해결하려 하거나 중요한 목표를 달성하려고 할 때 혼잣말을 많이 사용한다(Shaffer, 2002). 또한 아동은 과제가 어렵거나 실수를 한 후에 그리고 어떻게 진행해야 할지 혼돈스러울 때 혼잣말을 더 많이 사용한다. 이는 혼잣말이 문제해결을 도울 뿐만 아니라 행동도 조절한다는 것을 의미한다. 그래서 아동이 어려운 과제를 수행하고 있을 경우 침묵을 강요하는 것은 오히려 문제해결을 더 어렵게 할 수 있기 때문에 학습과정에서 혼잣말을 사용하도록 격려하는 것은 큰 의미가 있다.

혼잣말은 연령이 증가함에 따라 없어지는데 이것은 속삭임과 조용한 입술 움직임으로 변한다(Patrick & Abravanel, 2000). 어려운 과제를 하는 동안 혼잣말을 자유롭게 사용하는 아동들은 주의집중과 몰두를 더 잘하고 수행에서 높은 진전을 보여 준다(Berk & Spuhl, 1995). 따라서 혼잣말은 아동이 문제를 해결하고 새로운 발견을 하기 위해 행동을 계획하고 조정하는 것으로 인지발달의 중요한 도구라 할 수 있다.

2) Vygotsky와 Piaget 이론의 비교

Vygotsky의 이론은 학습자는 주변세계를 탐색하고 발견하는 데 적극적이고 능동적인 존재이며 환경과의 상호작용을 통하여 인지발달을 이룬다고 보는 점에서 Piaget의 이론과 유사하다. 하지만 두 이론은 다음과 같은 점에서 관점을 달리한다.

첫째, Piaget는 아동이 환경에 적응하기 위해 인지구조를 끊임없이 변화시키고 재구성하는 과정에서 혼자서 주변세계를 탐색하고 발견하는 개인적 상호작용을 강조한다. 반면, Vygotsky는 아동이 독립적인 활동이 아닌 성인이나 유능한 또래와의 사회적 상호작용을 통하여 지식을 습득해 간다고 강조한다.

둘째, Piaget는 발달이 학습에 선행한다고 보는 반면, Vygotsky는 학습이 발달에 선행한다고 본다. Piaget는 개인의 발달 수준이 사고의 질과 학습능력을 결정하기 때문에 아동의 발달 수준을 벗어난 과제에 대한 학습은 효과가 없다고 주장한다. 반면, Vygotsky는 아동이 혼자서는 어떤 과제를 해결할 수 없으나 성인이나 더 유능한 타인의 도움을 받아 보다 높은 수준의 과제를 해결함으로써 인지가 발달하게 된다고 한다.

셋째, Piaget는 언어를 사고의 징표에 불과한 부차적인 것으로 간주하였다면, Vygotsky는 언어를 발달과 학습을 매개하는 중요한 도구로 여겼다. Piaget는 인지발달의 수준에 따라 언어발달이 자연스럽게 뒤따른다고 보았던 반면, Vygotsky는 언어가 내적인 사고과정을 형성함으로써 아동의 사고를 조직화하는 데 중요한 역할을 한다고 보았다.

〈표 2-1〉 Vygotsky와 Piaget 이론의 비교

	Vygotsky	Piaget
환경과의 상호작용	사회적 상호작용	개인적 상호작용
발달과 학습	학습이 발달에 선행	발달이 학습에 선행
언어의 역할	발달과 학습의 매개	사고의 징표
교사 역할	협동학습 기회 제공	스스로 탐색, 발견하도록 환경 마련

넷째, Piaget는 아동 스스로 주변세계를 탐색하고 지식을 발견할 수 있도록 환경을 마련해 주는 것이 교사의 역할이라고 하였고, Vygotsky는 아동에게 교사 자신이나 보다 유능한 또래와 학습할 수 있는 기회를 제공해 주는 것이 교사의 역할이라고 보았다.

3) Vygotsky 이론의 교육적 적용

Vygotsky는 다른 인지발달 이론가들이 간과하였던 사회적 맥락과 협력의 중요성을 강조함으로써 인지발달에 새로운 견해를 제공하였다(Berk, 2006). Piaget가 보편적인 인지 변화를 강조하였던 것과 달리, Vygotsky는 인지발달 과정에서 사회문화적 경험을 중요하게 생각하였다. Vygotsky 이론이 학교교육 현장에 주는 시사점을 살펴보면 다음과 같다.

첫째, 수업은 근접발달영역을 고려하여 발달에 선행하도록 계획되어야 한다. Vygotsky는 혼자서 공부하도록 하는 것은 아동의 인지발달을 늦춘다고 하였다. 혼자서는 해결할 수 없지만 교사나 우수한 또래들의 도움을 받아 해결할 수 있는 과제를 제공할 때 아동의 인지발달이 효과적으로 이루어진다는 것이다. 따라서 교사는 아동의 실제 발달 수준보다는 발달 가능한 잠재력을 고려하여 수업을 계획하고 이끌어 나가야 한다.

둘째, 협동학습을 적극적으로 활용해야 한다. Vygotsky는 또래와의 상호 작용이 아동의 사고를 향상시키는 데 매우 가치가 있다고 하였다. Forman과 Cazden(1985)에 의하면 아동은 또래 개별지도 상황에서 대단히 효과적으로 상대방을 가르칠 수 있다. 그리고 수준이 동일한 또래 아동 간에도 질문이나 시범을 보이는 역할을 하는 등 협동적인 활동을 하는 것으로 나타났다. 능력과 수준이 다양한 또래들과의 협동학습에 의한 상호작용은 근접발달영역 내에서 이루어지며 아동의 성장을 촉진하는 데 효과적이다.

셋째, 발판화를 적절하게 제공해야 한다. 발판화는 아동이 근접발달영역에서 과제를 최대한 효율적으로 해결할 수 있도록 도와준다. Vygotsky는 직접적인 교수 대신에 '지원받은 발견(assisted discovery)'을 강조하였다. 그런데

지원받은 발견을 위해서는 발판이 필요하다. 발판은 아동들의 근접발달영역 내에서 성인이 아동을 돕는 전략으로서, 적절한 때에 적절한 양의 정보를 제공하고 격려함으로써 학생 스스로가 점차 더 많은 과제를 효율적으로 해결할 수 있도록 도와준다. 수업장면에서 발판으로는 시범 보여 주기, 질문하기, 힌트와 단서 제공하기, 수업 자료 조절하기 등과 같은 방법이 있다.

제3장 성격발달

1. Freud의 심리성적 성격발달이론

Sigmund Freud는 정신분석이론이라는 조직적인 성격이론을 처음으로 체계화하였다. 그는 의과대학에서 신경의학을 공부하였고, 이후 히스테리 증상에 대해 연구하였다. 그는 환자들이 최면을 통해 무의식의 억압된 감정을 드러내도록 함으로써 히스테리 증상 치료에 성공하였다. Freud는 인간의 행동이 무의식에 의해 표출된 것으로 본능적 충동에 의해 지배된다고 하였다. 그 당시 대부분의 심리학자가 주로 의식의 분석에만 초점을 맞추고 있었으나, Freud는 무의식을 강조하면서 대부분의 심리적 문제는 무의식에 자리 잡고 있는 갈등 때문이라고 주장하였다.

Sigmund Freud
(1856~1939)

정신분석이론은 심리학과 정신의학뿐만 아니라 문학과 예술, 종교에 이르기까지 20세기의 인류문명에 광범위하게 영향을 미치게 되었다. 이와 같이 Freud는 다양한 학문 영역에 크게 영향을 주었는데, 특히 성격의 구조와 발달단계를 체계적으로 설명한 것은 성격발달이론의 형성에 지대한 영향을 미친 것으로 평가받고 있다.

1) 의식 수준

Freud는 인간의 정신을 의식, 전의식, 무의식의 세 의식 수준으로 구분하였으며, 이 세 의식 수준의 상호관계를 통해 인간의 성격을 설명하였다. 그는 세 의식 수준을 빙산에 비유하여 물 위에 떠 있는 작은 부분을 의식, 물속에 잠겨 있는 부분을 무의식, 그리고 파도에 의해 물 표면으로 나타나기도 하고 잠기기도 하는 부분을 전의식이라고 하였다. 또한 빙산의 대부분이 물속에 잠겨 있듯이 성격의 대부분은 의식 수준의 아래에 존재하므로, 인간의 심리현상과 행동은 주로 무의식에서 기인한다고 하였다.

● 의식

의식(consciousness)은 현재 사고하거나 지각하고 있는 것으로 주의를 기울이는 순간에 알아차리거나 느낄 수 있는 정신작용을 말한다. 정신활동의 극히 일부분만이 의식의 범위 안에 포함되며, 의식은 성격의 제한된 부분만을 나타낸다.

● 전의식

전의식(preconsciousness)은 의식과 무의식 사이에 존재하는 것으로 저장된 정보를 평소에는 인식할 수 없지만 주의를 집중하면 의식할 수 있다. 즉, 전의식은 원할 때 의식화할 수 있는 기억, 사고, 꿈으로 이루어져 있으며, 어느 순간에는 의식되지 않으나 주의를 기울여 자각하려고 노력하면 의식될 수 있는 기억을 말한다.

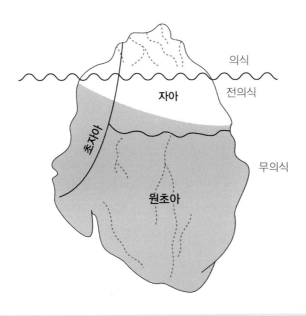

[그림 3-1] Freud의 의식 수준 및 성격구조

● **무의식**

　무의식(unconsciousness)은 정신의 가장 깊은 심층에 잠재해 있어 전혀 의식할 수 없다. 무의식은 우리가 자각하지 못하는 경험과 기억으로 구성되어 있으며, 자신이나 사회에서 용납할 수 없는 과거의 경험이나 생각, 충동들이 억압되어 있는 부분이기도 하다. Freud는 인간이 자신의 욕구나 충동을 다 의식하지는 못하지만, 인간의 내면 중 커다란 부분을 차지하는 무의식이 끊임없이 밖으로 표출되고 충족되고자 하는 욕구가 있어서 인간의 행동과 생각, 정서에 결정적인 영향을 미치는 힘을 발휘한다고 가정하였다. 무의식은 전의식의 사고 형태와는 달리 전혀 의식되지 않지만 사람들의 행동을 결정하는 주된 원인이 된다.

2) 성격의 구조

Freud는 의식 수준과 밀접하게 관련된 인간의 성격구조를 원초아, 자아,

초자아로 구분하여 제시하였다. 이 세 구조는 고유한 기능, 특성, 기제 그리고 역동성을 가지고 있으며 서로 밀접하게 관련되어 있다. 인간의 행동과 사고는 이러한 성격의 세 구성요소가 개별적으로 작용하는 경우는 드물고, 서로 상호작용함으로써 발생하게 된다.

● 원초아

원초아(id)는 태어날 때부터 존재하는 인간의 가장 기본적인 생물학적 본능으로 음식, 물, 배설, 성적인 욕구 및 공격적인 욕구 등을 지칭한다. 이는 성격의 무의식적인 부분으로 기본적 욕구들의 저장소이며 본능적인 욕구들이 자리 잡고 있는 영역이다.

원초아는 본능적 욕구를 충족시키기 위하여 비논리적이고 충동적이며 맹목적으로 작용한다. 하지만 이는 현실적 제약이나 사회적 규제를 받아 욕구를 충족할 수 없기 때문에 고통이나 긴장을 가져오게 된다. 원초아는 현실적인 상황과 결과를 고려하지 않고 즉각적으로 욕구들을 충족시킴으로써 긴장을 피하고 만족을 얻으려는 '쾌락원리(pleasure principle)'를 따른다. 쾌락원리를 따르는 원초아는 이성이나 논리를 따르지 않으며, 선악에 대한 도덕적 관념이 없다.

● 자아

원초아가 쾌락을 추구하는 것과는 달리, 자아(ego)는 현실을 추구한다. 자아는 원초아가 충족하고 싶어 하는 기본적인 욕구가 무엇인지를 찾아 그 욕구를 만족시키기 위해 현실적인 계획을 제시하는 역할을 한다. 이에 따라 자아는 욕구를 즉각적으로 만족시키는 것이 아니라 대상을 바꾸기도 하고 일시적으로 참기도하여 사회적으로 수용할 수 있는 행동을 하게 하는 것이다.

자아는 원초아의 욕구들을 만족시키되 현실의 요구들을 고려하여 현실세계의 조건에 부합하는 방식을 따르게 된다. 이를 '현실원리(reality principle)'라고 한다. 현실원리란 적절한 대상이나 환경조건이 나타날 때까지 원초아에서 비롯된 긴장의 발산을 지연시킬 수 있는 능력을 말한다. 현실원리는 쾌락원리에 따른 본능적 만족을 지연시킴으로써 무분별하게 만족을 추구하는 것에서 야기될 수 있는 위험으로부터 개체를 안전하게 보호하는 기능을 한다. 자아는 원초아와 초자아 사이에서 개인으로 하여금 객관적 현실을 이해할 수 있는 판단력을 가지게 하며 합리적인 사회생활을 영위하고 사회규범을 따르게 하는 영역이다.

● 초자아

초자아(super ego)는 인간의 마음에서 행동의 선악을 평가하는 재판관 같은 역할을 한다. 초자아는 개인의 행동이 이상(ideal)에 따르도록 하는 역할을 하며, 쾌락이나 현실보다는 이상적이고 완전한 것을 지향한다. 이에 초자아는 원초아의 충동을 억제하며 자아의 현실적 목표를 이상적인 목표로 유도하려고 한다.

초자아는 출생 시에는 나타나지 않고 자아로부터 발달하며, 성장과정에서 부모나 교사 또는 다른 사람들과의 상호작용을 통해서 사회규범이나 가치관을 내면화함으로써 발달한다. 그러므로 초자아는 자기통제의 형태로 부모나 사회의 도덕규범이나 가치가 내면화된 것으로 '도덕원리(morality principle)'에 따라 움직인다.

성격을 구성하는 이러한 원초아, 자아, 초자아는 일생을 통해 서로 분리되어 작용하지 않고, 전체로서 조화와 균형을 유지하면서 작용한다. 자아는 원초아가 표면으로 나오지 못하도록 막고, 초자아는 비판하는 기능을 가져 원초아나 자아가 사회적으로나 도덕적으로 위배되지 않도록 통제하는 역할을 한다. 그런데 이 세 성격구조는 추구하는 목표가 다르기 때문에 내적 갈등을 유발하고 여기서 인간은 불안을 경험한다.

불안이란 자아의 통제가 생물학적 본능, 현실 상황, 초자아의 통제로부터 위협을 받고 있다는 신호가 되고, 원초아와 초자아의 상반된 힘이 자아를 압도한 경우에 발생한다. 원초아가 지배적일 때는 공격적이고 충동적인 정서를 가지게 되며, 초자아가 지배적일 때는 개인의 행동이 현실을 무시하고 지나치게 도덕성을 추구하며 융통성이 결여된다.

　다음은 세 성격구조가 갈등 상황을 조정하기 위해 어떻게 상호작용하는가를 보여 주는 예다.

　　시계의 자명종이 매우 시끄럽게 울리고 있고, 당신은 침대 건너편에 있는 시계를 끄기 위해 비틀거리며 일어나고 있다고 상상해 보자. 아침 7시다. 역사 수업을 받기 위해 일어나야 할 시간이다. 그러나 당신의 원초아는 좀 더 잠으로써 느낄 수 있는 즉흥적인 만족으로 돌아가야 한다고 주장한다. 당신의 자아는 그 바보 같은 교과서를 혼자서는 이해할 수 없으므로 수업에 반드시 참여해야 한다고 지적한다. 당신의 원초아는 수업에 빠지더라도 당신이 필요로 하는 A학점을 받을 수 있을 거라고 점잖게 안심시킨다. 당신이 느긋해지려는 순간에 당신의 초자아가 그 언쟁 속에 끼어든다. 초자아는 당신이 빼먹으려고 하는 수업에 대한 수업료를 지불해 주시는 부모님께 죄의식을 느끼게 하려고 애쓴다. 당신은 아직 침대에서 일어나지도 않았다. 그리고 이미 당신의 정신 속에서는 전투가 시작되고 있다.

　　　　　　　　　　　　　　　　　　　　　출처: 임정훈, 한기순, 이지연(2009).

---

3) 심리성적 발달단계

　Freud는 성격이 심리성적 발달단계에 따라 형성된다고 보았다. 심리성적 발달단계는 심리성적 에너지인 리비도(libido)가 신체의 어느 부위에 집중되어 있는가에 따라 구강기, 항문기, 성기기, 잠복기, 생식기의 다섯 단계로 구분된다. 각 단계에서 리비도가 추구하는 욕구가 적절히 충족될 때는 정상적인 성격발달이 이루어질 수 있지만, 지나친 좌절이나 과도한 만족을 경험했을 때는 고착(fixation)이나 퇴행(regression)이 일어난다. 여기서 고착은 나이가 들어도 리비도가 신체의 다른 부위로 이동하지 않고 그 단계의 문제점이나 쾌락에 계속 집착하고 머무르는 경향을 의미하며, 퇴행은 심리적 어려움이나 좌절을 겪게 될 때 욕구를 쉽게 충족할 수 있었던 이전의 발달단계로 되돌아가는 경향을 의미한다. Freud는 어떤 단계에서든 특정 문제들이 성격 발달을 지연·저지시킬 수 있으며, 그것이 일생을 통해 개인의 성격에 지속 적으로 영향을 미칠 수 있다고 하였다.

(1) 구강기(oral stage, 0~1세)

구강기는 리비도가 입과 구강 부위에 집중되는 시기다. 이 시기의 유아는 빨고, 먹고, 깨무는 행위를 통해 쾌락을 경험한다. 따라서 구강기에는 입과 입 주위가 모든 활동과 관심의 초점이 되므로 손에 잡히는 것은 무엇이든 빨 고, 삼키고, 깨물면서 욕구를 충족하려 한다. 이 시기에 양육자로부터 적절 한 양육을 받지 못하여 구강 욕구가 충족되지 않거나 과잉 충족되면 고착되 어 성격적 결함을 가지게 된다.

구강기 성격은 구강 수용적 성격(oral receptive personality)과 구강 공격적 성격(oral aggressive personality)으로 구분된다. 구강 수용적 성격은 수동적이 고 의존적이며, 잘 속고 모든 것을 희생해서라도 인정받고 싶어 하는 경향이 있다. 구강 공격적 성격은 논쟁적이고 비꼬기를 잘하며, 타인을 이용하거나 지배하려 한다.

(2) 항문기(anal stage, 1~3세)

항문기는 리비도가 항문에 집중되는 시기다. 이 시기의 유아는 배설을 통 해 쾌락을 경험한다. 일반적으로 항문기에 배변훈련(toilet training)이 이루어 지는데, 유아는 생후 처음으로 자신의 본능적 충동에 대한 외부의 통제를 경 험하게 된다. 이때 원초아의 요구와 부모에 의해서 부과되는 사회적 제지를 구별하는 자아가 발달한다. 배변훈련을 시킬 때 부모가 보이는 태도와 훈련 방법은 유아의 성격 및 가치관 형성에 큰 영향을 미친다.

항문기에 적절한 배변훈련이 이루어지지 않는다면 고착현상이 일어나 항 문기적 성격을 가지게 된다. 항문 공격적 성격(anal aggressive personality)을 가진 사람은 파괴적이고 난폭하며 적개심과 의심이 많고, 항문 보유적 성격

(anal retentive personality)을 가진 사람은 인색하고 고집이 세며 완고하고 완벽을 추구한다.

(3) 남근기(phallic stage, 3~6세)

남근기는 리비도가 성기에 집중되는 시기다. 이 시기의 유아는 남녀의 신체 차이, 아기의 출생, 부모의 성역할 등에 대해서 상당한 관심을 가지게 된다. 남아는 어머니에 대해 성적 욕망과 애착을 느끼며 아버지를 경쟁 상대로 생각하는 오이디푸스 콤플렉스(Oedipus complex)를 가지게 된다. 또한 어머니를 사랑하는 아버지에 대해 질투심과 적대심을 가지게 되는데 이로 인해 아버지로부터 자신의 성기가 잘려지지 않을까 하는 두려움인 거세불안(castration anxiety)을 느끼게 된다. 한편, 여아는 아버지에 대해 사랑의 감정을 품고 어머니를 경쟁 상대로 생각하는 엘렉트라 콤플렉스(Electra complex)를 겪게 된다. 또한 남근을 갖고 싶어 하는 남근선망(penis envy)이 나타난다. 이와 같이 남근기의 유아는 이성의 부모에 대해 애정을 느끼며 그로 인해 동성의 부모에게는 적대감을 갖는 갈등 상황에 처하게 된다.

이러한 콤플렉스를 극복하는 과정에서 동일시(identification) 현상이 나타난다. 남아는 어머니에 대한 성적 애정을 포기하고 아버지와의 동일시를 통해 가치관, 태도, 성에 관련된 행동 등에서 남성다움을 배우고 남자답게 행동하려고 노력한다. 여아는 남근이 없다는 사실을 인정하고 어머니와의 동일시를 통해 여성스럽게 되고자 노력한다. Freud에 의하면 남근기에 고착된 남성은 경솔하고 과장이 심하며 성취욕이 강한 경향을 보이고, 여성은 경박하고 유혹적이며 자기주장이 강한 경향을 보인다.

(4) 잠복기(latent stage, 6~12세)

잠복기는 성적인 욕구가 철저히 억압되어 심리적으로 평온한 시기다. 이 시기에는 성적 활동은 침체되지만 지적 호기심이 강해지고 동성 간에 긴밀한 또래관계가 형성된다. 즉, 잠복기 아동은 상대방의 성에 대하여 무관심하며 흥미를 보이지 않는다. Freud는 오이디푸스 콤플렉스와 엘렉트라 콤플렉스에서 나오는 갈등이 억압됨으로써 그런 감정이 있었다는 것 자체를 부정하기 위하여 겉으로는 무관심하게 행동하는 것으로 해석한다.

잠복기 아동은 친구들과 우정을 나누며, 스포츠나 게임, 지적 활동 등과 같은 사회적으로 용인되는 일에 에너지를 발산한다. 잠복기에 고착되면 성인기에 이성에 대해 안정감을 느끼지 못하고 이성과의 관계를 회피하거나 정서적으로 고립될 수 있다.

(5) 생식기(genital stage, 12세 이후)

생식기가 되면 오랫동안 잠복해 있던 리비도가 다시 성기에 집중되면서 이성에 대한 관심과 함께 성적 욕구가 생기기 시작한다. 이 시기의 청소년은 신체적으로는 생식기관이 발달하고 성 호르몬의 분비가 많아지면서 성적 충동을 현실적으로 수행할 신체적·생리적 능력을 갖추게 된다. 이성의 부모에 대한 애정은 불가능하고 특히 부모와의 성적인 관계는 금기 사항임을 알게 되어 부모에게서 독립하려는 욕구가 생기며, 진정한 사랑의 대상으로서 이성을 찾게 된다. 생식기에 순조롭게 성적 욕구를 승화시키면 이타적이고 책임감이 있으며 성숙한 성격을 보이나, 그렇지 못하면 권위에 반항하고 비행 행동을 하거나 이성에 대한 적응 곤란 등을 겪는다.

4) 방어기제

Anna Freud는 Freud의 방어기능에 대한 관점을 정리하여 방어기제에 관한 이론을 체계화하였다. 방어기제(defense mechanism)란 자아가 합리적인 방법으로 불안을 극복하고 통제하지 못할 때 자아를 보호하기 위해서 비현실적이고 비합리적인 방법으로 불안을 제거하려고 하는 무의식적인 심리기제를 말한다.

방어기제는 병적 행동이 아닌 정상적인 행동으로 성격발달의 수준이나 불안의 정도에 따라 여러 가지 형태로 나타난다.

Anna Freud
(1895~1982)

한 사람이 한 가지 이상의 방어기제를 사용하지만 위기에 닥쳤을 때에 어떤 방어기제를 두드러지게 사용하느냐에 따라 그 사람의 성격 특성을 알 수 있다. 적절한 방어기제의 사용은 불안을 감소시키고 긍정적인 적응을 유도한다. 하지만 문제 상황과 관계없이 특정 방어기제만 지속적으로 사용하거나 불안이 감소된 후에도 방어기제를 철회하지 못할 때에는 부적응이 나타날 수 있다.

● 억압

억압(repression)은 수치스러운 생각, 죄의식, 괴롭거나 불쾌한 경험 등이 너무나 고통스럽고 충격적이어서 무의식 속으로 억눌러 버리는 것을 말한다. 억압은 우리에게 불편함이나 고통을 가져다주는 존재에 대한 무의식적 부정으로, Freud는 가장 기본적이고 중요한 방어기제로 간주하였다. 자신을 학대하는 부모에 대한 뿌리 깊은 적대감을 알아차리지 못하는 것이 그 예다.

● 투사

투사(projection)는 바람직하지 못하고 용납될 수 없는 자신의 생각이나 무의식적 충동을 경험한 사람이 그 원인을 다른 사람에게서 찾으려 하거나 다른 사람의 탓으로 돌리는 것을 말한다. 예를 들어, 자신이 누구를 미워할 때 그가 자신을 몹시 미워하기 때문에 자신도 그를 미워한다고 하는 것이다.

● 전치

전치(displacement)는 자신의 충족되지 않은 욕구를 안전한 다른 대상으로 옮겨 충족하려는 것을 말한다. 예를 들어, 몹시 화가 났을 때 문을 세게 닫고 나가거나, 어머니에게 야단맞고 난 뒤 적대감을 어머니에게 표현하지 못하고 만만한 동생에게 화를 내는 경우가 이에 해당한다.

● 퇴행

퇴행(regression)은 위협적인 상황이나 곤경에 처했을 때 그 상황에 대한 해결책으로 덜 불안을 느꼈고 책임감이 적었거나 관심과 애정을 더 많이 받았던 이전의 발달단계나 행동양식으로 되돌아가는 것을 말한다. 예를 들어, 대소변을 가릴 줄 아는 아이가 동생이 태어나자 부모의 관심과 사랑을 잃어버릴까 봐 불안하여 잠자리에서 오줌을 싸는 행동이 이에 해당한다.

● 반동형성

반동형성(reaction formation)은 개인의 내면에서 수용할 수 없는 충동을 정반대로 적극적으로 표현하는 것이다. 즉, 반동형성은 내면의 욕구와는 상반되는 행동과 태도를 드러냄으로써 자신의 욕구나 동기를 은폐하려는 것을 말한다. 예를 들면, "미운 놈 떡 하나 더 준다."라는 속담처럼 거부감이나 적대감이 느껴지는 사람에게 부정적인 생각이나 태도가 드러나지 않도록 감추고 오히려 과도하게 정중한 태도를 보이는 경우가 그러하다. 반대의 경우도 가능한데, 남자아이가 자신이 좋아하는 여자아이의 고무줄놀이를 방해하는 것 등이 그 예다.

● 동일시

동일시(identification)는 자기 자신을 다른 훌륭한 인물이나 집단과 동일하게 여김으로써 자기의 욕구를 만족시키려는 것을 말한다. 즉, 동일시는 자기가 존경하거나 좋아하는 사람의 행동, 태도, 가치관 등을 자기의 것으로 받아들여 자신도 모르는 사이에 그 사람의 행동과 말투, 사고방식을 닮게 되는 심리기제다. 보편적인 형태의 동일시 행동은 아동과 그 부모 간의 관계에서 쉽게 찾아볼 수 있다. 아동 자신은 무능한데 부모가 명성, 위력을 가진 경우 아동은 부모의 성취를 자기 자신의 것으로 보게 된다. 이 외에도 청소년들이 연예인의 옷차림이나 헤어스타일, 행동 등을 따라 하는 것도 동일시의 예로 볼 수 있다.

● 부정

부정(denial)이란 현실에서 일어났던 위협적이거나 외상적인 사건을 받아들이지 않고 거절하는 것이다. 즉, 부정은 의식화되면 감당해 낼 수 없는 욕구나 현실을 무의식적으로 받아들이지 않으려고 하는 것이다. 대부분의 방어기제는 현실을 왜곡하는 것이지만, 부정은 현실을 왜곡할 뿐만 아니라 현실 자체를 부인한다. 예를 들어, 암 환자가 자신의 병을 인정하지 않거나, 사랑하는 어머니의 죽음을 인정하지 않고 잠시 여행을 떠나 있다고 생각하는 것이다.

● 합리화

합리화(rationalization)는 의식하지 못한 동기의 결과로 어떤 행동을 하고 나서 참된 이유를 받아들이기보다는 그럴듯한 이유를 찾아 자신의 행동을 정당화시키는 것으로 빈번히 사용되는 방어기제 중의 하나다. 합리화의 대표적인 유형에는 신포도형과 단레몬형이 있다. 신포도형은 이솝우화에서 여우가 포도를 딸 수가 없게 되자 그 포도가 시큼하다고 판단하는 것처럼 자신이 바라던 것을 얻지 못했을 때 그것의 가치를 과소평가하여 처음부터 그것을 원하지 않았던 것처럼 생각하거나 행동한다. 단레몬형은 자신이 인정하고 싶지 않은 상황을 할 수 없이 받아들여야 할 때 그것을 과대평가하여 자신이 원하던 것이라고 스스로 믿는 것이다. 이것은 마치 아무리 신 레몬일지라도 자기가 가지고 있는 것은 달다고 생각하는 것으로, 어렵게 획득한 것이 자신이 생각했던 것과 차이가 있을 때 느끼는 마음의 부담을 없애기 위해 그것이 원래 자기가 획득하고자 했던 것이라고 생각하는 것이다.

● 보상

보상(compensation)이란 자신의 약점이나 열등한 점을 보충하기 위해 자신의 장점이라 생각하는 부분을 과장하거나 무언가 내세울 수 있는 점을 개발하는 것을 말한다. 그 예로 몸이 약해서 신체적 열등감을 느낀 사람이 성적 우수자가 되기 위해 학업에 정진하는 경우를 들 수 있다.

● 승화

승화(sublimation)는 성적 충동이나 공격적 충동과 같은 용납하기 어려운 욕구를 적절히 억압할 수 없을 때 정신적 긴장이나 에너지를 사회적으로 인정될 수 있는 행동방식으로 표출하는 방어기제를 말한다. 성적인 충동을 운동이나 예술 활동으로 바꾸는 것이나, 자신의 공격적 충동을 충족시키기 위해 복싱이나 이종격투기와 같은 공격성이 용납되는 활동을 하는 것을 예로 들 수 있다.

● 금욕주의

금욕주의(asceticism)는 사춘기에 급격히 증가하는 성욕에 대한 두려움에서 나오는 것으로 철저한 자기부정을 의미한다. 이는 원초아의 본능적 욕구를 완전히 무시하고 모든 욕망을 억제한다. 청소년기의 금욕주의는 성욕뿐만 아니라 먹고, 잠자고, 옷 입는 것 등 일상의 모든 신체적인 것에 대한 거부와 혐오로 확대되기도 한다.

● 주지화

주지화(intellectualization)는 문학, 철학, 종교 등의 지적 활동에 몰입함으로써 성적 욕구나 갈등에서 벗어나고자 하는 것을 말한다. 난해한 관념적인 서적에 몰두하고 추상적인 용어의 사용을 즐기며, 미술이나 음악과 같은 예술에 대하여 깊이 관심을 보이는 것은 청소년기 주지화의 한 양상으로 설명할 수 있다.

5) Freud 이론의 교육적 적용

Freud에 따르면 아동의 성격발달에 있어 초기 경험은 중요한 역할을 하며 성격발달은 심리성적 단계에 따라 이루어진다. 그리고 개인의 성격은 각 단계에서 어떤 경험을 하느냐에 따라 다양하게 형성된다. 아동이 단계별로 추구하는 성적 쾌감을 충분히 느끼지 못하거나 그것에 지나치게 몰두하면 고착현상이 일어나 다음 단계로의 발달에 문제가 생길 수 있다.

이러한 Freud 이론은 다음과 같은 측면에서 몇 가지 한계가 지적되고 있다. 첫째, 성적 욕구를 지나치게 강조하고 있다. 둘째, 초자아가 본성을 조절하지 않으면 자기와 타인을 파괴한다고 하여 인간의 본성을 자기중심적이고 충동적으로 보았다. 셋째, 여성을 남성보다 열등한 존재로 봄으로써 여성에 대해 편견을 갖고 있다.

이러한 한계가 있음에도 불구하고 Freud의 심리성적 성격발달이론은 다음과 같은 교육적 시사점을 제시하고 있다.

첫째, 유아기에는 원만한 성격 형성을 위해 부모의 적절한 양육태도와 감정 표현이 필요하다. 특히 배변훈련이 시작되면 유아는 쾌락을 지연시키는 방법을 배우게 되므로 적절한 배변훈련 지도가 필요하다. 유아는 즉각적으로 배설하려는 원초아의 요구와 사회적 금지를 분간하고 자기통제력을 기르는 경험을 한다. 이때 배변훈련이 순조롭게 이루어지면 유아는 사회적 승인을 얻는 쾌감을 경험하고 이것은 초자아발달의 시초가 된다. 하지만 배변훈련이 지나치게 엄격하게 이루어지면 억제 경향이 심해져 고집이 세고 인색하며 지나치게 청결한 성격 특성으로 발달하게 된다. 유아기 부모와의 관계 속에서 형성된 무의식적 내용들이 기본적 성격 형성의 토대가 되는 것이다.

둘째, 초등학교 시기에는 원만한 성격 형성을 위한 다양한 성취 경험이 필요하다. 이 시기는 성적 본능이 휴면을 취하는 잠복기로, 아동은 지적이거나 사회적인 활동 등 다른 것을 추구하는 데 주의를 돌린다. 즉, 아동은 성적인 에너지가 지적 탐색을 통해 발휘됨으로써 실생활에서의 기본적인 기술과 사회 속에서 다른 사람과 관계를 맺는 방법을 배운다. 그러므로 교사는 학교 활동, 취미 활동, 스포츠 활동, 친구관계 형성 등 다양한 활동을 할 수 있는 환경을 마련해 주어야 한다.

셋째, 중·고등학교 시기에는 성에 대한 건강한 태도와 올바른 가치관을 형성하기 위한 교육이 필요하다. 이 시기에는 정신 에너지가 성기에 집중되며 그에 따라 이성에 대한 관심도 증가한다. 따라서 성에 대한 무조건적 억제는 이성에 대한 적응 곤란 및 권위에 대한 반항심을 불러일으킨다. 그러므로 이 시기의 성적 욕구는 독서, 운동, 봉사 등의 다양한 활동을 통해 승화되도록 해야 할 것이다.

넷째, 학습자의 방어기제에 대한 이해가 필요하다. 교사는 학습자가 자주 사용하는 방어기제들을 관찰·기록하고 종합하는 과정을 통해 학습자가 어떤 불안의 위협을 받고 있는지 알 수 있다. 이러한 학습자의 방어기제에 대한 이해는 생활지도 및 상담을 하는 데 도움이 될 수 있다.

2. Erikson의 심리사회적 성격발달이론

Erik H. Erikson
(1902~1994)

Erik H. Erikson은 독일 프랑크푸르트에서 덴마크계 아버지와 유태계 어머니 사이에서 태어났다. 그는 성장과정에서 유태인과는 다른 자신의 외모 때문에 이방인으로 취급받기도 하였다. 이런 경험이 후에 그의 정체성 위기와 혼미에 관한 연구의 기초가 된 것으로 알려져 있다(Crain, 1992). Erikson은 25세 때 Anna Freud가 설립한 어린이 연구소에서 아동을 가르치면서 아동정신분석을 연구하기 시작하였다. 31세에는 히틀러의 반유태 정책으로 인하여 미국 보스턴으로 이주하였으며, 공식적 학위가 없음에도 불구하고 하버드 의과대학과 예일 대학에서 연구활동을 시작하였다. 1994년 92세로 사망할 때까지 그는 Freud 이후의 정신분석학적 자아심리학을 비약적으로 발전시켰다. 주요 저서로는『아동기와 사회(Children and Society)』(1950),『청년 루터(Young Man Luter)』(1958),『정체성: 청년과 위기(Identity: Youth and Crisis)』(1968),『간디의 진실(Gandhi's Truth)』(1969) 등이 있다.

Erikson은 성격발달에서 개인과 사회의 역할 및 상호작용을 중요하게 생각하였고, 인간의 발달은 사회적 맥락 안에서 일어난다는 것을 강조하여 심리사회적 발달이론(Psychosocial Development Theory)을 제시하였다. 그는 인간의 모든 행동은 멈추지 않고 계속 변한다는 전 생애 발달원리를 전제로 하여 성격을 8단계로 나누어 설명하였다. 발달은 단계별로 진행되고, 각 단계별로 심리사회적 위기(psychosocial crisis)가 존재한다. 각 단계마다 그 단계의 위기를 성공적으로 극복하느냐 그렇지 못하느냐에 따라 긍정적인 결과나 부정적인 결과가 나타날 수 있다. 만약 심리사회적 위기를 건강하게 극복하면 사회 적응적 성격이 발달하게 되지만 그렇지 못하면 부적응적 성격을 갖게 된다.

1) 심리사회적 발달단계

(1) 신뢰감 대 불신감(trust vs. mistrust, 출생~1세)

이 단계에서는 영아와 주 양육자 간의 관계의 질에 따라 신뢰감과 불신감이 결정된다. 주 양육자가 영아를 양육하는 과정에서 친밀한 양육태도로 민감하고 일관된 행동을 보여 주면 영아는 양육자에 대한 기본적인 신뢰감을 형성하게 된다. 신뢰감은 심리적으로 건강한 사람을 만드는 초석이 되며 다른 사람과의 유대감과 애착을 형성하는 데 필수적이다. 반대로 주 양육자가 영아의 필요와 요구에 잘 적응해 주지 않고 일관성 있는 관계를 지속하지 못하면 영아는 양육자에 대해 불신감을 갖게 된다. 불신감은 타인과 외부세계에 공포와 의심 등을 초래하게 된다.

Erikson은 이 시기에 형성된 신뢰감이나 불신감이 일생을 통해 지속되며 다음 단계의 성격발달에 직접적인 영향을 미치게 된다고 하였다. 즉, 영아는 양육자와의 기본적 신뢰감이 안정적으로 형성되어야 사회를 신뢰할 수 있으며 세상은 안전하고 살 만한 곳이라는 느낌을 갖게 된다. Erikson은 건전한 성장이 신뢰감만으로 이루어지는 것은 아니고 신뢰와 불신의 적절한 비율로부터 형성된다고 주장한다. 다시 말해, 긍정적인 성격발달을 위해서는 불신감도 경험해야 하는데, 다만 기본적 신뢰감을 보다 많이 경험해야 한다는 것이다.

(2) 자율성 대 수치심과 회의감(autonomy vs. shame and doubt, 1~3세)

이 단계의 유아는 대소변 가리기, 걷기, 식사하기, 옷 입기 등이 가능해지면서 스스로 무엇인가를 하려는 독립심에 대한 강한 욕구를 가진다. 대소변의 통제가 가능하게 되고, 자기 발로 서서 걷게 되면서부터 주위를 열심히 탐색하게 되고, 음식도 남의 도움을 받지 않고 스스로 먹으려고 한다. 이와 같이 유아가 다른 사람에게 의존하지 않고 자신의 의지대로 행동하려고 할 때 부모가 이를 허용하고 격려하면 자율성이 발달한다.

하지만 스스로 한 행동이 반복적으로 실패하거나 혹은 자신의 행동이 규제를 받거나 통제를 당하게 되면 유아는 자신의 능력에 대해 열등감을 느끼고 자신에 대해 자부심보다는 수치심, 회의감을 느끼게 된다. 즉, 부모가 유아를 너무 엄격하게 통제하고 억압하거나 또는 과잉보호할 경우에는 유아의 자율성을 손상시키고 수치심과 회의감을 발달시킨다.

그러므로 유아가 스스로 선택하고 행동하는 것을 격려하여야 하며 배변훈련을 통해 자기조절 능력을 발휘할 기회를 주어야 한다. 이때 부모는 유아로 하여금 사회적으로 적합한 행동을 하도록 이끌어 주고, 자신뿐만 아니라 타인에게 해가 될 수 있는 행동에 대해서는 합리적인 제한을 유지해야 한다. 왜냐하면 자율성은 유아에게 무제한의 자유를 허용하는 것을 의미하는 것이 아니라 사회규범의 범위 내에서 허용되는 것이기 때문이다.

(3) 주도성 대 죄책감(initiative vs. guilt, 3~6세)

이 단계의 유아는 인지 및 언어 능력과 운동기능이 발달하면서 스스로 어떤 행동에 대한 목표와 계획을 세워 실천하려는 욕구를 가지게 된다. 이 시기에는 어떤 목적을 가지고 이를 성취하기 위하여 열심히 노력하고, 다른 사람의 일과 새로운 것에 호기심을 갖고 새로운 과제와 다양한 역할을 배우는 데 관심을 보인다. 이때 부모나 가족이 유아의 주도적인 행동을 인정하고 격려하면 주도성이 발달한다.

하지만 과잉보호하여 스스로 할 기회를 제공하지 않거나 주도성에 대해 비난, 질책, 처벌을 하게 되면 유아는 위축되고 자기주도적인 행동에 대해

죄책감을 가지게 된다. 죄책감은 아동으로 하여금 체념하거나 스스로 무가
치하다고 생각하게 하고, 목표를 세우고 추구하려는 목적의식이나 용기를
없애고 의존적으로 만든다. 그러므로 유아에게 새로운 것을 시도하고 스스
로 활동하도록 하는 동시에 규칙과 제한을 이해하도록 도와주어야 한다.

(4) 근면성 대 열등감(industry vs. inferiority, 6~12세)

이 단계의 아동은 학교에서 대부분의 시간을 보낸다. 교사와 또래들의 영
향력이 커지면서 부모의 영향력은 점점 줄어든다. 아동에게 있어 기술이나
지식을 익히고 난 뒤의 성취감, 이러한 일들에 대한 타인의 인정 등은 근면
성을 획득하기 위한 주요한 요소들이다. 이 시기에 부모나 교사가 아동에
게 도전적이면서도 성취할 수 있는 목표를 세우도록 기회를 부여하여 목표
를 달성하고 성공감을 느낄 수 있도록 하면 아동은 유능감과 근면성을 획득
한다.

하지만 성공의 기회가 없거나 성취한 결과에 대해 무관심하거나 과제가
너무 어려워 실패를 경험하면 아동은 부정적 자아상과 열등감을 형성하게
된다(Dweck, 1999). 따라서 부모나 교사는 아동에게 도전감과 근면성을 발달
시킬 수 있도록 적절한 과업을 제시하여 성공 경험의 기회를 제공하고 성취
한 결과에 대해 인정하고 격려하여야 한다.

(5) 정체감 대 역할혼미(identity vs. role confusion, 청소년기)

이 단계의 청소년들은 신체적으로는 급격한 성장을 하게 되지만 정신적
성장은 급격한 신체적 변화를 따라가지 못한다. 청소년들은 자신이 누구인
지, 무엇을 잘할 수 있는지, 미래에 어떤 사람이 될 것인지 등에 대한 근본적
인 문제에 대해 고민하며 지적·사회적·성적·도덕적인 여러 측면을 통일
된 자아정체감으로 통합하려 노력한다(Harter, 1998).

청소년은 자신에 대한 정체감이 제대로 형성되면 자신에게 주어진 자녀,
형제, 친구, 학생으로서의 역할을 올바르게 수행하게 되지만, 만약 정체감이
형성되지 못하면 역할혼미에 빠져 진학이나 진로에 있어서 어려움을 경험

하고 자신에 대해 절망하기도 한다. 따라서 청소년은 자신의 신체적, 심리적 특성과 역할 등을 인정하고 받아들이며 자신의 가치를 발견하도록 노력해야 한다.

(6) 친밀감 대 고립감(intimacy vs. isolation, 성인전기)

이 단계는 성인전기에 해당되는 시기로 부모로부터 독립을 하고, 직업을 가지게 되며, 배우자를 만나 결혼을 하게 되는 시기이다. 배우자나 직장 동료들과 친밀한 관계를 형성하는 것이 이 시기의 발달과업이며, 다른 사람들과 친밀한 관계를 형성하면서 사랑, 신뢰, 존경, 책임의 태도가 함께 나타난다.

Erikson에 의하면 청년기에 자아정체감을 형성해야 성인 전기에 친밀감 형성이 가능하다고 한다. 정체감을 확립하지 못하면 자기 자신에 대하여 자신감을 가지지 못하므로 타인과의 관계에서 친밀감을 형성하지 못하고 자기 자신에게만 몰두하게 됨으로써 고립감에 빠진다. 다른 사람들과의 친밀감 형성의 실패는 외로움과 고독감을 가져다주게 되고, 자기도취에 빠지거나 형식적이고 피상적인 인간관계만을 추구하게 된다.

(7) 생산성 대 침체감(generativity vs. stagnation, 성인중기)

이 단계는 성인중기에 해당되며 자녀 양육과 함께 창조적이고 생산적인 활동을 통하여 다음 세대를 양성하는 데 노력을 기울이는 시기다. 이러한 생산성은 자신의 아이를 낳아 키우면서 발달하지만 후배를 양성하거나 직업적 성취를 통해 나타날 수도 있다(Smetana, 1997). 생산성을 획득한 사람은 가정적으로는 자녀를 잘 키우고 교육하며, 사회적으로는 사람들에게 자신의 지식과 경험을 전수한다.

생산성을 확립하는 데 실패하면 타인에 대한 배려심과 관대함이 결여되어, 타인의 관심보다는 자신의 욕구에 더 치중하게 되고 침체감을 갖게 되며, 이러한 사람들은 부모의 역할이나 어른의 역할을 원만하게 수행하지 못한다.

(8) 자아통합감 대 절망감(ego integrity vs. despair, 노년기)

이 단계는 노년기에 해당되며 지나간 삶을 되돌아보고 정리하는 시기다. 신체적으로는 노화되고 직장에서 은퇴하며 친구나 배우자의 사망으로 인생의 무상함을 느끼는 시기로, 자신이 걸어온 삶에서의 선택과 결정에 대해 의미를 부여한다. 자아통합감을 이룬 사람은 자기의 생을 돌아보면서 보람과 가치가 있었다는 것을 인식하고 오랜 삶을 통해 노련한 지혜를 획득하게 된다. 또한 자신의 존재가 후손이나 창조적 업적에 의해서 계속된다는 것을 깨닫고 이제 더 이상 죽음을 두려워하지 않고 초연할 수 있게 된다.

그러나 은퇴한 후 신체적 · 경제적 무력감을 느끼는 사람은 성취하지 못한 것들에 대한 미련 등으로 자신의 삶이 무의미했다고 느끼며 절망감을 갖게 된다. 따라서 자신의 인생을 되돌아보고 겸허하게 자신의 생애가 의미 있었다고 스스로 만족할 수 있어야 인생에 대한 참다운 지혜가 생겨나고, 보다 더 높은 차원의 자아통합을 이룰 수 있게 된다.

2) Freud와 Erikson 이론의 비교

Erikson은 Freud의 이론에서 성격발달 단계가 미리 예정되어 있고, 발달 단계를 통과하는 순서가 불변적이며 생물학적 · 성적 요소가 성격 형성의 토대가 된다는 점에 동의하고 있다. 그러나 몇 가지 중요한 측면에서 Frued 이론과 Erikson 이론 간에는 근본적인 차이가 있다.

첫째, Freud가 행동이나 성격의 형성 및 발달에 있어 원초아의 영향을 중시한 데 비해 Erikson은 자아를 강조하였다. 둘째, Freud가 아동의 성격발달에 미치는 영향으로 부모의 중요성을 강조한 반면, Erikson은 부모뿐만 아니라 가족, 친구, 사회, 문화적 환경의 중요성을 강조했다. 셋째, Freud는 성격이 생의 초기에 형성된다고 가정하여 남근기 이후의 성격발달에는 거의 관심을 가지지 않았으나, Erikson은 성격 형성에 있어 인생 초기의 경험이 중요하기는 하지만 이후에도 성격은 변할 수 있으며, 성격발달을 인생 전반에 걸쳐 계속되는 과정이라고 보았다. 넷째, Freud는 무의식과 초기의 외상적 경험이 정신병리를 유발하는 과정을 중점적으로 설명한 반면, Erikson은 심리사회적 위기의 극복과정을 통해 건강한 성격이 어떻게 발달하는가를 설명하는 데 중점을 두었다.

〈표 3-1〉 Freud와 Erikson 이론의 비교

	Freud	Erikson
성격 구조	원초아 중시	자아 중시
성격 형성	부모의 중요성 강조	사회문화적 영향 강조
성격발달시기	인생초기에 대부분 확립	인생 전반에 걸쳐 지속적 발달
강조점	무의식과 초기 외상경험이 정신병리를 유발하는 과정에 중점	건강한 성격발달을 위한 심리사회적 위기극복 과정에 중점

3) Erikson 이론의 교육적 적용

Erikson의 심리사회적 발달이론에 의하면 성격발달은 단계별로 진행되고 모든 인간에게 보편적으로 나타난다. 그의 심리사회적 발달이론은 건강하고 원만한 성격발달을 위해 각 발달단계에서 해결해야 할 심리적 문제들을 다루고 있다. 또한 발달단계에 따른 특정 유형의 행동과 대인관계를 중요시한다.

이러한 Erikson 이론은 다음과 같은 측면에서 몇 가지 한계가 지적되고 있다. 첫째, 이론이 모호하고 경험적으로 검증하기가 어렵다. 둘째, Erikson의 개인적이고 주관적인 해석에 근거하고 있을 뿐 실험을 통해서 검증되지 못했다. 셋째, 성격발달 단계에서 자율성, 주도성, 근면성은 모두 아동이 능동적으로 행위를 하도록 허용하고 격려함으로써 키워지는 것이다. 즉, 이러한 것은 동일한 특성이 강조되고 있어 분명하게 구분하기 어렵다.

이러한 한계가 있음에도 불구하고 Erikson의 심리사회적 발달이론은 다음과 같은 교육적 시사점을 제시하고 있다.

첫째, 유치원 시기의 교사는 아동들에게 과제를 주도적으로 수행할 다양한 기회를 제공하여야 한다. 이 시기는 언어능력과 신체활동 능력이 발달하는 시기로 새로운 것에 다양한 호기심을 갖고 많은 경험을 하려는 경향을 보이기 때문이다. 또한 교사는 아동이 성취감을 느낄 수 있도록 아동의 행동에 대해 지지와 격려를 아끼지 말아야 한다. 이는 성인의 긍정적인 반응이 아동의 독립적인 활동이나 경험 못지않게 아동기의 심리사회적 발달에 중요한 영향을 미치기 때문이다. 이와 반대로 교사의 지나친 제재나 질책은 아동이 자신의 행동에 대한 자신감을 잃게 하고 극단적인 경우 죄책감을 가지게 할 수도 있으므로 자기주도적인 활동을 최대한 인정해 주고 포용해 주어야 할 것이다.

둘째, 초등학교 시기의 교사는 학생들의 성취와 성공에 관심을 갖고 격려하여 학생들이 자신의 능력에 자부심을 갖도록 해 주어야 한다. 그러기 위해 교사는 성공적으로 완수할 수 있는 적절한 수준의 과제를 제시함으로써 성취감을 경험하게 하고, 학생들이 실패하는 경우에도 이를 학습과정의 한 부분으로 인식하도록 분위기를 조성해야 한다. 너무 어려워서 실패할 가능성이 높은 활동은 학생에게 열등감을 심어 주고 자신의 능력에 대한 자신감 결핍을 초래할 수 있다. 반면, 너무 쉬운 과제에서의 성공은 학생이 자신감을 갖는 데 거의 도움을 주지 못할 수 있다. 그리하여 교사는 학생들에게 현실적이고 합리적인 목표를 세우고 실행할 기회를 제공하는 것이 필요한 것이다. 이 시기에는 또래 아동과 관계를 맺으면서 또래만큼 잘하려고 하는 경쟁적인 행동을 하게 된다. 이 과정에서 학생들은 자신이 유용하고 가치 있는 사람이라는 생각을 하고 자신의 능력에 대한 믿음을 형성하고자 노력한다.

셋째, 중·고등학교 시기의 교사는 학생들이 자아정체감을 형성하도록 끊임없이 신뢰하고 공감을 해 주어야 한다. 이 시기에 청소년은 급격한 신체 변화, 성적 성숙과 더불어 인지적·정서적 변화로 인해 혼란을 느낀다. 이러한 변화에 적절히 대처하기 위해서는 자아정체감의 확립이 가장 중요하다. 확실하고 긍정적인 자아를 형성하기 위해서는 청소년기에 자신의 삶에 대한 목표의식을 세워 줄 필요가 있다. 그러므로 교사는 학생을 권위적으로 대해서는 안 되며 공정하고 확실한 규칙을 제시함으로써 학생 스스로 책임감을 가지고 규칙에 맞추어 학습을 성취할 수 있도록 하는 것이 바람직하다.

3. Marcia의 정체성 지위이론

Marcia(1980)는 Erikson이 자아정체감의 형성 시기를 직업이나 이념에 관한 전념이 발달하는 시기로 본 것에 근거하여 대학생을 대상으로 면접법을 실시하였다. 여기서 직업에 대한 가치관, 삶의 철학, 성적 태도, 종교적·정치적 신념 등에 대해 질문하였다. 이 연구에서 Marcia는 직업 선택과 이념적 신념에 대한 전념(commitment)과 위기(crisis) 여부를 조사하여 정체성 지위를 정체성 확립, 정체성 혼돈, 정체성 유예, 정체성 상실의 네 가지로 분류했다. 여기서 전념이란 직업 선택과 이념적 신념에 있어서 확고한 결정을 하고 그 활동에 적극적으로 자신을 투자하는 것을 의미하고, 위기란 직업 선택, 이념적 신념과 같은 개인적 정체성의 측면들에 도달함에 있어 의문을 제기하고 적극적으로 탐색하는 과정을 의미한다.

James Marcia

〈표 3-2〉 Marcia의 정체성 유형

구분		위기	
		예	아니요
전념	예	정체성 확립	정체성 상실
	아니요	정체성 유예	정체성 혼돈

1) 정체성 확립

정체성 확립(identity achievement)이란 자신에 대해 알고자 하는 노력을 하고 구체적인 과업에 전념하고 있는 상태를 의미한다. 이 상태에 있는 사람들은 자아정체성의 위기를 성공적으로 극복하여 신념, 직업, 정치적 견해 등에 대해 스스로 의사결정을 할 수 있다. 정체성이 확립되면 삶의 목표, 가치, 직업, 인간관계 등에서 위기를 경험하고 대안을 탐색했으므로 확고한 자아정체성을 갖게 된다. 이는 심리적 건강의 초석이 될 뿐만 아니라 성인기 이후 건강한 삶을 살아가는 터전이 된다.

자아정체성은 한 방향에서 최고의 성숙단계까지 반드시 직선적인 발달 양상을 보이지는 않는다. 정체성 확립단계에서 정체감 유예나 혼돈 상태로 퇴행했다가 다시 정체성 확립단계에 도달하는 경우도 있다(Stephen, Fraser, & Marcia, 1992).

2) 정체성 유예

정체성 유예(identity moratorium)란 자신에 대해 알고자 하는 노력은 꾸준히 하고 있지만 구체적인 과업에 전념하지 못한 상태를 의미한다. 이 상태에 있는 사람들은 자아정체성을 형성하기 위해 다양한 역할, 신념, 행동 등을 실험하며 자신의 정체성에 대해 가장 적극적으로 탐색한다. 단지 현재 정체성 위기의 상태에 있고 의사결정을 하지 못하고 있을 뿐이다. 그러므로 Marcia는 정체성 유예가 정체성 확립에 도달하기 위해 필요한 과도기적 단계로서 청소년기에 나타나는 건강한 현상이라고 하였다. 이들은 대체로 겉으로 보기에 안정감이 없는 것으로 보이나 시간이 흐르면서 정체성을 확립하게 된다.

Erikson에 의하면 대학생은 인위적으로 청소년기가 연장된 상태에 있기 때문에 심각한 자아정체성 위기를 경험한다. Munro와 Adams(1977)의 연구는 이러한 견해를 지지하였다. 같은 나이의 대학생과 직업 청소년을 비교한 연구에서 직업 선택에 대한 의사결정에서는 두 집단 간에 유의미한 차이가 없었으나 정치적·종교적·이념적인 면에서는 의사결정을 끝낸 대학생을 거의 찾아볼 수 없었다.

3) 정체성 상실

정체성 상실(identity foreclosure)이란 자신에 대해 알고자 하는 탐색 노력은 하지 않은 채 어떤 활동이나 과업에 전념하고 있는 상태를 의미한다. 이 상태에 있는 사람들은 흔히 자신의 역할, 신념, 직업 선택 등에 대해 고민하거나 탐색하지도 않고 어떤 활동이나 과업에 전념한다. 따라서 자아정체성을 충분히 탐색하지 않고 삶의 목표와 가치를 설정하며 그 목표와 가치에 따라 행동한다. 위기를 경험하지 않고 쉽게 의사결정을 하는 사람들이 이 단계에 속한다. 이들은 대체로 부모나 다른 역할모델의 가치나 기대 등을 그대로 수용하여 그들의 가치나 기대에 부응하는 선택을 한다. 그리고 겉으로 보기에 매우 안정적으로 보이지만 뒤늦게 정체성 위기를 경험하는 경우도 적지 않다.

4) 정체성 혼돈

정체성 혼돈(identity diffusion)이란 자신에 대해 알고자 하는 노력도 하지 않고 어떤 활동이나 과업에도 관여하지 못한 상태를 의미한다. 이 상태에 있는 사람들은 위기를 경험하지 않았고, 직업이나 이념 선택에 대한 의사결정을 하지 않았을 뿐만 아니라 이러한 문제에 관심도 없다. 따라서 삶의 목표와 가치를 탐색하려는 시도를 보이지 않거나, 생각은 하더라도 확고한 미래 지향적인 행동을 하지 못한다. 이들은 자신이 누구인지, 인생에서 무엇을 할 것인지에 대해서도 분명하지 않고, 삶의 방향도 결여되어 있다. 이 상태는 주로 청소년 초기에 보편적으로 나타나지만 일정한 직업을 갖지 못하거나 지속적으로 일하지 못하는 성인에게서도 찾아볼 수 있다.

정체성 혼돈은 정체성 탐색과정의 가장 낮은 단계로 그대로 방치하면 부정적 정체성에 빠져들 수 있다. 부정적 정체성은 부모의 가치관이나 사회적 가치관과 정반대되는 자아개념을 의미한다. 정체성 혼돈 상태에 있는 사람들은 사회적으로 용납되는 행위를 내면화할 기회가 없어서 사회적 가치에 반대되는 태도 및 행동 등을 자신의 것으로 수용하여 그것을 드러내는 등의 과정을 통해 부정적 정체성을 형성하게 된다.

5) Marcia 이론의 교육적 적용

Marcia는 Erikson의 자아정체성 형성에 대한 연구를 기반으로 하고 정체성 위기의 경험 여부와 주어진 역할에 전념하는 정도를 기준으로 성취 지위를 네 가지 상태로 분류하였다. 이러한 Marcia의 자아정체성 이론의 교육적 적용을 살펴보면 다음과 같다.

첫째, 교사는 학습자 개개인의 자아정체감 지위를 정확하게 파악하고 각 지위별 심리적 특성을 고려하여 자아정체성을 발달시켜야 한다. Marcia의 자아정체성 이론은 자아정체감 지위에 따른 청소년들의 공통적인 심리적 특성들을 제시하고 있다. 예를 들어, 정체성의 확립이나 유예의 상태에 있는 청소년은 자아존중감이 높고 높은 수준의 도덕적 추론을 하는 반면, 정체성의 상실이나 혼돈의 상태에 있는 청소년은 부적응적이며 독단적이고 융통성이 없다. 따라서 교사는 올바른 지도를 위해 학습자 각자의 자아정체감 지위를 파악해야 할 뿐만 아니라 각 지위에 따른 심리적 특성을 이해하여야 한다.

둘째, 교사는 학습자들의 정체성 확립을 위해 학습자들에게 자신을 정확하게 인식하고 자신에 대한 다양한 가능성을 검토할 수 있는 기회를 제공해야 한다. 즉, 교사는 학습자들이 자신의 진로나 역할을 탐색하고 미래에 필요한 삶의 기술을 형성할 수 있도록 수업 시간 등을 활용하여 다양한 탐색 기회를 제공해 줄 필요가 있다. 특히 정체성 상실 상태에 있는 청소년들은 정체성 위기를 경험하지 않고 교사나 부모의 기대 등에 따라 정체성이 확립된 것처럼 행동한다. 이들은 이후 성인기에서 정체성 위기를 경험하는 경우가 많으므로 청소년 시기에 충분한 경험을 하게 하고, 직업, 성역할, 가치 등에 대한 대안을 숙고하고 탐색할 기회를 주어야 한다.

셋째, 교사는 학습자들의 자아정체감 형성을 위한 안전기지가 되어야 한다. 청소년들이 보다 넓은 세계로 나아가고자 할 때 가정이나 학교에서 부모나 교사가 안전기지가 되어 주면 그들이 정체감을 형성하는 데 도움이 된다. 학습자들은 교사와 심리적 친밀감을 형성하여 주어진 역할에 전념하면서 자아정체감을 발달시킨다.

넷째, 교사는 자아정체감 발달이 남녀에 따라 차이가 있음을 인식하고, 성별에 적합한 경험이나 기회를 제공해야 한다. 청년기 남성의 정체감 형성에는 이념이나 직업 선택이 핵심이 되는 반면, 여성의 정체감 형성에는 친밀감이나 인간관계 등이 중요한 역할을 한다(Adams & Gullotta, 1989). 이는 여성들이 대인관계와 정서적 친밀감을 더 중시하는 반면 남성들은 자율과 성취를 중시한다는 Gilligan(1990)의 견해와 일치한다. 따라서 교사는 학습자의 자아정체감 발달에 있어 성별 특성을 고려하여야 한다.

제4장 도덕성 발달

1. 도덕성의 의미와 발달

도덕이란 인간으로서 마땅히 지켜야 할 도리나 규범을 말한다. 이러한 도리나 규범에 맞게 행동하려는 성품이나 의식을 도덕성이라 한다. Piaget (1932)는 도덕성이란 규범 자체이며, 개체가 규범을 어떻게 지키느냐가 도덕의 본질이라고 보았다. Kohlberg(1984)는 도덕성을 개인이 내면화한 사회 문화적 규칙으로서의 양심이라고 정의하였으며, 규범이나 원리가 무엇인지 알 수 있는 능력과 바람직한 규칙이나 원리를 따를 수 있는 능력으로 구분하였다.

도덕성 발달이란 옳고 그름을 판단하는 것에 대한 개념을 획득하는 과정으로서 개인이 자신과 타인의 행동을 평가하는 데 사용되며(Turiel, 1998), 정서, 행동, 사고와 관련되어 있다(Santrock, 2003). 따라서 도덕성 발달에 관한 연구는 정서적 요소, 행동적 요소, 인지적 요소를 중심으로 연구되어 왔다.

정서적 요소는 도덕적 사고나 행동에 대한 정서적 반응으로서 양심, 금지, 죄책감, 수치심과 같은 감정을 포함한다. 즉, 정서적 요소는 도덕적 문제에 대해 사람들이 어떻게 느끼는가에 초점을 둔다. 행동적 요소는 도덕적 문제에 대해 어떻게 느끼거나 어떤 행동이 옳은가를 판단하기보다는 사람들이 도덕적 상황에서 실제로 어떻게 행동하느냐에 초점을 둔다. 인지적 요소는 어떤 상황에서 행위의 적합성과 그 이유에 대한 추론능력을 의미한다. 즉, 인지적 요소는 주어진 구체적 사태를 도덕적으로 해석하여 어떤 행동이 옳고 그른지를 가려보고, 그 결과로서 어느 특정한 행동을 할 것인지를 선택하는 판단과정으로서 어떻게 추론하고 생각하는가에 초점을 둔다.

도덕성 발달에 관한 연구는 정서, 행동, 인지의 세 가지 측면 중 어느 하나에 초점을 맞추는 경향이 있으며, 정신분석이론은 정서, 학습이론은 행동, 인지발달이론은 인지라는 측면에서 도덕성 발달이론을 전개한다. 정신분석적 측면에서는 도덕적 행동을 하는 정서를 분석하는 데 중점을 두고, 도덕적 행동과 판단은 개인 내면의 초자아(super ego) 형성과 죄의식의 회피 과정, 부모와의 동일시 과정을 통해 형성된다고 본다. 학습이론적 측면에서는 도덕적 행동에 중점을 주고, 도덕적 행동이 강화와 모델링을 통해 어떻게 학습되느냐에 초점을 둔다. 인지발달적 측면에서는 도덕적 추론을 강조하면서 인지가 성숙함에 따라 옳고 그름을 판단하는 능력의 발달에 초점을 둔다.

2. 도덕성 발달이론

1) 정신분석적 측면의 도덕성 발달이론

Freud는 인간의 성격구조가 원초아, 자아, 초자아로 구성되어 있으며, 이 중에서 도덕성 발달은 초자아의 발달과 밀접한 관련이 있다고 보았다. 원초아는 본능의 충족을 원하지만, 자아는 현실적 충족 수단들을 찾을 때까지 원초아의 충동을 억제시키고, 초자아는 원초아의 충동과 자아의 욕구 충족방법이 도덕적으로 용납될 수 있는지를 판단한다. 그러므로 초자아는 자아의 생각과 행동을 판단하고 자아가 원초아와 타협하여 부도덕한 행동을 할 때 이를 징벌하거나 죄의식과 불안감을 형성하게 한다. 초자아가 발달된 아동은 자신의 사고와 행동을 스스로 살피고 감시할 수 있으므로 자신에 대해 엄격하고, 나쁜 행동을 했을 때는 죄책감과 수치심을 느끼게 된다.

초자아는 남근기에 오이디푸스 콤플렉스와 엘렉트라 콤플렉스를 해결하는 과정에서 형성된다. 이 시기에 아동들은 불안을 감소시키고 처벌을 피하며 부모에 대한 애정을 유지하기 위해 동성 부모와 동일시함으로써 초자아를 형성한다. 이러한 동일시 과정을 통해 사회적으로 옳고 그름에 대한 도덕적 가치를 내면화하게 된다. 아동은 내면화된 부모의 가치 기준이나 사회적 규범에 위배되는 행동을 하게 되면 죄책감과 수치심을 느끼게 된다. 이렇게 죄책감이나 수치심이 형성되면 아동은 이를 벗어나기 위해 더욱더 사회의 규범에 순응하게 되는데 이것이 도덕성 발달로 이어진다. 즉, 아동이 부모의 가치 기준이나 규범에 적응하면서 도덕성 발달이 이루어진다는 것이다. 그러므로 부모에 대한 애착 형성 정도는 도덕적 내면화와 관련이 있다. 초자아는 양심과 자아이상으로 이루어진다. 양심(consciousness)은 거짓말을 하지 않는 것과 같은 행동 목록으로, 초자아 중에서 부모가 인정하지 않은 행동과 관련이 있다. 자아이상(ego ideal)은 부모의 말에 따르는 것과 같은 행동 목록으로, 초자아 중에서 부모가 인정한 이상적 기준과 관계가 있다. 그래서 양심은 아동이 비도덕적으로 행동했을 때 죄책감을 느끼게 하고, 자아이상은 아동이 도덕적 기준에 따라 행동했을 때 자부심과 자긍심을 느끼게 한다 (Santrock, 2003).

Freud의 이론은 지금까지 아동의 도덕성 발달을 설명하는 중요한 이론으로 알려져 왔으나 다음과 같은 점에서 비판받고 있다. 첫째, 초자아가 동성 부모에 대한 두려움 때문에 발달된다면 동성의 부모가 처벌적이고 위협적일 때 아동들은 더 강한 초자아를 발달시켜야만 한다. 그러나 자녀를 위협하고 처벌하는 부모는 자녀를 도덕적으로 성숙시키지 못한다. 오히려 부모가 심한 처벌을 많이 할 경우 자녀는 나쁜 행동을 자주 하며 죄책감, 수치심, 자기비난을 거의 표현하지 않는 경향이 있다(Kochanska, 1997). 둘째, 영아기에는 비도덕적이라는 Freud의 주장과 달리 13~15개월경부터 영아는 이미 외적인 감시가 없어도 어떤 규칙을 따른다(Kochanska, Murray, & Coy, 1997). 2세경에는 보다 많은 영아가 곁에 아무도 없을 때도 규칙을 위반하면 당황하며, 자신이 저지른 일을 수습하려 한다(Cole, Barrett, & Zahn-Waxler, 1992). 3세에는 기준에 따라 행동했을 때는 자부심을 느끼고, 기준을 따르지 못했을 때는 수치심을 나타낸다(Lewis, Alessandri, & Sullivan, 1992). 이러한 결과들은 아동이 오이디푸스 콤플렉스나 엘렉트라 콤플렉스를 경험하기 전부터 이미 도덕성의 내면화 과정이 진행되고 있음을 보여 준다. 이러한 비판에도 불구하고 Freud의 이론은 아동의 도덕성 발달을 이해하는 데 주요한 역할을 하고 있다.

Erikson 역시 Freud와 유사한 입장에서 도덕성 발달을 설명하였다. 그는 도덕성 발달에서 죄책감과 수치심만큼 중요한 것으로 긍지(pride)를 들었다. 예를 들어, 한 소년이 장난감을 훔치고 싶은 생각이 들었으나 결국 장난감을 훔치지 않기로 결정했다면, 그 소년은 죄책감과 수치심을 느끼지 않을 뿐만 아니라 유혹에 당당히 저항할 수 있었다는 자신에 대한 긍지를 느낄 수 있게 된다. Erikson은 이러한 긍지에 대한 자각이 도덕성 발달에 주요한 영향을 미친다고 보았다.

2) 학습이론적 측면의 도덕성 발달이론

학습이론에 의하면 도덕성 발달이란 강화 및 처벌, 모델링을 통해서 도덕적 가치를 배우고 사회적 규칙에 순응해 가는 과정이다. 아동은 도덕적으로 행동하는 모델을 관찰하게 되고, 법이나 사회관습, 규칙에 부합하는 행동을 모방하여 이에 대해 보상을 받으면 그 행동을 계속하게 된다. 반면, 비도덕적인 행동이나 바람직하지 못한 행동으로 처벌을 받게 되면 그러한 행동은 하지 않게 된다.

행동주의에서는 도덕적 행동을 산출할 수 있는 인지적 능력인 '도덕적 사고'와 특정 상황에서 도덕적 행동을 하는 능력인 '도덕적 수행'을 구분하며, 도덕적 갈등 상황에서 사람들이 어떻게 느끼고 어떻게 사고하는가보다 실제로 실현에 옮기는 도덕성의 행동적 요소에 관심을 두었다(Shaffer, 2002). Skinner는 도덕적 행동의 결과로 인해 아동이 도덕적 규칙을 따르게 된다고 보았다. 아동은 도덕적으로 바람직한 행동을 하면 강화를 받게 되고, 도덕적으로 바람직하지 못한 행동을 하면 처벌을 받게 된다. 그 결과, 나이가 들수록 아동은 강화를 받게 되는 바람직한 행동을 자주 하게 되며, 처벌받게 될 행동을 하는 횟수는 줄어들게 된다. 강화와 처벌이 도덕적 행동의 학습에 주요한 역할을 하는 것이다. 여기서 강화는 도덕적 행동을 증가시키는 데 중요한 역할을 한다. 그러나 처벌은 처벌자가 있는 곳에서 비도덕적 행동을 일시적으로 억제하게 할 뿐 보는 사람이 없거나 발각당할 위험이 없는 곳에서는 비도덕 행위를 억제시키지 못하기 때문에 강화만큼 도덕성 발달에 효과적이지 못하다.

사회학습 이론가인 Bandura는 아동이 보상이나 처벌을 통해서 도덕성을 발달시키기도 하지만 다른 사람들의 행동과 그 결과에 대한 보상 또는 처벌을 관찰하고 모방하는 모델링을 통해서도 도덕적인 행동을 학습한다고 주장한다. 예를 들어, 타인이 어떤 행동에서 보상을 받는 것을 관찰한 아동은 자신도 같은 행동을 하면 보상받을 수 있을 것이라고 믿고 모방하게 된다. 또한 타인이 어떤 행동에 대해 처벌을 받는 것을 관찰하였다면 자신도 그 행동을 따라 하면 처벌을 받을 것이라고 믿고 그러한 행동을 하지 않게 된다.

사회학습이론에 의하면 도덕적으로 행동한다는 것은 바람직하지 못한 행동을 억제하고 바람직한 행동은 지향하도록 통제를 내면화하는 것이다. 행동에 대한 통제를 내면화한다는 것은 자기통제(self-control)로, 강화인이 없어도 바람직한 행동을 수행하고 바람직하지 못한 행동은 억제하는 것을 말한다. 자기통제 과정에서 사람들은 자신의 행동과 그 행동이 일어나는 상황을 점검하고 그 행동을 도덕적 기준과 연관시켜 판단하며, 그 행동이 자신에게 미치는 결과에 따라 자신의 행동을 규제한다. 즉, 사람들은 자신에게 만족감과 자긍심을 주는 행동을 하며, 죄책감이나 수치심을 느끼지 않기 위해 자신의 도덕적 기준에 위배되는 행동은 하지 않으려 한다. 그러므로 자기통제를 통해 내면의 기준과 일치되는 방식으로 행동을 계속한다. 따라서 Bandura는 도덕성이 추상적인 추론보다는 자기통제로부터 비롯된다는 점을 강조하였다.

3) 인지발달적 측면의 도덕성 발달이론

인지발달이론을 주장하는 학자들은 도덕성이 발달하기 위해서는 인지발달이 선행되어야 한다고 주장한다. 즉, 인지적 판단능력을 가지고 있을 때 비로소 도덕적 행동이 가능하다는 것이다. 왜냐하면 도덕성 발달은 인지발달과 같이 분화되고 통합된 새로운 인지구조를 형성해 가는 과정을 거쳐 이루어지기 때문이다. 따라서 이들 학자는 연구의 초점을 도덕적 추론에 둔다. 도덕적 추론이란 어떤 행위의 옳고 그름을 판단할 때 아동이 나타내는 사고과정으로, 도덕성 발달단계는 불변적이고 각 단계마다 도덕문제를 사고하는 일관된 방식이 있다.

도덕성 발달에 관한 인지발달적 관점은 Piaget가 처음으로 제시하였으며, 이후 Kohlberg가 발전시켰다. Piaget와 Kohlberg 모두 연령의 증가에 따라 인지구조가 발전한다는 측면에서 도덕성을 해석하고 있다.

3. Piaget의 도덕성 발달이론

Piaget는 놀이의 규칙과 도덕적 딜레마에 대한 아동의 반응을 관찰하여 아동이 자신의 행동 의도에 대한 도덕적 추론을 할 수 있는지를 알아보았다. 즉, 그는 5~13세 아동들이 규칙을 어떻게 보는가와 이야기에 나오는 주인공의 행동을 도덕적으로 어떻게 판단하는가를 연구하였다. 먼저, 아동들의 도덕성을 이해하기 위해 Piaget는 아동들의 구슬놀이를 관찰하고 그들에게 "게임의 규칙은 누가 만들었지?" "누구나 이 규칙을 지켜야만 하는 거야?"

"이 규칙은 바꿀 수 있니?"와 같은 게임의 규칙에 대한 질문을 하였다. 또한 정의(justice)에 대한 아동의 생각을 밝혀내기 위해 아래와 같은 도덕적 갈등 상황에 대한 이야기를 들려주고 아동에게 "누가 더 나쁘지?" "왜 그렇게 생각해?" "그 나쁜 아동은 어떤 벌을 받아야 할까?"와 같은 질문을 하고 반응을 분석하였다. Piaget는 게임 규칙에 대한 이해, 도덕적 판단, 정의감 등에 대한 아동들의 반응을 근거로 하여 아동의 도덕성을 타율적 도덕성(heteronomous

A. 유진이는 엄마가 설거지하시는 것을 도우려고 하다가 손이 미끄러져 컵을 떨어뜨렸다. 그 바람에 컵 10개를 모두 깨뜨리고 말았다.

B. 수현이는 어느 날 어머니께서 외출하신 틈을 타서 선반에 있는 잼을 몰래 꺼내 먹으려고 하였다. 수현이는 의자를 놓고 올라가서 팔을 뻗어 잼을 꺼내려고 하였지만, 잼이 너무 높은 곳에 있어서 손이 닿지 않았다. 잼을 꺼내려고 애쓰다가 그만 선반 위에 있던 컵 한 개를 깨뜨리고 말았다.

[그림 4-1] 도덕적 딜레마

morality)과 자율적 도덕성(autonomous morality)으로 구분하였다. 그에 따르면 도덕성은 또래와의 상호작용을 통한 인지구조의 발달과 함께 타율적인 도덕성에서 자율적인 도덕성으로 발달한다. 아동은 또래와의 다툼을 해결하면서 어른의 권위에 의존하던 것에서 점차 벗어나고, 규칙은 변할 수 있는 것으로 공통된 동의의 결과로 존재해야만 한다는 것을 깨닫게 된다.

1) 타율적 도덕성

타율적 도덕성 단계(heteronomous morality, 4~7세)는 행위의 결과를 중심으로 선악을 판단하는 타율적 도덕성에 의해 지배된다. '타율적'이란 다른 사람에 의해 규칙이 정해진다는 것을 의미한다. 규칙은 신이나 부모, 교사 등과 같은 권위적인 존재에 의해서 만들어진 것이며, 신성하고 변경할 수 없는 것으로 이를 위반하면 벌을 받아야 한다고 생각한다. 이 단계의 아동은 규칙이 변경할 수 없는 절대적인 것이라고 생각하기 때문에 이들에게 구슬놀이에 적용할 새로운 규칙을 가르쳐 주어도 기존의 규칙을 그대로 사용해야 한다고 생각한다. 또한 모든 도덕적 문제에서 규칙을 따르는 것이 항상 옳은 것이라고 믿고 만약 규칙을 어기면 반드시 처벌을 받는다고 믿는다. 예를 들어, 위급한 환자를 응급실로 데려가기 위해 과속을 한 운전자라도 처벌해야한다는 것이다.

이 단계에서는 개인 행위의 의도나 동기와 관계없이 단지 객관적인 결과만을 가지고 행동의 옳고 그름을 판단한다. 즉, 어떤 행동이 옳은 것인가 또는 잘못된 것인가 하는 것은 그때의 의도나 동기에 의해서 평가되는 것이 아니고 결과에 의해서 판단된다. 비록 행위자의 본래 의도가 좋았더라도 그 결과가 부정적이면 그것은 나쁘다고 판단한다. 예를 들면, 엄마를 도우려다 컵열 개를 깨뜨린 아이의 경우와 잼을 몰래 먹으려다 컵 한 개를 깨뜨린 경우를 비교할 때 전자의 경우가 더 나쁘다고 말한다. 아동은 놀이를 비롯한 일상생활에 규칙이나 질서가 있다는 것을 인식하고 융통성 없이 규칙을 지키려 한다. 이와 같이 규칙이나 도덕이 절대로 변하지 않는다고 생각하는 절대

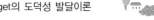

주의적 도덕적 사고를 Piaget는 도덕적 실재론(moral realism)이라고 하였다.

2) 자율적 도덕성

자율적 도덕성 단계(autonomous morality, 8세 이후)의 아동은 사회규칙이 구성원의 임의적인 합의에 의한 것이고, 구성원이 원하면 언제든 변경할 수 있는 것으로 생각한다. 다양한 도덕적 관점을 인식하고, 규칙이나 질서는 임의로 정한 약속이기 때문에 사회적으로 합의하면 바꿀 수 있다는 것을 인식하는 단계다. 또한 아동은 위반에 대한 처벌은 더 이상 자동적인 것이 아니고 위반자의 의도와 상황을 고려해야 한다는 것을 깨닫게 된다. 예를 들면, 위급한 환자를 응급실로 데려가기 위해 과속하는 운전자를 처벌해야 한다고 생각하지 않는다.

이 단계에서는 단순히 결과가 아닌 행위자의 의도나 동기를 고려하여 행동의 옳고 그름에 대한 판단을 한다. 따라서 잼을 몰래 꺼내 먹으려다 컵을 한 개 깨뜨리는 것이 엄마의 설거지를 도우려다가 실수로 컵을 열 개 깨뜨리는 것보다 더 나쁘다고 생각한다. 이제 아동은 규칙을 위반하더라도 항상 벌이 따르지는 않는다는 것을 스스로의 경험에 의해서 알 수 있고 처벌과 의도 간의 관계를 이해할 수 있다. Piaget는 이와 같은 아동의 상대주의적 도덕적 사고를 도덕적 상대론(moral relativism)이라고 하였다.

Piaget는 타율적 도덕성 단계에서 자율적 도덕성 단계로 발달하는 데는 인지적 성숙과 사회적 경험이 중요한 역할을 한다고 본다. 인지적 성숙으로는 자기중심적 사고의 감소와 다양한 도덕적 문제를 여러 가지 각도에서 조망해 볼 수 있게 해 주는 조망수용 능력의 발달을 들 수 있다. 그리고 사회적 경험은 부모나 교사 등 성인들과의 경험보다는 동등한 관계에 있는 또래들과의 접촉이 중요하다. 아동은 또래와 사이좋게 협동하여 놀고 또래집단의 공동 목표를 달성하기 위해서는 다른 사람의 관점을 수용하고, 갈등이 있을 때는 상호 이익이 되는 방법으로 문제를 해결하는 것을 배우게 된다. 그럼으로써 어른들의 권위에 대한 일방적인 존중이 줄어들고, 자신과 또래에 대한 존중이 늘어나며, 규칙이란 임의로 합의된 것으로 상호 협의에 의해서 고칠 수 있다는 것을 알게 된다. 이는 점차 융통성 있고 자율적인 도덕성 단계로 발달하는 데 도움을 준다.

3) Piaget 도덕성 이론의 교육적 적용

Piaget는 도덕성이 인지 수준에 따라 단계별로 발달한다고 하였다. 즉, 아동이 도덕적 판단을 올바르게 하기 위해서는 올바른 판단을 할 수 있는 인지 수준에 도달하여야 한다고 하였다. Piaget의 도덕성 발달이론을 검증한 대부분의 연구에서는 나이가 많은 아동보다 나이가 적은 아동이 타율적 도덕성의 특성을 더 많이 보였다(Jose, 1990; Lapsley, 1996). 그리고 도덕적 판단은 IQ나 조망수용 능력과 같은 인지발달과 관련이 있는 것으로 나타났다(Ambron & Irwin, 1975; Lapsley, 1996). 이와 같이 도덕성 발달이 인지발달에 의해서 가속화된다는 Piaget의 도덕성 발달이론은 많은 연구 결과의 지지를 받고 있으나 다음과 같은 측면에서 몇 가지 한계가 지적되고 있다.

첫째, Piaget의 이론은 아동의 규칙 개념 발달을 너무 단순하게 이해하고 있다. Piaget는 도덕적 규칙과 게임 규칙에 대한 발달의 양상이 서로 같다고 보고, 구슬놀이 규칙에 대한 아동들의 판단을 통해서 아동의 도덕성 판단을 분석하였다. 즉, 그는 어린 아동들이 여러 가지 다른 규칙 간의 차이점을 구분하지 못하고 모든 규칙을 동일한 것으로 생각한다고 보았던 것이다. 그러나 이에 대한 Smetana(1982)의 연구에서는 어린 아동들도 두 규칙 간의 차이점을 인식하여 폭력, 도둑질, 거짓말 등의 도덕적 위반 행위를 인사 안 하기, 손으로 음식 집어먹기 등과 같은 사회 인습적 위반 행위보다 더 나쁜 것으로 판단하였다. Smetana와 Braeges(1990)의 연구에서도 34개월 된 아동들은 도덕적 위반 행위와 사회 인습적 위반 행위를 구별하지 못하였으나, 42개월 된 아동들은 구별하는 것으로 나타났다.

둘째, Piaget의 이론은 아동의 도덕적 판단능력을 과소평가하고 있다. Piaget는 타율적 도덕성 단계에 있는 아동들은 행위의 의도보다는 결과를 중시한다고 보았다. 하지만 Nelson(1980)의 연구에 의하면 3세 아동들도 행위자의 행동에 대한 정보를 분명하게 보여 준 경우에는 결과에 관계없이 나쁜 의도를 가졌던 행위보다 좋은 의도를 가졌던 행위를 더 좋게 평가하는 것으로 나타났다. 이 연구 결과를 통해 아동들이 도덕적 판단에서 행위자의 의도를 고려하고 있다는 것을 알 수 있다.

이러한 한계가 있음에도 불구하고 Piaget의 도덕성 발달이론은 다음과 같은 교육적 시사점을 제시하고 있다.

첫째, 도덕성 발달 수준에 따라 어떻게 도덕교육을 할 것인가에 대한 구체적인 방향을 제시해 주고 있다. Piaget의 주장은 타율적 도덕적 단계의 유아들은 즉각적인 벌칙이 도덕교육에 필요하고, 자율적 도덕성 단계의 아동들은 개인의 양심과 가치관에 근거한 교육이 이루어져야 함을 알려 준다.

둘째, 아동기의 자율적 도덕성 발달이 지니는 중요성을 각성시켰다. Piaget의 도덕성 발달이론에 따르면 초등학교 시기의 아동은 자율적으로 하고자 하는 의지는 있으나 행동에 있어서 많은 시행착오가 생길 수 있다. 그러므로 교사는 아동들의 시행착오를 비판하지 말고 그것을 있는 그대로 수용하여야 한다. 또한 아동들이 보다 자율적으로 판단하고 자신의 행동을 되돌아볼 수 있도록 지도해야 한다. 아동들의 현재 도덕성 발달 수준을 파악하고 현재의 단계보다 조금 높은 수준의 도덕적 추론을 해 볼 수 있게 하는 것이 필요하다.

4. Kohlberg의 도덕성 발달이론

Lawrence Kohlberg는 한때 항공기의 부조종사로 이스라엘 난민을 유럽에서 이스라엘로 이송시키는 역할을 담당하기도 하였다. 이스라엘 건국에 봉사하였던 Kohlberg의 경험은 도덕성 발달이론의 토대가 되었다. 시카고 대학교 대학원 재학 시절 Kohlberg는 도덕성 발달에 대한 Piaget의 이론을 접하게 되었고, 이 영향으로 도덕성 발달에 관한 박사학위 논문

Lawrence Kohlberg
(1927~1987)

을 발표하였다. 이후 그는 20여 년간 다양한 연령의 개인들을 대상으로 광범위한 임상면접을 실시하였다. 이를 통해 도덕성 발달은 도덕적 추론에 기반을 두고 일련의 단계로 나타난다는 도덕성 발달이론을 발표하였다.

Kohlberg는 도덕성 발달을 도덕적 행위보다는 도덕적 추론능력의 발달로 보았다. 그는 도덕적 딜레마(moral dilemmas)나 어려운 결정을 해야 하는 갈등 상황을 제시하고 "어떻게 하겠는가?" "왜 그렇게 해야 하는가?" 등을 질문하였다. 그리고 이러한 질문에 대하여 '예', '아니오'라는 단순한 응답에 관심을 둔 것이 아니라 왜 그렇게 생각하는지의 이유를 분석함으로써 옳고 그름에 대한 도덕적 추론에 관심을 가졌다. 그는 특정 상황에서 행동을 통제하는 규칙과 사고방식에 관심을 가지고, 구조적인 상황의 연속 혹은 도덕적 딜레마에 대한 응답을 연구하였다. 대표적인 도덕적 딜레마의 한 예는 다음과 같다(Kohlberg, 1959).

하인즈의 딜레마

유럽의 한 마을에 하인즈라는 남자의 부인이 암으로 죽어 가고 있었다. 그 부인을 살릴 수 있는 유일한 약은 같은 마을에 사는 약사가 최근에 개발한 것이었다. 그런데 그 약은 원가도 200달러로 비쌌지만 약사는 약값으로 2,000달러를 요구하였다. 남편인 하인즈는 약값을 빌리기 위해 아는 사람들을 찾아다녔지만 약값의 절반인 1,000달러밖에 구하지 못했다. 하는 수 없이 하인즈는 약사를 찾아가 약을 싸게 팔거나 아니면 나중에 모자란 약값을 갚게 해 달라고 부탁했다. 그러나 약사는 단호하게 거절하였다. 그러자 그날 밤 하인즈는 약국을 부수고 들어가 그 약을 훔쳤다.

Kohlberg는 피험자들의 도덕적 추론구조를 알아보기 위해 다음과 같은 질문을 하였다.

- 남편은 약을 훔쳤기 때문에 벌을 받아야만 하는가?
- 약사는 그렇게 터무니없이 비싼 약값을 요구할 권리를 가지고 있는가?
- 약사가 부인을 죽인 것이나 다름없다고 비난하는 것은 정당한가?
- 만약 정당하다면 그리고 부인이 중요한 인물이었다면, 약사를 더 심하게 처벌해야 하는가?

Kohlberg는 10세부터 28세까지의 미국 남성들을 대상으로 한 연구에서 Heinz의 딜레마를 포함한 아홉 가지 도덕적 딜레마를 개인면담 방식으로 제시하여 각 상황에 대한 반응을 분석하였다. 각 단계의 구분은 Heinz의 도덕적 판단이 옳은 것인가 아니면 잘못된 것인가에 따라서가 아니라, 각 개인이 결론에 도달하는 데 있어서 적용한 추론에 근거를 두고 있다. 그는 이 갈등상황에 대한 피험자의 응답 자체에 관심을 두지 않고 그 응답 뒤에 숨어 있는 논리에 관심을 가졌다. 두 응답자의 대답이 서로 다르더라도 그 판단의 논리가 비슷한 경우에는 두 응답자의 도덕성 수준은 같은 단계에 있는 것이다.

Kohlberg는 사람들이 어떤 도덕적 판단을 내리게 된 사고방식에 따라서 도덕성이 전인습 수준, 인습 수준, 후인습 수준의 3단계로 발달한다는 결론을 내렸다. 그리고 이러한 세 수준은 각각 두 개의 하위단계로 구성되어 있으며, 따라서 도덕성은 총 6단계로 발달한다고 주장하였다.

1) 전인습 수준

전인습 수준(preconventional level)에서는 사회의 인습이나 규칙을 정확하게 이해하지 못하기 때문에 자신에게 미치는 결과를 기준으로 도덕적 판단을 하는 자아중심적 특징을 지닌다. 이 수준에 있는 사람은 단순히 권력이나 물리적인 힘의 원리에 따라 도덕적 판단을 하게 된다. 전인습 수준의 하위단계는 다음과 같다.

● 제1단계: 처벌회피 및 복종 지향(obedience and punishment orientation)

이 단계에서는 행동의 결과에 대한 의미와 가치를 인식하지 못하고, 행위에 수반되는 물리적, 신체적 결과를 기준으로 옳고 그름을 판단한다. 즉, 선과 악은 행위의 결과에 따라 결정된다. 아동은 처벌을 피할 수 있거나 권력 또는 힘을 가진 사람에게 무조건 복종하는 것이 도덕적이라고 판단한다. 그러므로 처벌받는 행위를 나쁜 행위로, 처벌을 받지 않는 행위는 옳은 행위로 간주한다. 그래서 들키지 않고 부정행위를 하는 것은 정당하다고 생각한다.

● 제2단계: 개인적 쾌락주의 지향(self-interest orientation)

이 단계에서는 자신의 필요와 욕구를 충족시켜 주는 행위인지의 여부가 도덕적 판단의 기준이 된다. 다른 사람의 욕구충족을 고려하지만 자신의 욕구충족을 먼저 생각한다. 즉, 자신의 욕구가 충족되고 나면 다른 사람의 욕구도 고려하게 된다. 이 단계는 상대주의적 관점에 따라 옳고 그름을 판단하므로 도구적 상대주의자 단계(instrumental-relativist stage)라고 부르기도 한다. 이 단계에서는 인간관계를 일종의 교환관계로 여긴다. 예를 들면, 내가 하나를 주면 상대방도 하나를 주어야 한다는 식의 관점이다. 2단계는 1단계보다 약간 진보된 형태라고 볼 수 있는데, 1단계에서는 신체적 위험 여부가 모든 행동의 기준이 되는 반면에 2단계에서는 자신에게 이익이 되는 방향에서 행동을 결정한다.

2) 인습 수준

인습 수준(conventional level)에서는 자기중심성이 감소하고 타인의 관점에서 세상을 조망하는 능력이 발달함에 따라 다른 사람의 판단과 의견을 고려하는 도덕적 추론이 가능하다. 그 결과, 다른 사람의 인정, 가족의 기대, 법률의 준수, 사회질서의 유지 등에 대해 가치를 부여한다. 대부분의 사람은 이 수준에서 도덕적 판단을 하는 것으로 알려져 있다. 이 수준은 9~12세경의 아동들에게서 나타나기 시작하지만 대부분의 청년이나 성인들은 이 수준에 머물게 된다. 인습 수준의 하위단계는 다음과 같다.

● **제3단계: 대인관계 조화 지향(interpersonal concordance orientation)**

이 단계에서는 다른 사람을 도와주고 기쁘게 하는 행위나 다른 사람의 인정을 받는 행위를 옳은 행위라고 생각한다. 즉, 다른 사람을 기쁘게 해 주는 행위를 하면 다른 사람들이 나를 인정해 줄 것이며, 그런 행동은 착하고 좋은 일이라고 판단하는 단계다. 이 단계는 충성심과 다른 사람의 기대에 부응하는 것을 중시한다는 점에서 착한 소년-소녀 지향(good boy-nice girl orientation)이라고 부르기도 한다. 예를 들어, 부모를 걱정시키지 않기 위해 귀가 시간을 지키는 자녀는 이 단계에 해당된다. 이렇게 다른 사람의 관점과 의도를 이해할 수 있고, 특히 권위 있는 사람에게 칭찬을 받는 행위가 도덕적이라고 생각한다. 하지만 3단계의 도덕적 사고는 자기가 살고 있는 사회의 고정된 인습에 따르기 때문에 융통성이 없고 어떤 행위를 하는 데 자신이 독립적으로 결정을 내릴 수 있는 자율성이 없다.

● **제4단계: 법과 질서 준수 지향(authority and social-order maintaining orientation)**

이 단계에서는 법이나 질서와의 일치 여부를 기준으로 도덕적 판단을 한다. 따라서 의무를 다하고 권위를 존중하고 사회질서를 유지하는 행동을 도덕적으로 옳은 행위라고 판단한다. 그러므로 법과 사회질서 유지에 우선권을 두고 행동하며 보편적인 사회적 요구에 의거해서 선악을 판단한다. 이 단계에서는 법과 질서가 절대적인 것이기 때문에 철저하게 지켜야 하며, 그 법이 잘못될 수 있다는 생각은 할 수 없다.

3) 후인습 수준

후인습 수준(postconventional level)은 개인이나 사회적 차원을 넘어 추상적이고 보편적인 원리에 비추어 도덕적 판단을 내리는 수준이다. 이 수준에

서는 자신이 속한 집단이나 사회의 인습이나 법률에서 벗어나 오로지 개인
의 가치관과 양심에 근거하여 도덕적 판단을 하게 된다. 도덕적으로 옳은 것
과 법적으로 적합한 것이 항상 같은 것은 아니다. 이 수준에서는 모든 상황
적 문제와 동기, 보편원리 등을 포괄적으로 고려하여 자율적으로 도덕적 판
단을 하게 된다. 이 수준에 도달하는 시기는 개인에 따라 차이가 있지만 빠
른 경우에는 13세경에 도달하고 늦은 경우에는 성인전기에 도달하기도 한
다. 상당수의 사람은 인습 수준에 머물고 이 수준에 도달하는 사람은 소수에
불과하다. 후인습 수준의 하위단계는 다음과 같다.

● 제5단계: 사회적 계약 지향(social contract orientation)

이 단계에서는 개인의 권리를 존중하고 사회 전체가 인정하는 기준을 지
키는 행동이 도덕적이라고 생각한다. 그러므로 사회적 합의를 기준으로 도
덕적 판단을 하고, 공리주의적이고 융통성 있는 법의 개념을 갖고 있다. 따
라서 이 단계에서는 법을 고정불변의 것이 아니라 유동적인 것으로 생각한
다. 즉, 법이란 개인의 자유를 규제하기 위해서가 아닌 극대화하기 위해서
공동체가 합의한 것이므로 법이 사람들의 요구를 충족시키지 못할 경우 상
호 합의와 민주적인 절차를 통해 변경할 수 있다고 생각한다. 따라서 사회적
합의로서 법과 제도를 중요하게 여기면서도 사회적 유용성이나 합리성에 따
라 그 법과 제도는 바뀔 수 있다고 생각한다. 이 단계에서는 이분법적으로
판단하지 않고 반대편의 입장도 고려하는 등 전체적인 상황을 고려하여 선
악을 판단한다.

● 제6단계: 보편적 윤리원리 지향(universal ethical principles orientation)

이 단계에서 도덕성은 스스로 선택한 도덕적 원리에 기반을 둔 양심에 따
라 결정된다. 여기서 도덕적 원리란 정의, 인간의 존엄성, 평등과 같은 추상
적이고 보편적인 원리를 지칭한다. 이러한 보편적인 도덕원리는 어떤 상황
에서도 적용될 수 있는 추상적이고 원리적인 것으로 황금률(the Golden Rule:
'무엇이든지 남에게 대접을 받고자 하는 대로 너희도 남을 대접하라')이나 Kant의

정언명령(the categorical imperative: 무조건적이고 절대적인 도덕적 명령, '네 의지의 준칙이 항상 보편적 입법의 원리로 타당하도록 행위하라')과 같은 것이다. 단, 이 단계의 도덕적 판단은 극히 개인적이기 때문에 구성원 대부분이 수용하고 있는 사회적 질서와 상치될 수도 있다. 보편적 도덕원리는 논리적이고 일관성이 있어야 하며 모든 사람에게 적용 가능해야 한다. 그러나 극소수의 사람만이 6단계의 도덕성 발달에 도달하기 때문에(Kohlberg, 1984) 이후에 Kohlberg는 이 단계를 더 이상 강조하지 않았다.

〈표 4-1〉 Kohlberg의 도덕성 발달 단계

수준	단계	도덕 판단의 특징
전인습 수준	단계 1 처벌회피 및 복종 지향	처벌을 피하기 위해서 권위에 복종하는 것으로 아동의 행위 결과가 벌인가, 칭찬인가 또는 행위를 강요하는 사람이 누구인가에 의해 선악이 판별된다.
	단계 2 개인적 쾌락주의 지향	자신의 흥미와 욕구 충족이 도덕 판단의 기준이며, 다른 사람의 욕구충족을 고려하지만 자신의 욕구충족을 우선 생각한다.
인습 수준	단계 3 대인관계 조화 지향	다른 사람을 기쁘게 하고 도와주는 행위 여부가 선악을 결정하며 타인의 승인을 중요하게 생각한다.
	단계 4 법과 질서 준수 지향	법은 절대적이고 사회질서는 유지되어야 하므로 개인적인 문제보다 전체를 위한 의무감을 중요하게 여긴다.
후인습 수준	단계 5 사회적 계약 지향	법과 규칙을 융통성 있는 도구로 생각하며, 인간으로서의 기본원리에 따라 행동한다.
	단계 6 보편적 윤리원리 지향	법이나 사회계약은 일반적으로 보편적 윤리기준에 입각한 것으로 보편원리란 인간의 존엄성, 인간의 평등성, 정의를 말한다.

4) Kohlberg 도덕성 이론의 교육적 적용

Kohlberg의 도덕성 발달이론은 도덕교육의 방향을 제시하였고, 도덕성 발달에 대한 관심을 불러일으켰음에도 불구하고 다음의 몇 가지 측면에서 이론적 한계가 지적되고 있다.

첫째, 도덕적 판단과 도덕적 행위 간의 불일치 현상이다. 도덕성 발달이론은 도덕적 행위보다는 도덕 관련 상황에 대한 올바른 판단과 사고능력을 중시하는 이론으로, Kohlberg는 도덕적 판단에 의해 도덕적 행위가 결정된다고 보고 도덕적 판단능력을 통해서 발달단계를 구분하고 있다(Strike, 1990). 하지만 도덕적으로 올바른 판단능력을 가지고 있다고 해서 반드시 올바른 도덕적 행동이 나타난다고 보장하기 어렵다. 즉, Kohlberg는 높은 수준의 도덕적 사고 또는 판단을 하는 사람이라도 그 수준에 맞는 도덕적 행동은 하지 않을 수도 있다는 점을 간과하고 있다.

둘째, 도덕적 퇴행(moral regression) 현상이다. Kohlberg의 도덕성 발달이론은 상황에 대한 인지적 판단능력의 발달에 근거를 두고 있으므로 이론상 도덕성 발달단계를 뛰어넘거나 퇴행할 수 없다. 하지만 Walker(1982)의 연구에서는 Kohlberg의 도덕성 발달단계 중 2단계에 있는 아동들이 2단계보다 더 높은 수준의 도덕적 판단을 이해하는 것으로 나타났고, 일부 연구에서는 4단계에서 5단계로 넘어가야 하는 청소년기에 2단계의 전인습적 수준으로 퇴행하는 경향이 나타났다(Kohlberg & Kramer, 1969).

셋째, 소년과 남성만을 대상으로 한 종단적 연구에 근거하고 있어 여성의 도덕적 판단과 도덕성 발달은 제대로 설명하지 못하고 있다는 점이다. Gilligan(1982, 1985)은 남성과 여성은 다른 도덕적 기준을 사용하며, 남성이 도덕성을 정의와 공정으로 보는 경향이 있는 반면 여성은 도덕성을 동정과 배려로 보는 경향이 있다고 하였다. Kohlberg의 도덕성 발달단계에 의하면 정의, 공정성 등 남성적 특성에 기반을 둔 도덕적 판단은 비교적 높은 단계에 속하고 동정, 보살핌, 이해심, 배려 등 여성적 특성에 기반을 둔 도덕적 판단은 3단계라는 비교적 낮은 단계에 해당되기 때문에 여성이 남성보다 도덕적 판단 수준이 낮다는 잘못된 결론을 도출할 수 있다.

넷째, 문화적으로 편향되어 있다는 점이다. Kohlberg의 연구는 미국 중상류층의 도덕적 가치를 반영한 것이므로 다른 문화나 국가에 그대로 적용하기에는 무리가 있다. 특히 후인습적 수준에서는 개인주의를 강조하는 서구 사회의 가치를 반영하고 있다. Kohlberg의 도덕성 발달단계가 다른 문화권에서도 같은 순서로 나타난다고 밝힌 일부 연구가 있다. 하지만 문화권에 따라서 각 단계에 있는 사람들의 비율이 서구 사회와는 다르다는 점을 주목해야 할 것이다(Harkness, Edwards, & Super, 1981). 다시 말해, 가족 중심적이거나 집단 지향적인 동양의 경우에는 개인의 양심보다는 집단의 이익을 중시하는 3단계 발달이 두드러지게 나타나기도 한다.

다섯째, 후인습적 수준, 특히 6단계인 보편적 윤리원리 지향 단계의 적합성 여부에 있어서 한계점을 가지고 있다. 단계발달이론은 대부분의 사람이 모든 단계를 순서대로 발달해 나갈 때 이론으로서 의미가 있다. 하지만 Kohlberg의 도덕성 발달이론은 5단계에 도달한 비율이 10% 이내이며, 6단계에 도달한 사람은 거의 없다. 이러한 연구 결과는 후인습 수준의 도덕성이 인간이 지향해야 할 이상적인 도덕성 발달 방향을 보여 주는 이론적 가치는 있지만, 있는 그대로의 도덕성 발달 양상을 설명해 줄 수 있는 틀로서는 부적합하다는 사실을 시사한다.

Kohlberg의 도덕성 발달이론은 이러한 한계점이 있으나, 인지적 요인을 중요시하는 교육현장에 다음과 같은 시사점을 제시하고 있다.

첫째, 도덕성 발달 수준에 따른 구체적인 행동 유형을 제시해 주고 있다. Kohlberg의 이론에 의하면 처벌회피 및 복종 지향 단계에 있는 유아들에게는 즉각적인 처벌이 도덕교육에 필요하고, 대인관계 조화 지향 단계의 아동에게는 사회적 제재가 효과적이며, 더 성숙한 아동이나 청소년에게는 개인의 가치관과 양심, 나아가 보편적 가치 기준에 근거한 도덕교육이 효과적이다.

둘째, 토론식 수업을 통해 도덕성을 발달시킬 수 있음을 시사하고 있다. Kohlberg는 도덕성 발달이 도덕적 상황에 대한 경험을 토대로 이루어진다고 보았다. 그래서 도덕적 판단능력을 신장시키기 위해 교사는 학생들에게 가설적인 도덕적 딜레마를 제시하여 집단토론을 하도록 하고, 토론 진행자로서 학생들의 토론을 도와주는 역할만을 하여야 한다. 학생들은 스스로 자신이 어떠한 행동을 할 것인지 분명히 하여 자신의 판단을 정당화하고, 자신의 의견과 다른 의견을 비교·평가하고 논의하는 경험을 통해서 자신보다 높은 수준의 도덕적 사고에 노출됨으로써 도덕성 발달을 증진시키게 된다. 이때 교사는 구체적인 갈등 상황을 제시하도록 하고 학생이 도덕적 갈등 상황의 모든 측면을 고려할 수 있도록 분위기를 조성하여야 할 것이다. 이러한 도덕적 갈등에 대한 토론식 수업은 도덕교육 방법에 변화를 가져왔으며, 그 효과도 여러 연구를 통하여 입증되고 있다.

5. 도덕성 발달에 영향을 미치는 요인

1) 연령

도덕성은 다른 영역과 마찬가지로 연령의 증가와 함께 발달이 이루어진다. 그러나 도덕성 발달에는 개인차가 있어 동일한 연령이라도 반드시 같은 도덕성 단계에 도달하는 것은 아니다. Kohlberg와 동료들은 1956년부터 20년간 도덕성 발달에 관한 종단적 연구를 실시하였다. [그림 4-2]는 10세에서 36세까지의 피험자에게 하인즈의 딜레마 또는 그와 유사한 도덕적 딜레마를 3, 4년마다 주기적으로 보여 주고 도덕적 판단을 평가한 결과를 나타낸 것으로 도덕적 판단의 발달과정을 보여 준다. 여기서 보듯이 연령과 도덕성 발달 단계 간에는 분명한 관계가 있음을 알 수 있다. 20년 동안 1단계와 2단계는 감소하고 3단계와 4단계는 증가하고 있다. 12세경에는 2단계, 3단계가 거의 45% 정도 나타나고 있으며, 1단계가 약 7% 수준으로 낮아지고 4단계가 약 4% 정도를 차지하고 있다. 36세에는 4단계가 62%로 증가하고 5단계는 10% 미만의 극히 낮은 비율에 불과하다.

도덕적 판단은 청년기에 절정에 달하고 성년기에 퇴보한다는 주장도 있지만, 성년기 동안에는 더 윤리적이며 옳고 그름에 대한 자신의 판단과 일치하는 행동을 보인다(Stevens-Long, 1990). Kohlberg(1973)는 보다 높은 도덕적 원리를 인지적으로 깨닫는 것은 청년기에 발달하지만, 대부분의 사람은 성년기가 되어서야 이 원리에 따라 행동한다고 하였다. 30대의 성인 대부분은 여전히 인습적 수준에 머물지만 성년기에는 도덕적 사고가 성장하여 3단계에서 점차 4단계로 옮겨 가는 경향이 있다(Walker, 1980).

이러한 도덕적 사고 경향은 노년기에도 저하되지 않는 것으로 보인다. 노인들은 도덕적 갈등 상황이 제기하는 쟁점을 나름대로 재구성하고(Pratt, Golding, Hunter, & Norris, 1988), 도덕적 추론에서 더 일관성을 유지하는 것으로 보인다(Pratt, Golding, & Hunter, 1983). 즉, 노인들의 경우가 도덕적으로 옳고 그름에 대한 판단이 더 확고한 것으로 나타났다(Chap, 1985).

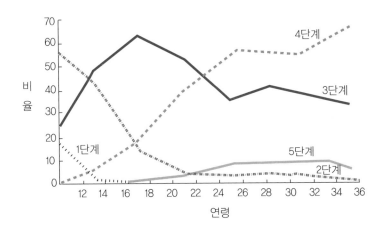

[그림 4-2] **도덕 판단의 20년간 종단적 연구**

출처: Colby et al. (1983).

<표 4-2> 도덕적 추론단계별 아동과 성인 비율(%)

연령 (세)	단계								
	1	1~2	2	2~3	3	3~4	4	4~5	5
6	10	70	15	5	-	-	-	-	-
9	-	25	40	35	-	-	-	-	-
12	-	-	15	60	25	-	-	-	-
15	-	-	-	40	55	5	-	-	-
부모	-	-	-	1	15	70	11	3	-

출처: Walker, de Vries, & Trevethan (1987).

2) 부모의 양육태도

부모가 자율적이고 수용적이어서 자녀에게 애정을 많이 표현하고 자녀의 욕구에 민감하게 반응하면 자녀의 도덕성 발달에 긍정적인 영향을 미친다. 그러나 부모가 지나치게 엄격하고 통제적이며 과보호적인 양육태도를 보이면 자녀의 도덕성 발달에 부정적인 영향을 미친다.

특히 Brody와 Shaffer(1982)는 양육태도에 있어 논리적 설명이 애정 철회나 권력 행사보다 자녀의 도덕성 발달에 긍정적인 영향을 준다고 하였다. Hoffman(1988)도 무조건 시키는 대로 하라고 하는 대신 왜 그런 행동을 해야 하는가를 설명해 주거나 또는 옳지 못한 행동이 다른 사람에게 어떠한 영향을 미치게 되는지를 가르치는 훈육방법이 자녀의 도덕성을 내면화시키는 데 도움이 된다고 하였다. 반면, 자녀에게 더 이상 애정이나 관심을 보이지 않는 애정 철회나 체벌 또는 위협 등을 사용하는 훈육은 효과적이지 못하다.

아동은 모델의 행동을 관찰하는 과정을 통해 새로운 행동이나 기능을 학습한다. 부모는 또래, 교사와 함께 아동과 가장 많은 시간을 보내는 사람으로 도덕성 발달에 있어 중요한 모델 중의 하나다. 아동은 관찰을 통해 부모의 바람직하지 않은 행동도 학습할 수 있다. 특히 아동은 나쁜 행동을 쉽게 모방하기 때문에 자녀에게 좋은 모델이 되기 위해서는 부모 자신이 도덕적이어야 한다.

3) 또래집단

도덕성 발달에는 부모의 영향이 크지만 또래도 중요한 역할을 한다. 부모와의 관계와는 달리 또래와의 관계에서는 또래집단의 규칙을 준수해야 하고 협동심이나 타협을 필요로 한다. 또래집단은 상호 간의 강화와 모방을 통해서 아동에게 영향을 미친다. 아동은 부모보다 또래집단이 자신과 더 유사하다고 지각하기 때문에 또래가 더 적절한 모델이라고 생각하며, 또래로부터 더 많은 영향을 받는다. 따라서 또래는 행동 패턴을 강화하는 강화자의 역할을 하고, 다양한 환경에서 적절한 행동과 부적절한 행동에 대한 정보를 제공하는 모델의 역할을 하기도 한다.

Kohlberg는 자신보다 높은 단계의 도덕적 추론을 접하게 되면 인지적 불평형 상태가 유발되어 높은 수준으로의 상향이동이 이루어진다고 주장하지만, 항상 상향이동만으로 도덕성 발달이 이루어지는 것은 아니라는 것이 밝혀졌다. 예를 들어, 부모의 가치관과 또래의 가치관이 일치할 경우에는 도덕적 가치를 강화하는 데 도움이 되지만, 상반될 경우에는 도덕적 결정을 내릴 때 갈등을 겪게 될 수 있다(Lloyd, 1985). 또한 또래와 함께 있을 때에는 반사회적 행동에 대한 불안이나 죄책감을 덜 느끼므로 아주 낮은 단계까지 퇴행하는 경향이 있다(Hoffman, 1980). 즉, 또래집단은 비행집단이나 탈선된 청년 하위문화를 형성하는 데 영향을 미친다.

4) 대중매체

TV는 아동이 가장 쉽게 접근할 수 있고 오락성이 높아 중독성이 강하다. 아동은 TV를 시청하는 데 많은 시간을 보내며, 따라서 TV가 아동에게 미치는 영향은 매우 크다. TV와 함께 컴퓨터나 스마트폰이 아동의 생활에 미치는 영향도 크다. 컴퓨터나 스마트폰은 의사소통이나 정보수집 등의 긍정적인 기능을 가지고 있지만 동시에 폭력적인 온라인 게임 등은 부정적인 영향을 미치기도 한다.

　TV나 영화, 온라인 게임 등에 등장하는 인물들은 아동에게 모델이 된다. 대중매체에서 소개되는 모델의 행동을 관찰하면서 아동은 도덕적 판단이나 도덕적 행동을 배우게 된다. 대중매체에서 나타나는 이타적인 행동이나 유혹에 저항하는 행동은 아동의 도덕성 발달에 긍정적인 영향을 미친다. 반면, 대중매체에서 나타나는 폭력성이나 비도덕적 가치관은 공격적 행동뿐만 아니라 도덕적 가치나 행동에도 영향을 주게 된다. 최근에는 이러한 매체들의 영향력이 과거에 비해 더 증가하는 추세다.

제5장 지능

1. 지능의 정의

　지능(intelligence)이란 인간의 인지적 능력을 대표하는 용어로서 교육심리학의 주요 연구 영역 중의 하나다. 지능의 개념은 학자에 따라 다양하게 정의되고 있다. 지능에 대해 Terman과 Spearman은 다양한 문제해결을 위해 추상적 상징을 사용하는 능력이라고 하였고, Dearborn은 경험에 의한 학습능력이라고 정의하였다. Gates는 학습해 가는 능력 혹은 광범위한 사실을 파악하는 능력이라고 하였으며, Stern은 사고를 적용시켜 새로운 요구에 의식적으로 적응하는 일반적인 능력이라고 정의하였다. 그리고 Wechsler는 합리적으로 사고하고 유목적적으로 행위하며 환경을 효과적으로 다루는 총체적인 능력이라고 정의하고 있다. 이러한 지능에 대한 정의는 전통적인 심리측정적 접근을 기반으로 하여 개념화한 것으로 지능의 개인차를 확인하고 지능을 양적으로 측정하는 데 초점을 두고 있다.

최근에는 정보처리론적 접근이나 상황주의적 접근에 근거하여 지능을 개념화하는 경향이 우세하며, 기존의 이론에 비해 사회적·범문화적·실생활적인 지능을 강조하고 있다. 이러한 맥락에서 Gardner는 지능을 하나 또는 여러 문화권에서 가치 있게 인정되는 산물을 창조하거나 문제를 해결하는 데 유용하게 쓰일 수 있는 정보를 처리하는 심리학적 잠재력이라고 정의하였고, Sternberg는 메타요소, 수행요소, 지식획득 요소의 기능에 따라 상황적으로 적절한 행동을 방출하는 정신능력이라고 정의하였다.

이상의 다양한 지능에 관한 정의를 종합하면, 지능이라는 것은, 첫째, 지식을 습득할 수 있는 능력, 둘째, 추상적으로 생각하고 추론할 수 있는 능력, 셋째, 새로운 문제를 해결할 수 있는 능력의 세 가지 차원을 포함하고 있다 (Eggen & Kauchak, 2006).

학자에 따라 지능이 다양하게 정의되고 있는 이유는 학자마다 지능을 구성하는 요인을 다르게 설정하고 있기 때문이다. Spearman의 일반요인이론에서는 지능이 하나의 요인으로 구성되어 있다고 보고 있으며, Thurstone은 지능이 하나의 일반요인이 아닌 7개의 상호 관련된 기본정신능력으로 구성되어 있다고 하였다. Guilford 또한 지능구조모형에서 지능이 180개의 상이한 요인으로 구성되어 있다고 하였다. 최근 Gardner는 지능이 높은 아동은 모든 영역에서 우수하다는 기존의 지능이론을 비판하고, 지능은 서로 독립적이며 상이한 여러 유형의 능력으로 이루어져 있다는 다중지능이론을 제안하였다. 지능의 구성요인에 대한 지금까지의 연구 결과들을 종합하면 학자에 따라 다소 차이가 있지만 지능은 단일요인으로 구성되어 있는 것이 아니라 여러 개의 요인으로 구성되어 있는 복합적인 개념임을 알 수 있다.

2. 지능이론

1) 심리측정적 접근

(1) Spearman의 일반요인론

영국의 심리학자 Spearman(1904, 1927)은 지능검사의 하위요인들 간에 높은 정적 상관이 있다는 사실에 주목하여 지능이 모든 검사의 수행에 영향을 주는 일반요인(g요인, general factor)과 단 하나의 검사 수행과 관련이 있는 특수요인(s요인, specific factor)으로 구성되어 있다고 주장하였다.

g요인이라고 불리는 일반요인은 많은 지적 과제에 넓게 적용할 수 있는 능력으로, 관계를 인식하거나 공통된 관련성을 이끌어 내는 타고난 능력이다. 일반요인은 지능의 핵심요인으로 언어, 수, 정신속도, 주의, 상상의 다섯 가지 요

Charles E. Spearman
(1863~1945)

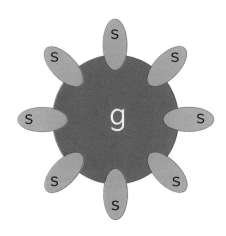

[그림 5-1] Spearman의 일반요인론

인으로 구성되어 있다. 이 요인은 모든 정신작용에 존재하고 누구에게나 존재하지만 개인 간에는 차이가 있다. s요인이라고 불리는 특수요인은 어떤 특수한 영역의 과제를 수행하는 데에만 작용하는 능력으로 다른 과제들의 수행에는 관계가 없다. 즉, 특수요인은 여러 영역에 일반화할 수 있는 정보를 제공하지 못하기 때문에 중요한 의미를 가지고 있지 않다. 따라서 Spearman에 의하면 지능이란 일반요인으로 구성되는 단일능력인 것이다.

Louis Thurstone
(1887~1955)

(2) Thurstone의 기본정신능력

Thurstone(1938)은 다양한 종류의 지능검사가 실제 측정하고 있는 능력과 그 능력의 성질과 종류를 결정하는 것이 무엇인가에 대해 관심이 있었다. 그는 57개의 지능검사를 240명의 피험자에게 실시하여 요인분석을 실시하였다. 그 결과, 지능이 하나의 일반요인이 아닌 상호 관련된 7개의 기본정신능력(Primary Mental Abilities: PMA)으로 구성되어 있다고 하였다. 기본정신능력에는 언어 이해력, 언어 유창성, 추리력, 공간시각 능력, 수리력, 기억력, 지각속도 능력이 있다.

- 언어 이해력(verbal comprehension): 단어와 문장의 의미를 이해하는 능력으로, 어휘력 검사를 통해 측정이 가능하다. 검사의 유형에는 문장완성 검사, 동의어 찾기, 단어완성 검사 등이 있다.
- 언어 유창성(verbal fluency): 단어를 신속하게 생각해 내는 능력으로, 주어진 글자를 가지고 가능한 한 많은 단어를 산출하는 능력을 재는 검사로 측정이 가능하다. 검사의 유형에는 첫 글자 검사, 네 글자 검사, 끝 글자 검사 등이 있다.
- 추리력(reasoning): 유추문제를 해결하고 원리나 법칙을 알아내는 능력으로, 유추문제나 완성검사를 통해 측정이 가능하다. 검사의 유형에는 문자 계열 검사, 문자 묶기 등이 있다.

- 공간시각 능력(spatial visualization): 상징이나 도형을 정신적으로 조작하는 능력으로, 대상을 정신적으로 회전하는 것을 요구하는 검사를 통해 측정이 가능하다. 검사의 유형에는 깃발 검사, 도형 검사, 카드도형 검사 등이 있다.
- 수리력(number): 기초적인 수학문제를 해결하는 능력으로, 단순한 수학적 문제해결 검사를 통해 측정이 가능하다. 검사의 유형에는 더하기, 곱하기 셋 중 큰 숫자 찾기 등이 있다.
- 기억력(memory): 단어, 문장, 그림 등을 기억하는 능력으로, 회상 검사를 통해 측정이 가능하다. 검사의 유형에는 단순 정보 기억하기, 짝지어진 것 중 한쪽 기억하기 등이 있다.
- 지각속도 능력(perceptual speed): 자극을 신속하게 인식하는 능력으로, 상징들 간의 차이를 구별하는 능력을 재는 검사로 측정이 가능하다. 검사의 유형에는 같은 숫자 찾기 검사, 얼굴 검사, 거울보기 검사 등이 있다.

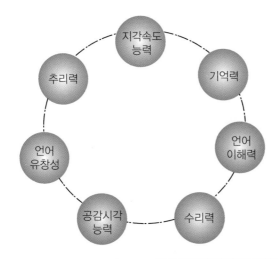

[그림 5-2] Thurstone의 기본정신능력

(3) Guilford의 지능구조모형

Joy P. Guilford
(1897~1987)

Guilford는 Thurstone의 기본정신능력을 확장·발전시킨 학자다. Guilford는 지적 요인을 크게 기억력(memory)과 사고력(thinking)으로 분류하고, 사고력을 다시 인지적 능력(cognition), 생산적 능력(production), 평가적 능력(evaluation)으로 분류했으며, 생산적 능력은 다시 수렴적 사고(convergent thinking)와 확산적 사고(divergent thinking)로 분류하였다. 이러한 요인들은 다시 내용(contents), 조작(operation), 산출(product)의 세 차원으로 구분되며 각 차원은 하위요인들로 구성되어 있다. Guilford는 이러한 요인들의 구조를 3차원적 지능구조(Structure Of Intellect: SOI)모형을 통해 입체적으로 제시했다.

내용 차원은 지적 활동에 사용되는 정보의 종류를 말하며 시각적, 청각적, 상징적, 의미론적, 행동적이라는 5개 하위요인으로 구성되어 있다. 조작 차

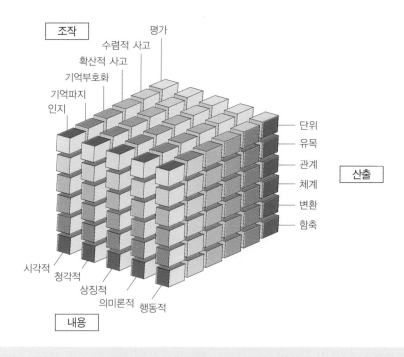

[그림 5-3] Guilford의 지능구조모형

원은 내용에 대한 정신적 과정을 의미하며 인지, 기억파지, 기억부호화, 확산적 사고, 수렴적 사고, 평가의 6개 하위요인으로 구성되어 있다. 그리고 산출 차원은 내용에 대해 조작을 하여 생성된 결과를 의미하며 단위, 유목, 관계, 체계, 변환, 함축이라는 6개 하위요인으로 구성되어 있다. Guilford는 내용, 조작, 산출이라는 세 가지의 차원이 조합하여 특정한 요인이 발생한다고 주장하였다.

이 모형은 초기에는 내용 차원 4유형, 조작 차원 5유형, 산출 차원 6유형의 조합으로 120개의 요인으로 구성되었다가(4×5×6=120), 후에 내용 차원이 5개 유형으로 수정·보완되어 150개의 요인으로 수정되었으며(5×5×6=150), 그 후에 다시 조작 차원이 6개 유형으로 수정·보완되어 180개의 상이한 정신능력으로 세분화되었다(5×6×6=180). Guilford의 지능이론은 지능에 대한 사람들의 관점을 확장시켜 주었으며, 수렴적 사고와 확산적 사고를 구분한 것은 인간의 창의성을 이해하는 단서를 제공하였다는 점에서 의미를 가진다. 그러나 실제 상황에서 활용하기에는 이론 자체가 매우 복잡하다는 단점이 있다(Woolfolk, 2007).

(4) Cattell의 유동성 지능과 결정성 지능

일반적으로 Thurstone의 기본정신능력이론이 미국에서 인정을 받았다면, Spearman의 일반요인론은 영국에서 인기가 많았다. 이 두 이론의 장점을 취하여 결합한 이론이 지능의 위계모형(Hierarchical Model)이다. Cattell(1971)은 Spearman의 일반요인론과 Thurstone의 기본정신능력이론을 분석한 후 지능의 일반요인을 유동성 지능과 결정성 지능으로 분류하였다. 이 이론은 대표적인 지능위계모형이론으로 최상위에 일반요인 g가 있고 그 아래에 하위요인인 유동성 지능과 결정성 지능이 있다.

James M. Cattell
(1860~1944)

유동성 지능(fluid intelligence)은 유전적·신경생리적 영향에 의하여 발달되는 지능이다. 이 지능은 뇌와 신경계의 발달에 기초하고 있기 때문에 청소년기까지 계속 발달하나 생리적 발달이 쇠퇴하는 성인기 이후부터 서서히 감퇴하는 경향이 있다. 유동성 지능은 새로운 문제에서 보이는 일반적 추론능력, 기계적 암기, 암기속도, 지각 능력에 관련된 지능이다. 이 지능은 사고의 융통성을 요구하며 새로운 유형을 찾는 것을 요구하는 것으로 수열 또는 분류, 비언어적 또는 비표상적 도형에서의 유추를 통해 주로 측정된다.

　결정성 지능(crystallized intelligence)은 환경 및 경험, 문화의 영향에 의해 발달하는 지능이다. 이 지능은 가정환경, 학교환경, 교육 수준, 직업 등의 영향을 받고 지식의 누적과 밀접한 관련이 있으므로 환경에 따라 성인기 이후에도 계속 발달할 수 있다. 결정성 지능은 문화적 맥락과 경험에 의해 많은 영향을 받는 것으로 후천적으로 계발되는 지적 능력, 논리적 추론능력, 언어적 이해력, 문제해결능력, 사회적 관계능력에 관련된 지능이다. 결정성 지능은 문화 속에서 습득된 다양한 기능과 지식으로서 일반적인 정보를 재는 검사나 어휘검사 등을 통해 주로 측정된다.

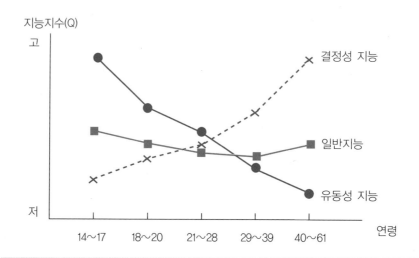

[그림 5-4] 발달에 따른 유동성 지능과 결정성 지능

출처: Horn (1970).

2) 대안적 접근

(1) Gardner의 다중지능이론

Gardner는 다중지능이론을 정립하기 위해 이전과는 다른 새로운 연구방법을 사용하였다. 그는 해부학과 문화적 관점에서 지능을 분석하였고, 이를 이론화하여 다중지능이론을 제시하였다. 즉, 특정 부위의 두뇌 손상이 특정 영역의 지능에 심각한 문제를 가져온다는 사실에 주의하였고, 이 밖에 신동, 자폐증 환자, 백치, 천재, 학습장애아 등에 대한 기술, 다양한 종족의 생활에 관한 인류학적 보고, 지능에 관한 문학적 기술 등 광범위한 자료를 종합하여 다중지능이론을 정립하였다.

Howard Gardner
(1943~　)

Gardner는 지능이 높은 아동은 모든 영역에서 우수하다는 종래의 획일주의적인 지능관을 비판하고, 인간의 지적 능력이 서로 독립적이며 상이한 여러 유형의 능력으로 이루어져 있다는 다중지능이론(Theory of Multiple Intelligence: MI)을 제안하였다.

Gardner는 대부분의 사람이 각각의 지능을 적절한 수준까지 개발할 수 있으며 사실상 모든 사람이 적절한 여건만 주어진다면 비교적 높은 수준의 성취를 할 수 있다고 하였다. 그는 1983년에 『마음의 틀: 다중지능이론(Frames of Mind: Theory of Multiple Intelligence)』이라는 저서를 통해 언어지능(linguistic intelligence), 논리수학지능(logical-mathematical intelligence), 공간지능(spatial intelligence), 음악지능(musical intelligence), 신체운동지능(bodily-kinesthetic intelligence), 대인관계지능(interpersonal intelligence), 자기이해지능(intrapersonal intelligence)의 7개 지능을 제안하였다. 이후 자연탐구지능(naturalistic intelligence)을 추가하였고, 최근에는 삶의 의미를 찾기를 원하고 존재론적 질문에 대해 궁극적 문제를 고려할 수 있는 능력인 실존지능(existential intelligence)을 아홉 번째의 지능으로 추가하였다.

다중지능이론은 지능이 상이한 문화적 상황에서 각기 다른 형태를 취한다고 가정하고 전통적 지능이론에서 언급하지 않은 상황요인을 고려하였다.

전통적으로 언어지능과 논리수학지능만이 학교교육에서 지나치게 강조되어 왔음을 지적하면서 지능 영역에 음악지능, 신체운동지능, 대인관계지능, 자기이해지능 등을 포함시킴으로써 지능의 개념을 확장시키는 데 기여하였다.

Gardner(1983)는 이 모든 지능을 모두 우수하게 갖추고 있는 사람도 없으며, 정신지체라도 모든 영역에서 열등한 것이 아니라 특정 영역의 지능은 우수할 가능성이 있다고 주장하였다. 또한 지능이 다수의 능력으로 구성되어 있을 뿐만 아니라 이 능력들의 상대적 중요성이 동일하다고 가정한다. 이러한 것들은 원칙적으로 서로 독립적이지만 발현될 때는 서로 교류하면서 복잡한 방식으로 협응하여 작용한다. 따라서 지능은 사람마다 발현되는 양상이 다르고, 이것이 독특한 개개인의 특성을 형성하게 되는 것이다.

또한 다중지능이론은 인간이면 누구나 어떠한 영역에서는 강점을 보일 수 있으나 다른 영역에서는 약점을 보일 수 있다는 관점을 전제로 하므로 각기 다른 강점 지능과 약점 지능을 갖고 있는 학생들을 위해 수업방식을 다양화할 것을 제안하고 있다. 그 결과, 그동안 간과해 왔던 인간의 잠재력에 관심을 돌리게 했으며, 개인차를 고려한 다양한 교육방법과 맞춤형 교육의 중요성을 강조함으로써 현대 교육에서 지향하고 있는 학생중심 및 개인중심 교육의 견인차 역할을 하였다.

하지만 Gardner의 다중지능이론에 대해서는 다음과 같은 비판적인 견해도 제기되고 있다. 첫째, 지능과 재능이 혼재되어 있다. 예를 들어, 신체운동지능과 음악지능은 지능이라기보다 재능이나 적성이라고 할 수 있다. 둘째, 다중지능이론과 그 적용이 연구를 통해 타당화되지 못했다. 즉, 지능의 구성요인을 요인분석을 통해 객관적으로 분석한 것이 아니라 주관적 기준에 따라 분류하였다는 것이다. 셋째, 학교현장에 적용하기에는 비경제적·비실용적이다. 학생 개개인의 지능을 반영한 교육은 교사 대 학생의 비율과 부족한 학습 자원 및 재정 등과 같은 현실 여건을 고려해 볼 때 이상에 불과하다는 것이다. 이 외에도 대인관계지능은 성격 특성에 가깝기 때문에 지능으로 분류될 수 없다는 것, 논리수학지능과 공간지능은 높은 상관이 있어 완전히 독립적인 것이 아니라는 것 등의 비판이 제기되고 있다.

〈표 5-1〉 Gardner의 다중지능이론

지능의 유형	핵심 능력	관련 직업의 예
언어지능	단어의 의미와 소리에 대한 민감성, 언어 사용 방법의 통달	시인, 소설가, 극작가, 언론인
논리수학지능	추상적인 상징체계를 조작하고 논리적이고 체계적으로 추론할 수 있는 능력	수학자, 세무사, 통계학자, 컴퓨터 프로그래머, 과학자
공간지능	시공간적 관계를 정확하게 지각하고, 지각을 통해 형태를 바꾸는 능력	건축가, 실내장식가, 조각가, 지리학자, 항해사
음악지능	소리의 높낮이, 리듬, 음색을 만들고 감상하고 평가하는 능력	연주가, 작곡가
신체운동지능	감정이나 의도를 표현하기 위해 신체를 기술적으로 사용하는 능력과 사물을 능숙하게 다루는 능력	운동선수, 무용가, 배우, 외과의사
대인관계지능	타인의 기분, 의도, 동기, 감정 등을 지각하고 적절하게 반응하는 능력	정치인, 종교인, 교사, 영업직 사원
자기이해지능	자기 자신에 대한 민감성, 자신의 강점과 단점을 파악하고 통제할 수 있는 능력	철학자, 종교인, 상담가
자연탐구지능	자연친화적이고 다양한 동물, 식물을 구별하고 분류하는 능력, 환경의 특징을 사용하는 능력	생물학자, 수의사, 환경운동가
실존지능	인간의 존재, 삶과 죽음, 희로애락 등에 대해 철학적·종교적으로 사고할 수 있는 능력	철학자, 종교인

(2) Sternberg의 성공지능이론

Sternberg는 사람들이 지적인 활동을 할 때 정보처리가 어떻게 이루어지는가의 측면에서 지능을 이해하고자 하였다. 그는 지능이 지능검사로 측정된 IQ가 아니라 일상생활 속에서 문제를 해결하는 요소들과 관련되어 있으며, 여러 개의 하위요소로 구성된 복잡한 과정이라고 보았다. Gardner의 다중지능이론은 지능의 독립적인 구조를 강조하지만, Sternberg의 삼원지능이론(Triarchic Theory of Human Intelligence)은 상대적으로 상호 의존적인 지능

Robert J. Sternberg
(1949~)

의 작용과정을 강조한다.

Sternberg는 성공한 사람들은 학습능력이 뛰어날 뿐만 아니라 환경을 선택하고 조성하는 능력이 높다는 사실에 주목하여 성공지능(successful intelligence)의 개념을 제안하였다. 그는 지능이란 삶에 적합한 환경을 의도적으로 선택하거나 조성하고 그 환경에 적응하는 능력이라고 하였다. 따라서 지능이 우수한 사람들은 환경의 중요한 측면을 선택하거나 변화시키는 능력이 높지만 지능이 낮은 사람은 그와 같은 능력이 부족하다는 것이다.

Sternberg에 따르면 성공지능이론은 삼원지능이론을 토대로 하여 발전된 이론으로 분석적 능력(analytical ability), 창의적 능력(creative ability), 실제적 능력(practical ability)의 세 가지 능력으로 구성되어 있다. 이 세 가지 능력은 삼원지능이론의 하위이론인 요소하위이론(componential subtheory), 경험하위이론(experiential subtheory), 상황하위이론(contextual subtheory)을 구성하는 핵심요소가 된다.

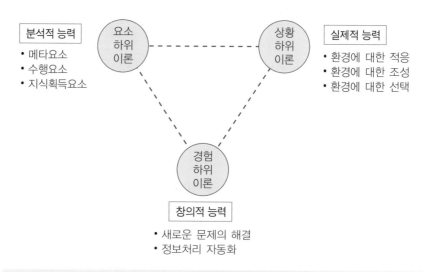

[그림 5-5] Sternberg의 성공지능이론

● 분석적 능력

분석적 능력은 새로운 지식을 획득하고 문제를 분석·평가·비판·판단하기 위해 사용되는 능력으로, 지적 행동의 기반이 되는 정보처리 기능이다. 이는 개인의 삶에서 유용한 정보를 선택하여 분석하고 평가하는 데 요구되는 능력이다. Sternberg는 이 능력을 요소하위이론으로 체계화하였는데, 여기에는 메타요소, 수행요소, 지식획득요소의 세 가지 과정이 포함된다.

메타요소(meta components)는 일을 진행하는 데 있어서 계획 세우기, 일을 하는 동안의 수행 정도 감독하기, 수행 결과 평가하기와 같은 역할을 한다. 예를 들어, 프로젝트를 진행할 때는 주제를 결정하고, 전략들에 대해 계획하고, 프로젝트가 제대로 잘 진행되고 있는지를 점검해야 한다. 이러한 역할을 담당하는 인간의 고등정신 과정이 메타요소다.

수행요소(performance components)는 메타요소가 계획한 것을 실행하는 것과 관련되는 과정이다. 정보를 지각하고 저장하는 것, 정보를 부호화하고 정보들 사이의 관계에 대해 추리하는 것, 가능한 해결책들을 비교하며 최선의 해결책을 찾고 정보에 대해 반응을 하는 것 등이다. 예를 들어, 책이나 소논문을 실제로 읽는 것, 프로젝트에 필요한 자료를 수집하는 것, 계획한 대로 자료를 정리하여 보고서를 쓰는 것 등의 일과 관련되는 것이 수행요소다.

지식획득요소(knowledge-acquisition components)는 문제해결 방법을 학습하는 것과 관련되는 과정이다. 이 과정에서는 선택적 부호화, 선택적 결합, 선택적 비교 등이 활용된다. 이는 학습과제를 해결하는 과정에서 관련 있는 정보와 관련 없는 정보를 구별하여 적절한 정보를 선택하고, 선택적으로 기호화된 정보들을 통합된 형식으로 결합하며, 이렇게 조합한 새로운 정보들을 기존 정보들과 비교하는 과정이다. 예를 들어, 프로젝트를 조직하는 방법, 논리적이고 흥미롭게 자료들을 조직하여 제시하는 방법 등에 대해 학습하는 것이 이 과정에 속한다.

세 가지 정보처리 요소는 상호작용을 한다. 메타요소는 무엇을 할 것인지를 결정하고 그다음 수행요소와 지식획득요소가 활성화된다. 두 요소는 메타요소에 피드백을 제공하고, 메타요소는 정보처리를 위한 전략과 정보의 표상을 조절한다. 실제 문제를 해결하는 데 이 세 가지 정보처리 요소가 어떻게 상호작용하는지의 예로는 학생들이 특정 주제에 대한 중간 보고서를 쓸 계획을 세우는 것(메타요소), 주제에 대해 학습하는 것(지식획득요소), 그것을 작성하는 것(수행요소), 선택한 주제가 잘 되지 않을 것 같아 새로운 주제를 선택하기로 결정하는 것(메타요소) 등을 들 수 있다(Sternberg & Williams, 2002).

● 창의적 능력

창의적 능력은 새로운 상황이나 문제에 대처하는 능력을 의미한다. 즉, 창의적 능력은 우선적으로 문제해결 방안을 창출하는 능력이다. Sternberg는 이 능력을 경험하위이론으로 체계화하였는데, 경험은 지능을 결정하는 중요한 요소로 경험을 통하여 창의적 능력을 증진시킬 수 있다고 하였다. 창의적 능력은 인간의 신기성을 다루는 능력과 정보처리를 자동화하는 능력으로 구성되어 있다. 신기성(novelty)이란 새로운 상황을 효과적으로 다루는 능력이나 통찰력을 의미하고, 자동화란 익숙한 과제를 효율적으로 해결하는 것으로 인지적인 노력 없이도 적용할 수 있는 능력 상태를 의미한다.

새롭고 생소한 문제를 잘 해결하는 사람은 그렇지 않은 사람보다 지능이 높다. 지능이 높은 사람들은 새로운 장면에서 적절한 정보를 추출해서 적용하기 위해 지식획득요소인 선택적 부호화, 선택적 결합, 선택적 비교를 능숙하게 활용한다. 창의적인 과학자나 예술가, 학자 등 각 분야에서 탁월한 업적을 나타내는 사람들은 새로운 장면에서 적절한 정보에 주의를 기울이고, 아무 관련이 없는 것을 연관시켜 새로운 것을 만들어 내며, 기존의 것을 새로운 각도에서 파악하여 새로운 것을 유추해 내는 능력이 탁월한 것으로 알려져 있다(Trotter, 1990). 지능이 높은 사람들은 문제를 해결하는 과정에서 무의식적이고 자동적으로 정보를 처리할 수 있다. 정보처리의 자동화는 문제를 신속하게 해결하는 데 도움을 주는 것은 물론 새로운 정보를 처리하는 데 주의와 작업기억 등 우리의 한정된 인지적 자원을 활용할 수 있도록 해 준다.

● 실제적 능력

실제적 능력은 실생활에 대한 문제해결 방법과 계획이 실제로 효과가 있는지를 판단하는 능력을 의미한다. 즉, 실제적 능력은 실제 맥락 속에서 문제해결 방안을 효과적으로 실행하는 데 요구되는 능력이다. Sternberg는 이 능력을 상황하위이론으로 체계화하였는데, 이는 적응, 조성, 선택으로 구성된다. 적응(adaptation)은 기존 환경에 자신을 맞추어 조화로운 관계를 유지하는 것을 의미하고, 조성(shaping)은 기존 환경을 자신에게 맞도록 변형시키는 것을 의미한다. 그리고 선택(selection)은 적응이 가능하지 않거나 변형이 적절하지 않을 때 새로운 환경을 선택하는 것을 의미한다. Sternberg(1998)는 실제적 능력을 통하여 인간이 성공할 수 있는 환경을 스스로 선택하고, 환경에 적응하며, 필요하다면 환경을 바꾸어 주는 것이 중요하다는 점을 제시하였다. 지능적인 사람은 자신의 장점과 환경과의 균형을 유지하기 위해 적응, 조성, 선택의 과정을 효과적으로 사용한다.

실제적 능력이 적응, 조성, 선택으로 구성되어 있는 것은 보편적인 사실이지만 적응을 하고 선택을 하며 변형을 하기 위한 구체적인 행동은 사람마다 다르다. 따라서 모든 사람에게 보편적인 지적 행동이란 있을 수 없다. 지능이 상황과 관련되어 있으므로 어떤 문화권에서는 필수적인 능력이라고 하더라도 다른 문화권에서는 그렇지 않을 수도 있다. 문화가 같다고 하더라도 중요한 지적 능력은 시대에 따라 상당 부분 변화한다. 또한 이 능력은 메타요소, 수행요소, 지식획득요소를 실생활에 적용하는 능력이므로 일상생활을 통하여 획득되며, 전통적인 지능검사 점수나 학업성취도와는 무관한 지능으로 알려져 있다.

성공지능이론은 전통적 지능이론들이 간과했던 환경과 문화와의 관계성에 주목하였다. 전통적 지능검사가 주로 학업성취와 학업적성을 측정하였던 것에 반해 성공지능이론은 실제 생활에서의 지적 성취를 예측해 줌으로써 지능에 대한 이해의 폭을 확장시켰고 지능을 육성하는 데 시사점을 제공하였다. 그러나 성공지능이론은 단지 종래의 여러 지능이론을 종합적으로 개념화한 것일 뿐 새로운 지능이론은 아니며 지능이론이라기보다 지능의 개념화에 불과하다는 비판을 받기도 한다.

3) 지능이론의 교육적 적용

Sternberg와 Berg(1986)에 따르면 지능에 대한 연구는 전통적으로 심리측정학적 관점에서 이루어졌으나 1980년대 이후 정보처리적·생물학적·상황주의적 관점에서 이루어지고 있다. 전통적인 지능의 개념은 학교에서의 학습능력을 예언하는 데 주로 관심을 갖고 있기 때문에 일상생활에서의 실질적인 지적 능력을 연구하는 데는 한계가 있다. 반면, 새로운 동향을 반영한 최근의 지능이론인 Gardner의 다중지능이론과 Sternberg의 성공지능이론에서는 사회문화적 맥락을 강조하고 있어 실질적인 지적 능력을 연구하는 데 도움이 되고 있다. 이러한 Gardner의 다중지능이론과 Sternberg의 성공지능이론을 교육현장에 적용할 때 고려해야 할 점은 다음과 같다.

첫째, 전인교육을 위하여 지능이 골고루 발달할 수 있도록 교육과정을 구성하여야 한다. Gardner는 지능을 구성하는 요인은 단일성이 아닌 다양성의 특징을 가지므로 다양한 지능을 반영하여 교육과정을 구성하여야 한다고 하였다. Sternberg도 성공지능이론을 교실 수업에 적용할 경우 분석지능, 창의지능, 실제지능을 균형 있게 개발하여야 한다고 하였다. 성공지능의 하위지능 각각을 중시하는 수업보다는 세 가지 하위지능을 동시에 개발해 주는 균형 잡힌 수업 내용과 목표가 필요하다. 이때 한 가지 주제에 대하여 모든 지능요인이 투입될 필요는 없다. 우리나라와 같이 정규 교육과정의 과목이 분리되어 있는 경우에는 과목의 특성상 필요한 영역을 교사가 선택하거나, 학습자의 연령을 고려하여 주제와 관련 있는 영역을 선택하여 진행하는 것이 효율적이다.

둘째, 개개인의 강점과 약점을 확인한 다음 강점을 더욱 극대화하고 단점을 보완할 수 있는 교육을 실시해야 한다. 교사는 각 학습자가 어떤 지능 영역에 강점이 있는지를 확인한 후, 그 영역에 맞는 교수방법을 채택함으로써 각 학습자에게 최적의 교수방법을 찾아 개별화가 이루어질 수 있도록 해야 한다. Gardner는 학습자들의 호기심을 자극하고, 다양한 관점을 경험하게 하며, 궁극적으로 학습자들이 획득한 지식을 새로운 상황이나 새로운 맥락에 적용해 볼 수 있도록 다양한 교수방법과 매체를 활용하여야 한다고 하였다.

셋째, 학습자의 지적 능력을 정확하게 파악하여 수업과 평가를 학습자의 능력에 부합시켜야 한다. 성공지능이론과 수행 간의 관계를 검증한 연구를 보면, Sternberg와 동료들은 학생들의 능력에 적합한 방법으로 가르치고 평가할 때 학생들의 수행 수준이 높아질 것이라고 보았다(Sternberg, Ferrari, Clinkenbeard, & Grigorenko, 1996; Sternberg, Grigorenko, Ferrari, & Clinkenbeard, 1999). 창의적 능력이 높은 학생이 창의적 수업에 참여했을 때가 분석적 능력이 높은 학생이 실제적 능력을 강조하는 수업에 참여했을 때보다 더 높은 성취 결과를 보여 주었다. 즉, 자신의 능력에 맞는 수업에 참여한 학생들이 그렇지 않은 학생들보다 더 높은 성취 수준을 보여 주었음을 중시할 필요가 있다. 그렇다고 해서 모든 수업과 평가를 학생의 우세한 능력에 부합시켜야 하는 것은 아니며 경우에 따라 상대적으로 취약한 능력을 보완할 수 있도록 노력을 기울여야 할 것이다.

3. 지능의 측정 및 지능검사

1) Binet 지능검사

지능검사는 프랑스 교육부의 요청으로 Binet가 Simon과 함께 1905년에 최초로 개발하였는데, 특수지도가 필요하고 정신결손이 있는 학생들을 학교 시작 초기에 발견하여 정규 학습에서 실패하기 전에 도움을 제공할 수 있도록 하기 위한 의도에서 시작되었다. Binet와 Simon은 단순한 학업성취뿐 아니라 학생들이 적응하는 데 필요한 지적 기술을 측정하였

Alfred Binet
(1857~1911)

다. 그들은 우선 공부를 잘하는 학생과 그렇지 않은 학생을 구분할 수 있는
검사문항들을 수집했고, 이를 정규학교 학생들과 정신지체 학생들에게 실시
하여 그 결과를 비교하였다. Binet 검사는 언어적 추리와 정보의 조작을 요
구하는 문항들로 구성되어 있고 학교 수행을 비교적 잘 예측하였다.

　　1905년의 지능검사는 30개의 문항으로 구성되었으며, 문항 내용에 따라
묶지 않고 난이도 수준에 따라 배열하였다. 그러다가 1908년의 개정판에서
는 문항 수가 증가되었고, 연령 수준별로 개정되었다. 3세부터 13세까지의
각 연령의 난이도에 따라 문제를 배당하고, 그 연령에 도달하면 아동의 대다
수가 그 문제에 정답을 할 수 있다는 것을 기준으로 한다. 이것이 Binet 검사
에서 처음으로 도입된 '정신연령(mental age: MA)'의 개념으로, 이를 기준으로
아동의 정신연령을 측정할 수 있다. 즉, 5세 아동이라도 7세 아동들의 문항
에 성공을 하면 7세의 정신연령을 갖는 것으로 간주했다. Binet 검사가 많이
보급된 이유 중의 하나는 이 정신연령 척도에 있다고도 볼 수 있다.

　　이후 1911년에는 문항 수를 더 많게 하여 성인까지 측정할 수 있게 한 개
정판이 나왔고, 프랑스뿐만 아니라 여러 나라에서 그 나라의 특수성에 맞게
번안되어 보급되었다. 그 대표적인 것이 미국의 Stanford-Binet 지능검사다.

〈표 5-2〉 1911년 개정판 Binet 지능검사의 문항 예시

3세	7세	15세
1. 눈, 코, 입을 가리켜라.	1. 오른손과 왼쪽 귀를 보여라.	1. 7자리 숫자를 따라 하라.
2. 두 자릿수를 따라 해 보라.	2. 그림을 말해 보라.	2. 1분 안에 주어진 단어의 3개의 운을 찾아보라.
3. 그림에서 대상이 무엇인지 말해 보라.	3. 동시에 주어진 세 가지 명령을 실천하라.	3. 26음절로 된 문장을 따라 하라.
4. 6음절 문장을 따라 하라.	4. 6개의 동전의 값을 말해 보라.	4. 일련의 주어진 사실을 해석하라.

2) Stanford-Binet 지능검사

Lewis M. Terman
(1877~1956)

　1916년 스탠퍼드 대학의 Terman이 Binet 지능검사를 미국 문화권에 맞도록 개정하여 표준화한 것이 Stanford-Binet 지능검사다. 이 검사는 개인용 지능검사로서 2세 아동부터 적용할 수 있고, 총 실시 시간은 30~60분 정도 소요된다. 검사의 실시와 채점 방식이 보다 객관성을 유지하게 되었고, '지능지수(intelligence quotient: IQ)'의 개념이 처음으로 사용되었다. IQ는 그 사람의 정신연령을 실제 생활연령에 비교함으로써 계산되었다. 즉, 지능지수(IQ)는 아동의 정신연령(mental age: MA)을 생활연령(chronological age: CA)으로 나눈 값에 100을 곱한 것이다. 이를 비율 IQ라고 한다.

$$지능지수(IQ) = \frac{정신연령(MA)}{생활연령(CA)} \times 100$$

　비율 IQ는 아동에게는 유용하지만 성인의 범위까지 적용하기에는 무리가 있다. 왜냐하면 일반적으로 정신연령은 15세 이후에는 거의 증가하지 않

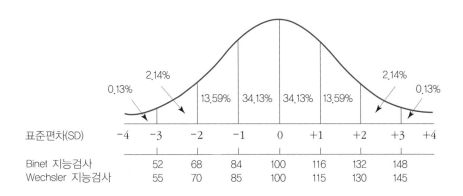

[그림 5-6] 지능검사 점수의 분포

으로 지능지수는 15세 이후부터 점점 낮아질 수밖에 없기 때문이다. 이러한 문제를 해소하기 위해 편차 IQ의 개념을 사용하였다. 편차 IQ는 한 사람의 지능을 그와 동일 연령집단 내에서의 상대적 위치로 규정하는 IQ다. 편차 IQ는 특정 연령집단의 점수분포를 평균이 100, 표준편차가 15 혹은 16이되도록 변환시킨 분포에서 개인의 점수가 어느 위치에 해당되는가를 나타낸다. 1960년에 개정한 Stanford-Binet 지능검사는 평균을 100으로 하고 표준편차를 16으로 하는 편차 IQ를 사용하였다.

Stanford-Binet 지능검사는 142문항으로 구성되어 있다. 언어, 조작, 기억, 산수, 추리, 평가, 인지, 문제해결 등의 소검사로 분류될 수 있으나 이는 학자들의 판단에 따른 인위적인 분류로 요인분석의 결과는 아니다. 이 검사는 지나치게 언어에 초점을 두고 있어 언어나 문화적 차이가 있는 아동들에게는 적절하지 않을 수가 있으며, 천장효과(ceiling effect)로 인해 아주 우수한 학생들에게 부적절할 수 있는 한계가 있다. 그럼에도 가장 대표적인 지능검사로서 널리 이용되고 있다. 국내에서 활용되는 Binet 지능검사 계열로는 K-Binet 검사가 있다. K-Binet 검사는 Stanford-Binet 지능검사를 한국판으로 표준화한 지능검사다. 이 검사는 만 4세 이상 15세 미만을 대상으로 하

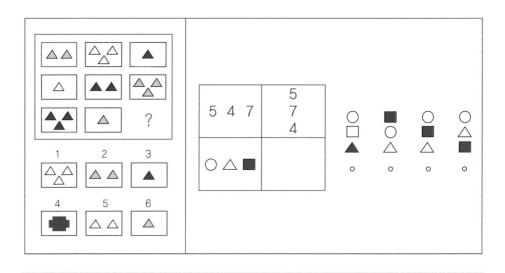

[그림 5-7] Stanford-Binet 검사의 문항 예

며, 4개 영역 15개 하위검사로 구성되어 있다. 언어적 추리 영역에는 어휘력, 이해력, 모순점, 언어적 관계의 하위검사, 양적 추리 영역에는 숫자 다루기, 숫자 계열, 방정식 만들기 하위검사로 이루어져 있다. 추상적·시각적 추리 영역에는 형태분석, 복사하기, 매트릭스, 종이접기와 자르기 하위검사, 단어 기억 영역에는 묵주알기억, 문장기억, 숫자기억, 사물기억 하위검사로 되어 있다.

3) Wechsler 지능검사

뉴욕의 Belleve 병원의 임상심리학자였던 Wechsler는 Stanford-Binet 지능검사가 성인 수준에 필요한 하위검사가 포함되어 있지만 아동용으로 만들어진 검사이기 때문에 성인에게 실시하는 것이 부적합하다고 판단하였다. 그리하여 Wechsler(1939)는 WB-I(Wechsler Belleve Intelligence Scale From I) 성인용 지능검사를 제작하였다. 이후 WB-I의 문제점을 보완하고 수차례의 재개정 작업을 거쳐 성인용인 WAIS-IV(Wechsler Adult Intelligence Scale-IV)까지 출시하였다. WB-II는 아동용인 WISC(Wechsler Intelligence Scale for Children)로 개정되어 현재 WISC-IV까지 개발되어

David Wechsler
(1896~1981)

있다. 후속연구를 통해 유아용 WPPSI(Wechsler Preschool-Primary Scale of Intelligence)도 제작되었다.

Wechsler 지능검사는 언어적 능력과 비언어적 능력을 명확히 구분하기 위하여 전체 IQ 이외에 언어성 IQ와 동작성 IQ를 분리하여 산출하였다. 따라서 Wechsler 지능검사는 언어와 동작의 두 영역으로 구성되어 있으며 〈표 5-3〉과 같이 세 가지 종류가 있다.

Wechsler 지능검사의 개정판인 WISC-IV는 임상적 유용성을 향상시키고 심리측정적 요소를 개선할 목적으로 개정되었다. WISC-IV의 가장 큰 변화는 전통적으로 사용되어 왔던 IQ 산출방식 중 전체 IQ는 계속 사용하되 언

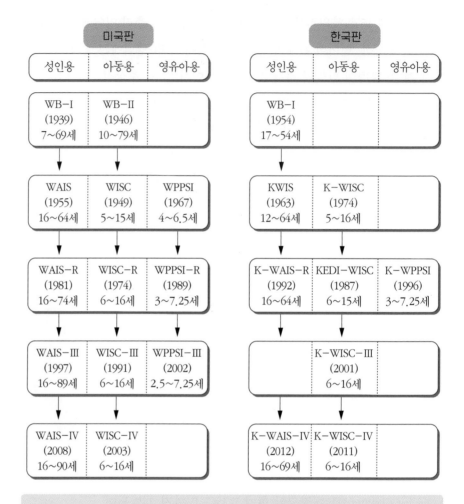

[그림 5-8] Wechsler 지능검사의 발달

출처: 이우경, 이원혜(2012).

어성 IQ와 동작성 IQ는 폐기하였다는 것이다. 지능이란 여러 가지 상이한 인지능력이 복합되어 있다. 따라서 언어성 과제와 동작성 과제라는 두 가지 기준으로만 분류했을 경우 해당 인지능력을 온전하게 측정하지 못할 가능성이 높았다. 신경심리학자들은 바로 이점을 비판해 왔는데, WISC-IV에서는 이러한 비판을 적극적으로 수용해 언어성 IQ와 동작성 IQ를 폐기하고 네 가지 합성점수 체계를 채택한 것이다.

〈표 5-3〉 Wechsler 지능검사의 종류

구분	대상	구성
WPPSI (Wechsler Preschool-Primary Scale of Intelligence)	2.5~7.25세	• 언어검사: 일반지식, 일반이해, 산수, 유사성, 어휘, 문장 • 동작검사: 나무토막 조립, 빠진 곳 찾기, 동물의 집, 미로 찾기, 기하적 도형
WISC (Wechsler Intelligence Scale for Children)	6~16세	• 언어검사: 일반지식, 일반이해, 산수, 유사성, 어휘, 수암기 • 동작검사: 빠진 곳 찾기, 그림 배열, 나무토막 조립, 물건 퍼즐, 부호기입, 미로 찾기
WAIS (Wechsler Adult Intetlligence Scale)	성인	• 언어검사: 일반지식, 일반이해, 수리력, 수암기, 유사성, 어휘 • 동작검사: 빠진 곳 찾기, 그림 배열, 물건 퍼즐, 나무토막 조립, 숫자-부호 짝짓기

　네 가지 지표로는 언어적 이해력 지표, 지각적 추리 지표, 작업적 기억 지표와 처리 속도 지표가 있다. 언어적 이해력 지표(Verbal Comprehension Index: VCI)는 피검사자의 언어능력을 반영하는 것으로 단어의 의미를 이해하고 언어적 정보를 개념화할 수 있는 능력, 언어자료와 관련된 지식, 언어적 표현력 및 유창성 등을 포함한다. 지각적 추리 지표(Perceptual Reasoning Index: PRI)는 시공간 정보를 평가하는 능력을 반영하는 것으로 시공간 자극에 정확히 반응하는 능력, 비언어적 자료를 통합하는 능력, 비언어적 유동적 추리 능력, 환경과의 비언어적 접촉의 정도 및 질, 세부 요소에 집중하는 능력, 구체적인 상황에서 수행하는 능력 등을 포함한다. 작업적 기억 지표(Working Memory Index: WMI)는 집중력, 기억력, 연속적 처리능력을 반영하고, 어떤 과제에 주의를 기울임과 동시에 다른 정신적 활동을 수행하는 능력, 인지적 융통성의 기능을 포함한다. 처리 속도 지표(Processing Speed Index: PSI)는 비언어적 문제를 해결할 때 요구되는 정신적 속도 및 운동 속

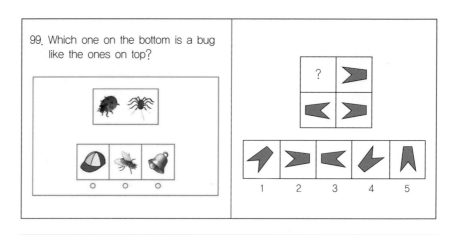

[그림 5-9] WPPSI 문항의 예

도를 반영하여 계획 능력과 조직화 능력, 적절한 전략을 개발하는 능력 등을 측정한다.

그리고 특수한 신경심리학적 상태로 인해 전체 IQ 산출에 영향을 받을 경우, 전반적인 지적 능력을 보다 신뢰성 있게 측정할 목적에서 언어적 이해력 지표와 지각적 추리 지표 점수를 합산하여 산출하는 일반적 능력 지표 (General Ability Index: GAI)를 개발하였다. 그 외 작업적 기억 지표와 처리 속도 지표 점수를 합산하여 산출하는 인지 숙달 지표(Cognitive Proficiency Index: CPI)가 있다.

[그림 5-10] WISC 문항의 예

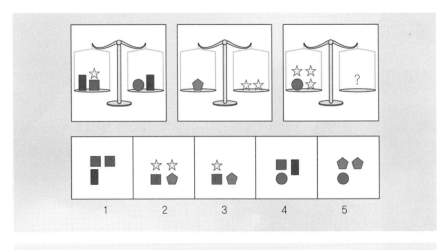

[그림 5-11] WAIS 문항의 예

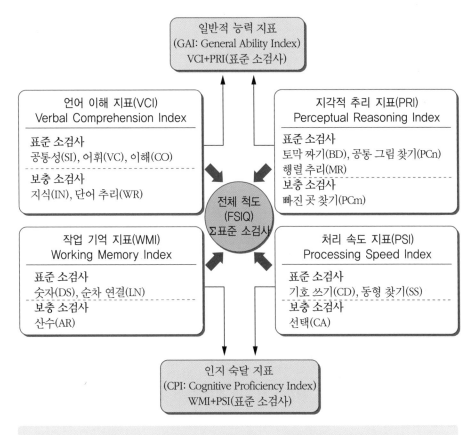

[그림 5-12] K-WISC-Ⅳ 검사의 구성 및 요인 지표 점수

출처: 이우경, 이원혜(2012).

4) Kaufman 아동용 지능검사

Alan S. Kaufman
(1944~)

Nadeen L. Kaufman
(1945~)

Kaufman 아동용 지능검사(Kaufman Assessment Battery for Children: K-ABC)는 1983년 Kaufman과 Kaufman이 2세 6개월에서 12세 5개월까지의 아동의 지능과 습득도를 평가하기 위해 만든 종합지능검사로 신경심리학자와 임상심리학자들이 연구하여 제안한 인지처리과정이론에 입각하여 개발되었다.

이 검사는 순차처리척도, 동시처리척도, 인지처리과정척도, 습득도척도라는 4개의 종합척도로 구성되어 있는데, 이 척도들은 각각 평균을 100, 표준편차를 15가 되도록 만든 표준척도다. 순차처리척도는 연속적 또는 시간적 순서로 정보를 처리하여 문제를 해결하는 능력을 측정하고, 동시처리척도는 한꺼번에 주어진 많은 정보를 통합해서 전체적으로 처리하여 문제를 해결하는 능력을 측정한다. 각각 세 개(손동작, 수 회생, 단어 배열)와 일곱 개(마법의 창, 얼굴 기억, 그림 통합, 삼각형, 시각 유추, 위치 기억, 사진 순서)의 하위검사로 이루어져 있다. 인지처리과정척도는 순차처리척도와 동시처리척도를 합한 것으로 지적 능력의 전체적 수준을 측정하는 척도다. 습득도척도는 여섯 개의 하위검사(표현어휘, 인물과 장소, 산수, 수수께끼, 문자해독, 문장이해)로 구성되어 있고, 후천적으로 획득한 사실적 지식, 언어능력, 교과학습 능력을 측정한다.

K-ABC의 가장 큰 특징은 언어의 영향을 최소화할 수 있는 비언어적 척도를 포함하고 있다는 점이다. 따라서 이 검사는 외국인, 청각장애나 언어장애인에게도 유용한 측정치를 제공할 수 있다. 즉, 인종, 문화, 언어, 사회경제적 배경 등의 차이에 따른 편차가 비교적 적어 보편적으로 사용할 수 있는 검사로 평가된다.

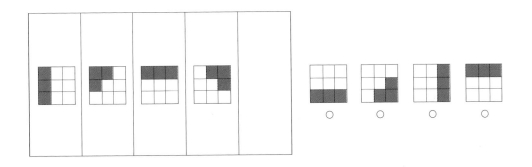

[그림 5-13] K-ABC 문항의 예

5) 지능검사 활용의 유의점

지능의 개념이 학자마다 다르고 지능지수의 산출방식도 통계적 기법에 근거하고 있기 때문에 지능지수를 해석하고 활용하려고 할 경우에는 신중해야 한다. 다음은 지능검사나 지능지수를 활용하고 해석할 때 유의해야 할 점이다.

첫째, 지능은 개인의 지적 능력을 나타내는 지표 중의 하나에 불과하다. 지능이 학업성적에 중요한 영향을 주는 요인이기는 하지만 지능이 높다고 하여 모든 교과목이나 학교활동에서 우수하다고 볼 수 없다. 최근에는 정서지능, 인성, 동기 등의 요인도 학업성적이라는 지적 능력 수준에 영향을 준다는 연구가 있다(Berkowitz & Bier, 2004). 이는 지능지수만으로 인간의 지적 능력을 정확하게 판단할 수 없음을 뒷받침한다.

둘째, 지능은 인간의 변하지 않는 고정된 능력이 아니며 개인의 후천적 경험에 의해 상당한 정도로 변화될 수 있다. 따라서 초등학교 때 실시한 지능검사 결과로 산출한 지능지수가 낮다고 하더라도 이를 과잉해서 해석할 필요가 없다.

셋째, 지능지수가 동일하더라도 하위요인은 다를 수 있다. 예를 들어, 언어능력이 높지만 수리력은 낮을 수도 있고, 수리력이 높지만 언어능력이 낮을 수도 있다. 이는 학생의 학습방법과 진로지도에 중요한 자료가 될 수 있다.

제6장 창의성과 인지양식

1. 창의성

1) 창의성의 개념

창의성이 학문적 관심의 중심 영역에 들어온 것은 Guilford가 1950년 미국심리학회(American Psychological Association: APA)에서 창의성의 중요성과 경험적 연구의 필요성에 대해 강조한 이후 다양한 관점에서 연구를 진행하면서부터다. Guilford는 인간의 사고를 수렴적 사고와 확산적 사고로 구분하였다. 수렴적 사고(convergent thinking)가 어떤 문제에 대해 하나의 정답에 이르기를 요구하는 것과 달리, 확산적 사고(divergent thinking)는 하나의 정답이 존재하지 않는 문제에 대해 다양한 해결책을 생성하도록 요구한다. Guilford(1959)는 지능구조모형에서 조작 차원의 확산적 사고를 창의성으로 간주하였고, 창의성을 "새롭고 신기한 것을 창출해 내는 능력"이라고 정의하

보통의 반응: '꽃'
독특한 반응: '여러 조각으로
부서진 막대사탕'

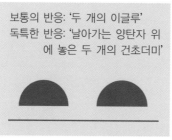

보통의 반응: '두 개의 이글루'
독특한 반응: '날아가는 양탄자 위
에 놓은 두 개의 건초더미'

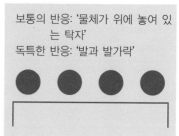

보통의 반응: '물체가 위에 놓여 있
는 탁자'
독특한 반응: '발과 발가락'

[그림 6-1] 확산적 사고의 사례

출처: Wallach & Kogan (1965).

였다. 그 이후 상당 기간 동안 확산적 사고가 곧 창의성이라는 개념으로 인식되어 왔다.

Guilford(1967)는 창의성의 구성요소로 유창성, 융통성, 독창성, 정교성, 민감성, 재정의 능력의 여섯 가지를 제시하였다.

첫째, 유창성(fluency)은 아이디어의 풍부함에 대한 양적인 측면으로 제한된 시간 안에 다양한 반응을 생성해 낼 수 있는 능력이다. 여기서 아이디어는 질보다 양이 더욱 중요하다. 유창하게 아이디어들을 생산해 낼수록 그 가운데 유용하고 효과적인 아이디어가 포함되어 있을 가능성은 더 커질 것이다. 유창성 점수는 생성해 낸 모든 반응의 수를 합한 것이다.

둘째, 융통성(flexibility)은 변화하는 상황에 잘 적응할 수 있도록 현상을 변화시키는 능력이다. 문제를 특정 관점이 아닌 질적으로 다양한 관점에서 해결하는 능력을 말한다. 융통성 점수는 생성해 낸 아이디어에 담겨 있는 반복되지 않은 범주의 수다.

셋째, 독창성(originality)은 남들이 생각하지 못한 답을 내는 능력이다. 단순히 기존 지식을 통합하거나 재구성하는 것이 아니라 새롭고 특이한 반응을 생성하는 능력을 말한다. 독창성 점수는 다른 사람들에게도 똑같은 과제를 해 보게 한 다음 다른 이들의 반응에는 없는 아이디어의 수로 계산한다.

넷째, 정교성(elaboration)은 아이디어를 세심하게 발전시킬 수 있는 능력이다. 문제를 세분화하거나 문제의 의미를 명백하게 파악하고 결함을 보완할 수 있는 능력을 말한다. 정교성 점수는 기본적인 아이디어를 보다 재미있고 완전한 것으로 다듬고 확대시켜 세부적 내용을 채워 넣는 수로 계산한다.

다섯째, 민감성(sensitivity)은 주변의 상황 변화를 재빠르게 파악하면서 동시에 관련 없는 자극의 영향을 받지 않고 문제를 있는 그대로 지각할 수 있는 능력이다. 민감성은 어떤 도구의 결정을 말하도록 하는 검사로 조사된다.

여섯째, 재정의(redefinition)는 복잡한 문제 상황을 단순화하여 새로운 의미를 부여하고 사물을 구조적이고 기능적으로 관련짓는 능력을 말한다. 재정의는 어떤 문제가 주어졌을 때 답을 얻은 후 그것이 정답인지 재확인하는 것이다.

Torrance(1962)는 새로움, 즉 독특성, 진기성 등의 특이한 요소가 포함되어 있는 것을 창의성이라 정의하였다. 그는 『창의성과 사토리를 찾아서(The Search for Satori and Creativity)』(1979)에서 "창의성이란 더 깊게 파고, 두 번 보고, 실수를 감수하고, 고양이에게 말을 걸어 보고, 깊은 물속에 들어가고, 잠긴 문 밖으로 나오고, 태양에 플러그를 꽂는 것이다"라고 서술하고 있다. Gallagher(1985)는 창의성을 새로운 아이디어나 산물을 창출하거나 기존 아이디어나 산물을 독창적으로 재생산해 내는 정신과정이라고 정의하였다. de Bono(1985)는 사고 유형을 수직적 사고(vertical thinking)와 수평적 사고(lateral thinking)로 구분하고 창의성을 수평적 사고와 동일시하였다. 수직적 사고는 정확한 해결방법을 모색하며 정보와 자료를 가지고 논리적이고 계열적인 형태를 따라 단계적으로 사고하는 것을 말한다. 이에 비해 수평적 사고는 판단을 유보하고 여러 아이디어를 탐색하며 사고의 통로를 다양화하여 사고하는 것을 말한다.

최근에는 창의성의 하위요인으로 Guilford와 Torrance가 주장한 인지적 특성 외에 더 많은 하위요인을 포함하고 있다. Sternberg(1993)는 창의성이 기존의 방식과는 다른 새로운 아이디어나 산물을 만들어 내는 능력 또는 새로운 환경이나 사물을 다루는 능력이라고 하였으며, 창의성의 특성으로 애매성을 해결하려는 인내력, 장애 극복 의지, 적정 수준의 모험심 등을 첨가했다. 또한 Jellen과 Urban(1986)은 창의성의 하위요인으로 Guilford와 Torrance가 제시한 유창성, 융통성, 독창성, 정교성 외에 모험심과 조직화를 위한 구성능력 및 유머를 첨가함으로써 인지적인 특성뿐만 아니라 성격적인 특성도 포함시키고 있다.

이상과 같이 창의성에 대한 정의는 학자들에 따라 다소 차이가 있긴 하지만 새롭고(novel) 적절한(appropriate) 산출물을 생성할 수 있는 능력(Hennessey & Amabile, 1988; Perkins, 1988)이라는 데 어느 정도 일치된 의견을 보이고 있다. 여기서 새롭다는 것은 일상적인 것이 아니라 기발하고 독창적인 것을 의미하며 창의적인 것으로 인정받기 위한 최소한의 조건이다. 창의적인 것으로 인정받기 위해서는 새로움 외에도 적절성이 있어야 한다. 적절성이란 유용하고 가치로운 것을 의미한다. 따라서 창의성은 새로우면서도 적절한 아이디어나 산물을 생성할 수 있는 능력이라고 정의할 수 있다.

2) 창의성의 측정

창의성의 개념이 접근방법과 연구 분야에 따라 다양하게 정의되듯이 창의성을 측정하는 창의성 검사도 다양한 형태로 구성된다. 일반적으로 창의성을 측정하는 검사는 창의성을 발휘하기 위해 필요하다고 생각되는 능력인 창의적 인지능력에 관한 검사, 개인의 성격과 태도를 측정하는 창의적 인성에 관한 검사, 창의적 산출을 만들도록 요구하고 그 결과물을 통해 평가하는 창의적 산물에 관한 검사로 분류된다. 이에 따라 대표적인 창의성 검사를 살

퍼보면 다음과 같다.

(1) TTCT

창의성을 측정하기 위해 다양한 검사가 개발되어 활용되어 왔는데 대표적인 창의성 검사로는 Guilford의 확산적 사고개념에 기초하여 개발된 Torrance 창의적 사고검사(Torrance Test of Creative Thinking: TTCT)가 있다. TTCT는 표준화된 검사로서 실시 및 채점의 용이성 등으로 인하여 창의성 검사 중에서 가장 많이 사용되고 있다. TTCT는 일곱 가지의 언어검사와 세 가지의 도형검사로 구성되어 있으며, 각 검사마다 A형과 B형이 있다.

Torrance
(1915~2003)

언어검사는 질문하기, 원인 추측하기, 결과 추측하기, 작품 향상시키기, 색다른 용도 제안하기, 색다른 질문하기, 가상하기의 일곱 가지 하위검사로 구성되어 있다. 검사는 만 5세부터 성인에 걸쳐 실시될 수 있으며 소요 시간은 45분이다. 유아나 초등학교 저학년까지는 개별적으로 검사가 실시되나 그 외에는 집단으로도 실시가 가능하다. 이러한 검사 결과를 유창성, 융통성, 독창성의 세 차원에서 평가한다. 도형검사는 불완전한 그림을 유의미한 것으로 완성하는 검사로 그림구성(picture construction), 도형완성(figure completion), 선(line, A형) 혹은 원(circles, B형) 완성의 세 가지 하위검사로 구성되어 있다. TTCT 도형검사를 실시하고 채점한 후에는 유창성, 독창성, 정교성 및 제목의 추상성(abstractness of titles), 성급한 종결에 대한 저항(resistance to premature closure), 창의적 강점의 체크리스트(checklist of creative strengths) 등과 같은 요소의 능력에 대한 점수를 얻게 된다.

Torrance의 TTCT는 유아부터 성인에 이르기까지 다양한 연령에 걸쳐 동일한 검사도구를 사용하기 때문에 연령별 창의적 인지발달을 비교할 수 있는 장점이 있다. 하지만 반응의 개별성을 강조하기 때문에 검사의 타당도에 대해 의문이 제기되기도 하고, 각 영역별로 차별화된 창의성을 측정하기 어렵다는 주장이 제기되고 있다.

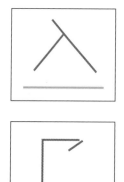

장난감 가게에서 볼 수 있는 천으로 만든 곰인형 입니다. 크기는 15cm, 무게는 200g 정도입니다. 이제 이 장난감을 아동이 재미있게 놀 수 있도록 변화시켜 보세요. 비용에 대해서는 걱정할 필요가 없습니다. 어떻게 하면 아동이 더 재미있게 가지고 놀 장난감이 될 수 있는지만 생각해 보십시오.

도형검사의 예: 그림완성 　　언어검사의 예: 물건의 개량

[그림 6-2] TTCT 문항의 예

(2) TCT-DP

Jellen과 Urban(1986)이 개발한 창의적 사고 그림검사(Test for Creative Thinking Drawing Production: TCT-DP)는 형태주의 심리학에서 나온 창의성 이론에 기반을 두고 있으며, 여섯 개의 불완전한 도형 조각을 보여 주고 자유로운 상상과 해석을 유도하여 독창적인 사고를 측정하는 검사다.

TCT-DP는 A4 크기의 종이에 그려진 여섯 개의 서로 다른 미완성 도형 조각을 이용해서 새롭고 독창적인 그림을 완성하는 것이다. 이 도형들은 매우 불완전하고 불규칙적인 형식으로 배열되어 있으며, 각 도형들은 가능한 한 서로 영향을 미치지 않고 상호 간에 어떤 관계도 유지하지 않도록 위치한다. 부분 도형은 도형적인 요소나 단편적인 그림의 형태에서 자극을 최소화한 형태로 유지하게 함으로써 피검사자가 유연성을 최고로 발휘하도록 고안되었다. TCT-DP는 4세부터 95세에 이르기까지 다양한 연령에 걸쳐 시행이 가능하고, 5~30분 정도 소요되며, 개인 또는 집단으로 실시할 수 있다.

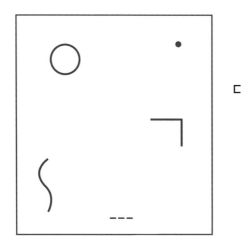

[그림 6-3] TCT-DP

(3) CPS

창의성을 인지능력으로 보기보다는 개인의 성향이나 성격으로 보고 이러한 창의적 성향을 측정하는 검사들도 있다. 이러한 검사 중의 하나가 Gough와 Heilbrun(1983)의 창의적 인성검사(Creative Personality Scale: CPS)다. 이검사는 300문항으로 구성된 성격검사인 형용사 체크리스트 검사(Adjective Check List: ACL) 문항 중에서 창의성과 관련된 30개의 문항을 추출하여 구성하였다.

CPS는 기존의 창의성을 측정하는 다른 검사들과 높은 관련이 있어 비교적 안정적인 검사라고 할 수 있으며, 체크리스트 형식으로 되어 있어 부모나 교사가 아동의 창의적 성향을 측정하기에 편리하게 되어 있다. 이 중에서 '유능한' '통찰력이 있는' '발명적인' '관습에 얽매이지 않은' 등과 같은 18개의 형용사가 창의적 특성의 지표로 구성되고, '평범한' '보수적인' '관습적인' 등과 같은 12개의 형용사가 비창의적인 특성의 지표로 구성된다.

(4) GIFT, GIFFI I · II

[그림 6-4] GIFT

Rimm과 Davis(1976)가 개발한 GIFT(Group Inventory for Finding Talent)는 유치원 아동 및 초등학생의 관심 사항을 측정하는 검사로 '예' 혹은 '아니요'로만 응답하게 되어 있다. 이 검사는 다양한 흥미, 미술에 대한 관심, 전기적 특성, 융통성, 독립심, 호기심, 인내심 등과 관련된 내용으로 구성되어 있다.

Davis와 Rimm(1982)이 개발한 GIFFI I(Group Inventory for Finding Interests I)은 중학생의 관심 사항을 측정하는 집단용 검사이고, GIFFI II는 고등학생 이상을 대상으로 한다. 이 검사들은 5점 척도로 평정하도록 되어 있으며, 독립성, 호기심, 창의성의 자기평정, 예술적인 것에 대한 관심, 창의적인 작문, 창의적 활동 및 사려성 등과 관련된 내용으로 구성되어 있다.

(5) CAT

창의적인 사람이 창의적인 산출물을 만들어 낼 것이라는 가정하에 개인이 만들어 낸 산물을 이용하여 창의성을 평가하는 방법이다. Amabile(1982)이 개발한 합의적인 평정기법(Consensual Assessment Technique: CAT)은 피험자에게 창의적 산물을 만들게 하고 전문가들이 창의성 정도를 평가하는 것이다. Amabile은 언어적 창의성, 공간 · 수학적 창의성, 예술적 창의성 등을 측정하였다. 예를 들어, 예술적인 창의성을 알아보기 위해 7세에서 11세까지의 여자 아동을 대상으로 콜라주를 만들도록 한 후 이 분야의 전문가인 심리학자, 미술교사, 미술가 등에게 5점 척도로 평가하도록 하였다.

Sternberg와 Lubart(1995)도 창의적 산물을 통한 창의성 평가방법에 관한 연구를 수행하였다. 연구에서 사용된 창의적 산물은 작문, 미술, 광고 및 과학의 4개 분야에서 평가되었다. 각 영역마다 제목들을 주고 그중에서 두 개

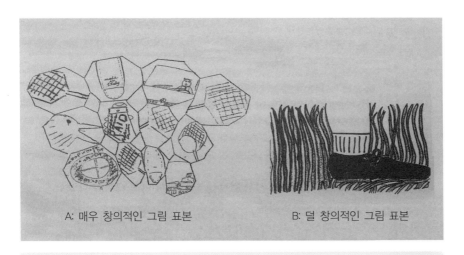

A: 매우 창의적인 그림 표본　　　　　B: 덜 창의적인 그림 표본

[그림 6-5]　산물판정 사례: '곤충의 관점에서 본 세상'이라는 주제하에 나타난
　　　　　　그림 반응

출처: Sternberg & Lubart (1995).

의 제목을 골라 작품을 완성하도록 하고, 그 분야의 전문가들이 작품의 창의
성 정도를 평가하였다. 여기에서 제시된 창의적 산물과 비창의적 산물의 사
례는 [그림 6-5]와 같다.

　이러한 방법은 창의성을 측정함에 있어서 인지적 또는 인성적 측면에 치
우치지 않고 개인의 실제 창의성과 근접한 창의성을 측정하려 하였다는 점
에서 의의가 있다. 하지만 창의적 산물검사의 평가는 여러 사람의 주관적
인 판단에 따라 이루어진다. 따라서 다음과 같은 몇 가지 조건이 필요하다
(Amabile, 1982). 우선, 과제는 특정한 전문 기술을 요하지 않는 것이어야 한
다. 다음으로, 창의적 산물을 평가하는 사람은 해당 영역에 대하여 경험을
가지고 있어야 한다. 그리고 평가자들 간에 독립적으로 평가가 진행되어야
하고, 창의성과 아울러 심미적 요소도 고려되어야 한다. 끝으로, 절대적 기
준에 따르지 않는 다양한 차원에 근거한 종합적인 평가여야 한다.

3) 창의성의 훈련 기법

(1) 브레인스토밍

Alex F. Osborn
(1888~1966)

브레인스토밍(brainstorming)은 Osborn이 1938년에 개발한 창의적 아이디어 생성 기법으로서, 여러 사람이 모여서 어떤 한 주제에 대해 다양한 아이디어를 자유롭게 생성하는 데 유용한 방법이다. 원래는 주로 집단이 문제를 해결하는 데 사용하기 위해 개발한 것이지만 개인적으로 사용할 수도 있다. 브레인스토밍은 자유연상법의 일종이다. 자유연상법이란 사고의 자유로움을 보장하여 창의성을 발휘하도록 하고, 그 과정에서 해결안을 도출하여 문제를 해결하게 하는 기법을 말한다.

브레인스토밍은 유아에서 성인까지 가능하며, 구성원은 6~7명이 적절하나 많은 아이디어를 만들어 내기 어려운 경우에는 15명 정도까지도 가능하다. 구성원은 가능하면 다양한 경험을 가지고 있고 성별, 연령별로도 다양할수록 창의적인 아이디어를 내는 데 효과적이다. 브레인스토밍 실시 시간은 30~40분 정도가 적당하다. 브레인스토밍은 아이디어를 많이 생성해 내는 데 목적이 있기 때문에 여러 가지 의견이나 아이디어가 있을 수 있는 장면이면 어디서든 사용할 수 있으나 다소간 혁신적인 아이디어를 원할 때 훨씬 더 적합하다. 효과적인 브레인스토밍을 위한 기본 원칙은 다음과 같다(Osborn, 1963).

첫째, 판단 혹은 비판 금지의 원칙으로 평가는 마지막까지 유보하며 비판하지 않는다. 자신의 아이디어를 포함한 어떤 형태의 아이디어도 비판하지 않고 아이디어 자체에만 전념한다. 평가가 이루어지면 발상이 저해되며, 다른 그럴듯한 대안을 떠오르게 할지도 모르는 아이디어조차 성급하게 버릴 수 있다.

둘째, 양 추구의 원칙으로 아이디어는 많을수록 좋다. 브레인스토밍에서는 우선 많은 아이디어를 생성하는 것이 중요하므로 아이디어의 질보다는 양을 우선시한다. Osborn에 의하면 아이디어들은 중간 부분에서 제일 많이 생성되며, 후반부일수록 내용이 독창적이고 혁신적이다. 그래서 질에 대한 판단은 유보하고 가능한 한 많은 대안을 생성하도록 하면 더 창의적인 결과를 얻을 수 있다.

셋째, 자유로운 사고의 원칙으로 아이디어는 과거의 지식, 경험, 규칙에 얽매이지 않고 자유분방할수록 좋다. 따라서 아무리 우스꽝스러운 아이디어라도 수용하여야 한다. 무모해 보이고 엉뚱한 것일수록 보다 참신한 것일 수 있다.

넷째, 결합과 개선 추구의 원칙으로 제시된 많은 아이디어를 결합 및 개선하여 더 좋은 개선 방안을 모색한다. 이미 생성해 낸 아이디어들을 조합시켜 향상된 다른 아이디어를 만들어 낸다.

따라서 브레인스토밍 과정에서는 어떠한 내용이라도 생각나는 대로 말할 수 있으며, 아무리 무모하고 부적절한 의견이라도 비판을 해서는 안 된다. 자유롭고 엉뚱하기까지 한 의견을 출발점으로 해서 창의적인 아이디어를 전개시켜 나가도록 하여야 한다. 즉, 다른 사람들의 의견을 통하여 좀 더 창의적인 아이디어를 찾을 수 있도록 한다.

(2) 여섯 가지 사고모자 기법

여섯 가지 사고모자 기법(six hat method)은 de Bono(1985)가 제안한 것으로서 여섯 가지 색깔의 모자가 각각 나타내는 사고자 역할을 통해 한 번에 한 가지의 사고만 하도록 함으로써 창의적 사고를 촉진하는 방법이다. de Bono는 여러 가지 사고를 동시에 하기 때문에 창의적 사고가 방해를 받는다고 보았다. 따라서 한 번에 한 가지씩만 사고하게 하면 사고를 단순화시킬 수 있고 특정 방면에서 사고를 심화시킬 수 있다. 모자 색깔에 따른 사고의 특징은 다음과 같다.

- 백색 모자: 중립적이고 객관적인 사고
- 적색 모자: 감정적이고 직관적인 사고

- **흑색 모자**: 부정적인 사고
- **황색 모자**: 긍정적이고 낙관적인 사고
- **녹색 모자**: 다각적이고 창의적인 사고
- **청색 모자**: 요약 및 결론

여섯 가지 사고모자 기법에는 두 가지 목적이 있다. 첫째, 한 번에 한 가지만 다루게 함으로써 사고를 단순하게 하는 것이다. 정보, 논리, 희망 및 창의성을 모두 한 번에 사고하는 대신 이들 각각을 별개의 것들로 다룰 수 있다. 예를 들어, 위장된 감정을 지지하기 위해서 논리를 이용하는 대신에 사고자는 적색 사고모자의 도움을 받아 별도로 정당화시키는 일을 하지 않고도 감정을 표현할 수 있다. 둘째, 사고에 있어서 스위치처럼 전환을 인정하는 것이다. 만약 어떤 사람이 계속해서 부정적인 의견을 낸다면 흑색 사고모자를 벗고 긍정적인 의견을 낼 수 있도록 황색 사고모자를 쓰라고 요구할 수도 있다. 여섯 가지 사고모자를 쓴다는 것은 특정한 종류의 사고를 한다는 것이다.

(3) PMI

PMI(Plus Minus Interesting) 기법은 de Bono(1985)가 개발한 사고 기법으로 어떤 상황에 대해 긍정적인 측면(Plus), 부정적인 측면(Minus), 흥미롭거나 재미있는 측면(Interesting)을 생각하도록 함으로써 사고의 방향을 유도한다. 이 기법의 목적은 제안된 해결 방안 중에서 어느 것이 최선의 방법인지를 결정할 수 있도록 돕는 것이다.

예를 들어, PMI를 사용할 때는 어떤 아이디어를 좋아한다거나 또는 좋아하지 않는다고 말하는 대신에 먼저 좋은 점에 집중한다. 그다음으로는 나쁜 점에 그리고 마지막으로는 그 아이디어가 가지고 있는 가능성과 흥미로운 것에 주목하여 생각한다. 이것은 의도적으로 한 측면을 집중적으로 사고하도록 하는 것으로 각각은 대개 2~3분 내에 이루어진다. PMI는 아이디어에 대해 다양한 관점에서 생각을 집중하여 사고를 전개해 보도록 유도하고 냉

철하게 판단하는 태도를 길러 준다. 따라서 PMI는 판단의 오류를 사전에 예방하는데 효과가 있다. PMI는 아이디어 제안 및 건의 같은 것을 처리하는 방법으로 사용할 수 있다.

(4) 시네틱스

시네틱스(synetics)는 Gordon(1961)이 개발한 기법으로 그 어원은 서로 관련이 없는 요소들 간의 결합을 의미하는 희랍어의 synetics에 있다. 친숙한 것을 낯선 것으로 바라보거나 친숙하지 않은 것을 친숙한 것으로 받아들이는 경험을 통해 창의적 사고를 증진시키는 방법이다. 구체적으로 보면 '낯선 것을 친숙한 것'으로 만듦으로써 문제를 친숙한 방식으로 들여다보고 이해를 더 잘하도록 하거나, '친숙한 것을 낯선 것'으로 만듦으로써 현재 문제의 틀에서 벗어나 보다 창의적인 해결책을 찾게 하는 것이다. 창의적인 사고를 하기 위해서는 너무나 친숙해서 달리 보이는 것이 없어 보이는 상황을 벗어나야 하고, 주변에서 접하게 되는 친숙하지 않는 상황도 수용할 수 있어야 한다는 것이다.

이러한 시네틱스에 널리 사용되고 있는 세 가지 유추방법에는 환상적 유추, 직접적 유추, 의인적 유추가 있다. 환상적 유추는 현실적인 유추를 통해서는 해결될 수 없을 때 활용하는 환상적이고 신화적인 유추다. 모든 아이디어를 비난하지 않고 받아들이면서 다른 사람의 아이디어를 토대로 자신의 아이디어를 발달시킨다. 그 예로는 하늘을 날아다니는 자동차, 눈으로 작동하는 컴퓨터, 조금만 먹어도 배가 부른 음식 등이 있을 수 있다. 직접적 유추는 실제 생활 내에서 유사한 문제를 찾아보도록 하는 것으로 환상적 유추가 완전히 가상의 상황인 것과 달리 직접적 유추는 실제 상황이다. 그 예로는 컴퓨터를 인간 두뇌와 비교하거나, 거북선과 거북이의 모양을 비교하여 검토하는 것을 들 수 있다. 의인적 유추는 자신이 문제의 주체가 되어 생각하는 방법이다. 자신이 실제로 문제에서 다루고 있는 대상이 되었다고 상상한다. 그런 다음 문제의 장면에서 자기는 어떤 느낌이 들며 어떻게 행동할 것 같은지를 유추해 내는 것이다. 예를 들어, 자신을 배나 자동차라고 생각해서

설계할 때의 문제를 해결해 보는 방법이다.

(5) 속성열거법

속성열거법(attribute listing)은 Crawford(1954)가 창안한 기법으로 문제의 대상이나 아이디어의 다양한 속성을 목록으로 작성하여 세분된 각각의 속성에 주의를 기울이도록 하는 방법이다. 속성열거법은 한 대상의 주요 속성을 열거하기, 속성을 변경시키는 데 이용하기, 속성을 변경시킬 수 있는 방법을 열거하기 등으로 이루어져 있다. 이 방법을 이용할 경우 각 대상의 속성을 분석하면서 개선, 수정, 탐색의 과정을 거치게 된다. 각 속성들에 관한 아이디어를 산출할 때는 브레인스토밍 방법이 적용된다.

이 기법은 고려하고 있는 제품이나 문제의 본질에서 벗어나 비본질적인 속성에 집착해 버리기 쉬운 단점을 가지고 있다. 그러므로 제품의 기본적인 기능과 관련 있는 속성에 집중하는 것이 중요하다. 또한 한 번에 일곱 개 속성 이상을 고려하지 않는 것이 바람직하다. 그렇지 않으면 생성해 낸 아이디어가 독창적이지 못하고 원래의 속성과 유사한 것에 머무는 단점이 있다.

(6) SCAMPER

SCAMPER는 Eberle(1972)이 Osborn(1963)의 아이디어를 이끌어 내는 질문 목록을 재조직하여 만든 것으로 일곱 가지 질문에 있는 핵심 단어의 머리글자를 따서 명명하였다. 이는 질문 목록에 따라 체계적으로 새로운 아이디어를 자극하는 방법으로 아이디어 체크리스트법이라고도 한다. SCAMPER를 활용하여 기존의 것을 변형하거나 대체, 확대, 축소하는 것만으로도 새로운 훌륭한 아이디어를 낼 수 있다. SCAMPER의 질문은 철자 순서대로 할 필요는 없고 어떤 순서든 관계없이 할 수 있다. 이들 목록은 아이디어의 흐름을 자극할 필요가 있을 때 선택하여 사용한다.

- 대체(Substitute): 재료, 인물, 성분, 과정, 에너지의 대체
- 결합(Combine): 기능이나 단위의 결합

- 적용(Adapt): 번안, 각색 또는 아이디어의 발전
- 수정, 확대, 축소(Modify, Magnify, Minify): 크기나 빈도, 밀도의 변화, 간소화, 생략
- 다른 용도(Put to other uses): 다른 용도로 사용
- 제거(Eliminate): 없애거나 부품 수를 줄임
- 재배열, 역방향(Rearrange, Reverse): 원인과 결과, 역할과 위치를 바꿈

4) 창의성의 교육적 적용

창의성은 개별적으로 차이는 있지만 그동안의 연구 결과에 의하면 후천적 경험이나 훈련에 의해서 학습되는 능력이라고 밝히고 있어 그 계발 가능성을 말해 주고 있다(임승권, 1994). Malzman(1960)은 훈련을 통하여 창의적 반응을 강화시켜 창의적 행동을 보다 많이 유발할 수 있다고 주장하였다. Osborn(1963)은 대학생 330명을 대상으로 창의성 훈련을 받은 집단과 그렇지 않은 집단을 비교한 연구에서 학생들의 능력 수준은 비슷하였는데도 아이디어를 생각해 내는 능력에서 94%(약 2배) 이상 차이가 났다고 보고하였다. Torrance(1988)도 창의성은 교육과 훈련을 통하여 계발될 수 있다는 점을 강조하였다. 따라서 창의성은 후천적으로 계발 가능성이 높다고 할 수 있다. 다음은 교육현장에서 창의성을 증진시키기 위해 고려해야 할 사항이다.

첫째, 창의적인 태도를 격려하는 교육환경을 조성해야 한다. 새로운 것에 대한 개방성과 사물을 새롭게 볼 수 있는 능력, 도전할 수 있는 용기를 주는 환경에서 창의적인 태도가 길러진다. 즉, 자유롭게 질문하고 자신감 있게 아이디어를 말할 수 있는 환경을 조성한 뒤, 많은 의견을 들어 주는 것이 창의성 증진에 효과적이다.

둘째, 창의적 사고를 유발하는 질문을 하고 생각할 시간을 마련해 준다. 이미 학습한 정보에 대해 새로운 관점에서 생각하도록 하는 질문을 받으면 학생들은 창의적으로 사고하게 된다. 하지만 새로운 아이디어를 산출하고, 그 아이디어를 실험하는 데는 상당한 시간이 소요되므로 충분한 시간을 주

어야 한다.

셋째, 교과 내용을 완전히 이해하도록 해야 한다. 특정 분야에서 창의성을 발휘하기 위해서는 그 분야의 지식을 완전히 이해하고 오랫동안 지식을 축적할 필요가 있다. Heyes(1988)는 창의적 업적을 남긴 것으로 인정된 고전음악 작곡가들은 적어도 10년 이상을 작곡활동을 했을 때 명곡을 작곡할 수 있었다는 증거를 제시하였다. 즉, 한 분야에서 숙달되려면 장기간에 걸친 공부와 연습이 필요하다.

넷째, 외적 동기보다 내적 동기를 갖도록 해야 한다. 일반적으로 내적 동기가 높으면 창의성이 높고, 외적 동기가 높으면 창의성이 낮은 경향이 있다. 따라서 내적 동기를 유발시키기 위해서는 학생들에게 직접 과제를 선택할 수 있는 기회를 많이 제공하고, 학생들이 좋아하는 활동에 참여하도록 해야 한다.

다섯째, 창의적 행동모델을 제시해 주어야 한다. 영상매체를 통한 제시뿐만 아니라 부모나 교사의 직접적인 시범도 창의적 사고를 자극한다고 한다. 그러므로 창의적인 인물을 모델로 제시하거나, 부모의 시범 혹은 교사가 창의적인 활동에 직접 참여하는 것도 한 방법이다.

2. 인지양식

인지양식(cognitive style)은 개인이 사물이나 정보를 지각하고 문제를 해결할 때 선호하는 전략 혹은 방법을 의미한다. 인지양식은 문제를 해결하는 데 필요한 능력은 아니지만 특정한 과제를 수행할 때 선호하는 전략의 사용과 밀접하게 연관되므로 수행의 질에 영향을 미친다. 이와 같이 인지양식은 개인의 능력상의 차이가 아니라 개인이 사물을 지각하고 인지하는 독특한 방식이다. 인지양식 가운데 교육과 관련하여 대표적인 것으로 Witkin의 장독립형 대 장의존형 인지양식과 Kagan의 충동형 대 사려형 인지양식이 있다.

1) 장독립형과 장의존형

　Witkin은 구름 속에서 비행기가 거꾸로 날고 있는데도 어떤 조종사가 그 사실을 전혀 인식하지 못한다는 사실에 주목하고 전체적인 장(field)에서 구성요소를 분리하는 과정을 밝히기 위한 연구를 하였다. 그 결과, Witkin, Moore, Goodenough와 Cox(1977)는 사람에 따라 정보처리 양식이 다르다는 사실을 발견하였고, 주어진 상황에서 정보를 받아들이는 독특한 양식에 따라 개인차가 있음을 확인하였다. 그리고 이를 각각 장독립형(field independent)과 장의존형(field dependent)으로 분류하였다. 장독립형과 장의존형은 인지 과정에서 정보나 자극에 대한 심리적 분화(psychological differentiation) 정도를 나타내는 지표로 전체적인 장의 구조가 그 속에 포함된 자극을 지각하는 데 영향을 주는 정도를 의미한다.

　장독립형과 장의존형 인지양식을 판별하기 위해 Witkin 등(1962)이 개발한 잠입도형검사(Embeded Figures Test: EFT)가 널리 사용된다. [그림 6-6]의 잠입도형검사는 여러 개의 선으로 이루어진 도형에서 특정한 모양을 찾는 것으로 되어 있다. 예를 들어, 왼편에 있는 그림 속에서 오른편에 있는 그림 두 개가 있는지 확인하여 숨겨진 도형을 빨리 찾을수록 장독립성이 높은 것이다. 장의존형은 장독립형에 비해 숨겨진 도형을 잘 찾지 못하거나, 찾는 데 비교적 시간이 많이 걸린다.

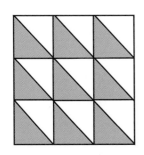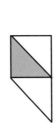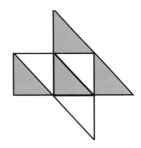

[그림 6-6] 잠입도형검사 문항의 예

출처: Witkin, Dyk, Faterson, Goodenough, & Karp (1962).

장독립적 인지양식을 가진 학습자는 장의 영향을 별로 받지 않는다. 즉, 그들은 배경에 관계없이 정보를 독립적으로 분리하여 지각한다. 주변 상황으로부터 자신을 잘 분리하며, 독립적이고 비사교적이며 추상적인 것에 더 많은 관심을 가진다. 그러므로 수학이나 물리 같은 추상적인 과목에 관심을 가지고, 사람 간의 상호작용을 덜 강조하는 천문학이나 공학과 관련된 직업을 선호한다. 장독립적인 경우는 개인 내적인 분석을 요구하는 상황에 잘 적응하므로 수학자, 과학자, 건축가, 기술자 등과 같은 이론적이고 분석적인 일에 대한 흥미를 요하는 직업을 선택하는 경향이 있다.

장의존적 인지양식을 가진 학습자는 사물을 지각할 때 장의 영향을 받고 전체적인 특징을 지각하는 반응을 보인다. 그들은 상황 속에서 한 측면에 집중하여 세부적인 사항을 선택적으로 변별하는 것에 어려움을 느낀다. 사회적 정보에 의존하고, 다른 사람의 감정에 민감하며, 대인관계가 원만하다. 그러므로 사람들과 관계 있는 사회과학과 같은 학문이나 가르치는 직업을

〈표 6-1〉 장독립형 대 장의존형

구분	장독립형	장의존형
정보처리방식	• 분석적 처리	• 전체적 처리
학습방식	• 개별학습 선호 • 경쟁을 즐기고 개인적 인정을 추구	• 협동학습 선호 • 경쟁을 싫어하고 친구 관계를 중시
교사와 인간관계	• 교사와 형식적 관계 유지 • 사회적 관계에 관한 단서를 무시하는 경향	• 교사에 대한 긍정적 감정 표현 • 사회적 관계에 관한 정보에 관심이 높아 타인의 감정과 의견에 민감한 경향
교사와 교수전략	• 독자적으로 과제해결 • 비사회적 보상을 추구	• 교사의 지도와 시범 선호 • 사회적 보상을 추구
수업전략	• 발견법 • 구체적 사항을 강조하는 수업 • 수학, 과학 개념을 다루는 수업	• 강의법 • 수업목표와 전반적 내용을 설명하는 수업 • 개념을 학생의 흥미와 경험에 관련 짓는 수업

선호한다. 장의존적인 경우는 사회적 상황 안에서 주어지는 틀에 보다 잘 순응하므로 대인관계적인 측면에서 유리하다. 이에 Witkin 등(1977)은 장의존적인 사람들이 사회사업가, 목사, 상담가, 교사, 정치인 등과 같은 사회적 기술이 요구되는 직업을 선택하는 경향이 있다고 하였다.

2) 충동형과 사려형

Kagan(1964)은 문제를 해결하기 위한 가설을 설정하고 그 가설의 타당성을 검증하는 과정에서 나타나는 반응의 정확성과 반응 속도를 기준으로 인지양식을 충동형(impulsiveness)과 사려형(reflectiveness)으로 구분하고 있다.

충동형과 사려형으로 구분되는 인지양식은 주로 MFF(Matching Familiar Figures) 검사로 판별한다. 이 검사는 반응잠복과 반응오류를 살펴보는 것으로 이루어져 있다. 반응잠복(response latency)은 반응을 할 때까지 걸리는 시간을, 반응오류(response error)는 반응을 할 때 드러나는 정확성을 가리키는 말이다. 일반적으로 충동형은 사려형보다 반응잠복이 더 짧고, 사려형은 충동형보다 반응오류가 낮은 경향이 있다. 따라서 MFF 검사에서 답을 선택하는 데 걸리는 시간이 짧고 오답 수가 많으면 충동형으로 판별되며, 시간이 오래 걸리고 오답 수가 적으면 사려형으로 판별된다.

충동형 인지양식을 가진 학습자는 문제를 해결할 때 생각나는 대로 답하려는 경향이 있어 정보를 빠르게 처리하지만 많은 실수를 하며, 가능한 모든 대안에 대해 탐색하지 않는 경향이 있다. 반면, 사려형 인지양식을 가진 학습자는 문제를 해결할 때 대안을 탐색하고 여러 측면에서 검토하여 적절한 답을 구하는 경향이 있어 정보를 늦게 처리하는 경향이 있지만 과제 수행에 실수가 적고, 반응하기 전에 모든 대안을 검토하는 경향이 있다.

충동형 인지양식을 가진 학습자는 문제해결 과정을 말로 먼저 표현하는 방법을 통해 충동성을 수정할 수 있다(Sternberg & Williams, 2002). 또한 사지선다형의 문제를 풀 때 오답이라고 생각하는 것에 연필로 먼저 표시하는 방법을 사용하여 충동성을 수정할 수 있다. 사려형의 학습자는 까다로운 문제

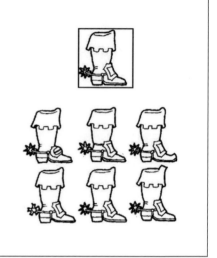

[그림 6-7]　MFF 검사문항의 예

에 부딪혔을 때 한 문제를 너무 오랫동안 생각하다가 다른 문제를 놓치는 경우가 생길 수 있으므로 과제를 시간 내에 완성할 수 있도록 어려운 문제는 건너뛰게 하는 전략을 가르쳐야 한다.

3) 인지양식의 교육적 적용

인지양식은 개인의 능력이 아닌 개인이 선호하는 인지적 태도이므로 각기 다른 상황에서 적절하게 기능할 수 있다. 그러므로 인지양식은 교수방법, 학습방법, 전공 및 직업 선택에 영향을 주지만 장독립성과 장의존성 중 어느 인지양식이 더 바람직하다고 할 수 없다. 단지 어떠한 인지양식이 보다 적절한지의 여부는 실제의 문제 상황이 요구하는 특성에 따라 달라질 수 있다. 예를 들어, 시험을 칠 때 장독립적인 학습자는 장의존적인 학습자보다 문제 장면에서 적절한 정보를 추출하고 부적절한 정보를 무시하는 능력이 높고, 장의존적인 학습자는 정보를 전체적으로 처리하기 때문에 정보 사이의 관련성을 파악하는 데 능숙하다. 충동형과 사려형의 경우에는 문제해결 상황에서 보다 밀접하게 관련된다. 충동형은 쉬운 과제를 신속하게 수행해야 할 때 유리하고, 사려형은 어려운 과제를 해결해야 할 때 유리하다.

또한 인지양식을 교육장면에 적용하면 학습자들에게는 학습양식이 되고 교사들에게는 교수양식이 된다. 학습자가 선호하는 학습양식은 학생의 성취에 영향을 주고, 교사가 선호하는 교수양식은 교사의 수업 선택에 영향을 준다. 학습자들은 자신들의 학습양식과 교사의 교수양식이 일치할 때 가장 잘 배운다. 교사의 교수양식과 학습자의 학습양식을 일치시키는 것에 대해서 Sternberg와 Grigorenko(1995)는 실제로 학습자가 어떤 수준의 성취를 하였느냐보다는 교사가 가지고 있는 사고양식과 학습자가 가지고 있는 사고양식이 유사한 경우에 교사가 학습자의 수행을 더 좋게 평가한다고 하였다.

이와 달리 교사가 학생의 학습양식과 상치되는 수업방법을 의도적으로 제시하여 학생이 균형 있게 성장할 수 있도록 자극해야 한다는 주장도 설득력을 갖고 있다. 예를 들어, 장의존적인 학습자는 비형식적인 내용의 교과를 선호하는 반면 장독립적인 학습자는 이론적이고 추상적인 과목을 선호한다는 것을 인식하더라도, 현실생활에서는 두 가지 반응을 다 요구하고 있다는 점에서 학습자들에게 그들의 인지양식에 일치하는 교수방법만을 제공하는 것은 도리어 해로울 수가 있다는 것이다(박아청, 1992).

이는 교수방법과도 관련되어 각각의 교수방법은 학생 개개인에게 적합할 수도 있고 그렇지 않을 수도 있다. 따라서 교사는 다양한 교수방법을 적절히 활용하여 학생들의 수업에 대한 흥미와 교육 효과를 극대화하도록 해야 한다. 또한 학생은 효율적인 사고양식을 다양하게 발휘할 수 있어야 한다.

제7장 특수한 학습자

1. 특수한 학습자

특수한 학습자(exceptional learner)는 지적 · 정서적 · 신체적 발달 중 어느 하나 혹은 그 이상의 영역에서 정규분포의 평균인 정상에서 현저하게 벗어난 학습자를 의미하며, 정규 교육과정과는 구별되는 특별한 교육적 서비스를 필요로 한다. 여기서 정상은 양적인 의미와 질적인 의미를 모두 포함한다. 양적인 의미의 정상이란 정규분포에서 평균 또는 그 부근에 위치하는 것을 말하며, 질적인 의미의 정상이란 인지 · 정서 · 신체적 특성에 장애나 결함이 없는 것을 말한다. 양적인 의미에서 정상의 범주보다 크게 높거나 낮은 학습자를 특수한 학습자라고 하며, 일반적으로 평균보다 현저하게 높은 상위 2~3%에 속하는 아동을 영재아동(gifted child)이라고 하고, 하위 2~3%에 속하는 아동은 특수아동(special child)이라고 한다.

특수아동은 그 원인에 따라 학습장애, 정서행동장애, 의사소통장애, 운동

기술장애, 전반적 발달장애 등으로 분류될 수 있으며, 경미한 장애와 중증 장애 아동으로 분류되기도 한다. 교육현장에서 낮은 능력으로 인하여 특수한 교육적 요구를 필요로 하는 아동은 대부분 경미한 장애를 가진 학습자들이다. 경미한 장애를 가진 학습자들은 일반아동들과 비교해서 크게 다르지 않지만 어느 면에서는 그들만의 독특성 때문에 학습에 문제를 겪기도 한다. 특수아동들은 과거에는 장애 유형과는 상관없이 특수학급에 배치되어 교육을 받았으나, 최근에는 일반아동과의 통합교육이 실행됨에 따라 모든 교사가 특수아동에 대한 이해와 지도방법을 습득할 필요가 있다. 또한 특수아동과는 달리 기억력과 이해력이 비범하고 창의적인 재능이 뛰어나거나 상상력이 풍부한 영재아동도 일반아동과는 구분되는 특수한 학습자에 해당되며 일반아동과는 다른 특수한 관심과 교육이 필요하다. 과거에는 상위 2~3%에 국한되었던 영재의 범위가 최근 들어 20%까지 확장되는 경향이 있으며, 지능에 관한 패러다임이 변화함에 따라 영재성도 점차 개인이 지니고 있는 고유한 잠재능력을 개발하는 데 초점을 두는 방향으로 변화되고 있다.

2. 영재아동

1) 영재아동의 정의

영재아동에 대한 초기 연구에서는 영재성에서 측정할 수 있는 지적 능력에 초점을 두어 학문적 영역에서 우수성을 보이는 아동을 영재아동이라고 보았다. 아동의 능력 중 지적 능력에 한정된 영재의 개념은 비교적 그 기준이 명확하고 판별을 위한 지능검사가 많이 개발되어 있어 널리 사용되어 왔다. 그러나 최근에는 영재성을 단일 형태가 아니라 매우 복잡한 형태로 이루어진 것으로 보고, 영재아동을 연구하는 학자들은 다양한 시각에서 접근하고 있다. 따라서 지적 능력만을 측정하는 지능검사로 판별할 수 없는 예술 등과 같은 다양한 분야에서 특수한 재능을 지닌 아동도 영재에 포함시켜야 한다는 의견이 대두되었다. 영재에 대해 처음으로 개념을 규정한 Terman과 Oden(1959)은 영재로 선별된 아동들을 분석한 결과 성공 여부를 결정짓는 것은 지능보다 목표달성을 위한 지속력과 통합력이라고 하였다.

영재성을 규정함에 있어서 가장 널리 사용하고 있는 것은 Renzulli(1978)의 이론이다. 그는 영재아동을 지적 능력이 탁월하고 자신의 능력을 매우 집중력 있고 창의적으로 사용하는 아동이라고 정의하였다. 또한 Pirto(1999)는 영재아동이란 기억력, 창의성, 호기심, 관찰력 등을 통해 빠르게 습득할 수 있는 능력을 갖춘 사람으로 정의하며, 인지적, 정서적, 사회적 측면으로 나누어 영재의 특징을 설명하고 있다. 이러한 결과는 영재아동을 정의하고 판별할 때 인지적 요인 이외에 비인지적 요인을 고려해야 함을 의미한다. 이후 영재아동에 대한 연구는 인지적 능력뿐만 아니라 비인지적 요인, 환경 그리고 우연과 같은 개인 외적 요인까지 영재의 특성으로 포함시키는 다양한 시각에서 접근하고 있다. 1978년 미국 교육부에서 제정한 영재아동에 대한 법률에서는 영재아동을 '지능, 창의성, 특수학문적성, 지도력 등의 영역이나 수행능력, 시각예술 등에서 성취를 나타내거나 성취할 잠재능력이 있는 아동'이라고 정의하고 있다. 미국 교육부의 영재아동에 대한 정의는 영재의 개념을 포괄적인 영역으로 확대하여 규정함으로써 성취 잠재력이 있는 아동을 영재아동에 포함시키는 등 영재교육의 대상을 넓히는 계기가 되었다.

한편, 우리나라의 「영재교육진흥법」에서는 영재아동을 재능이 뛰어난 사람으로 타고난 잠재력을 계발하기 위하여 특별한 교육이 필요한 사람으로 정의하며, 이를 바탕으로 영재교육 대상자를 선별한다. 고등학교 과정 이하의 학생들 중 일반지능, 특수학문적성, 창의적 사고능력, 예술적 재능, 신체적 재능, 기타 특별한 재능 등이 뛰어나거나 잠재력이 우수한 아동이나 청소년으로 규정하고 영재판별 기준에 의거하여 판별하고 있다.

영재성에 대한 기준이나 정의가 시대의 가치와 기준에 따라 다양하게 제시되고 있지만, 이상의 정의들을 종합해 보면 영재성이란 단지 높은 지능만을 의미하는 것은 아니며, 인지적 요소들 뿐 아니라 비인지적 요소가 포함되어야 하고, 영재성을 실현하는 데에는 환경이 결정적인 요인이 될 수 있다는 데 의견이 일치하고 있다.

2) 영재아동의 특성

Renzulli(1978)는 창의성 이론에서 영재성을 구성하는 요인으로 세 고리 모형(Three-Ring Conception of Giftedness)을 제시하였고, 이 세 요인들 간의 상호작용에 의하여 영재성이 발휘된다고 주장하였다. Renzulli는 영재성을 구성하는 세 요인을 평균 이상의 능력(above-average intelligence), 높은 창의성(high creativity), 높은 과제집착력(high task commitment)으로 구분하였다. 세 고리 모형에서 평균 이상의 능력이란 특정 영역에서 상위 15~20%에 해당하는 정도의 능력을 의미하며, 추상적 사고, 언어 및 수 추리력, 공간관계 지각력, 기억력, 어휘력, 언어 유창성, 외부 환경에 대한 적응력, 새로운 환경조성 능력, 정보처리의 자동화 능력 등의 일반적 능력과 전문 영역의 지식을 활용하는 능력, 특수한 영역에 필요한 전략이나 기법을 습득하고 적용하는 능력, 적합한 정보를 가려내는 능력 등과 같은 특수 능력으로 구성되어 있다. 창의성이란 좋은 아이디어나 산출물을 만들어 내는 능력을 말하며, 사고의 유창성, 융통성, 독창성, 경험의 개방성, 새로움에 대한 포용력 등이 해당된다. 마지막으로 과제집착력이란 어떤 한 가지 영역 또는 문제에 에너지를 집중시키는 힘을 의미하며, 과제를 해결하려는 의지 또는 과제 수행에 들이는 인내와 노력을 포함한다. Renzulli가 제시하는 세 고리 모형은 [그림 7-1]과 같다.

[그림 7-1]의 세 고리 모형에서와 같이 세 요인이 공통적으로 중첩되는 부분에 영재성이 위치하고 있다. 아동이 영재성을 나타내기 위해서는 세 요인에서 모두 뛰어날 필요는 없으나 각각 독립적이지 않고 비슷한 비중으로 적절하게 조화를 이루어야 한다. Renzulli의 세 고리 모형은 Terman이 지적 능력으로만 영재성을 정의한 것과 달리 과제집착력과 같은 비인지적 요인인 동기적 요소를 영재성의 한 요인으로 포함시켰다는데 큰 의미를 가진다.

영재아동은 인지적 측면에서 또래 아동들에 비해 더 빨리 그리고 독립적

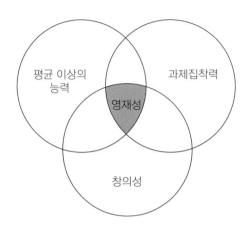

[그림 7-1] Renzulli의 세 고리 모형

으로 학습할 수 있는 능력을 가지고 있다. 또한 기억력이 좋아서 지식을 쉽게 축적하고, 예리한 관찰력을 지니고 있어 다른 학생들이 관찰할 수 없는 것을 보고 들으며, 상대적으로 높은 이해력을 지니고 있다. 뛰어난 학습능력과 초인지 전략으로 정보를 조직화하고 정교화하며, 이를 통해 다양한 생각을 창출해 내기도 한다. 그리고 또래 아동에 비해 어휘력이 우수하며, 따라서 자신의 생각을 유창하게 표현한다. 정서적 측면에서 영재아동은 성취에 대한 높은 기준을 가지고 있어 도전적인 과제에 대한 동기는 높지만 도전감이 낮은 과제에 대해서는 동기화가 잘 되지 않는 특성이 있다. 사회적 측면에서 영재아동은 유머 감각이 있고, 자신보다 나이가 많은 성인들과 관계 맺기를 선호한다. 또한 도덕적 · 윤리적 문제에 대해 또래 아동들보다 더 높은 관심을 보이며, 어린 나이에도 선과 악, 옳고 그름, 정의와 불의와 같은 추상적인 개념에 관심을 가지는 경향이 있다. 영재아동의 일반적인 특징을 요약하면 다음과 같다.

- 인지적 처리 속도가 빠르며 메타인지 능력을 가지고 있음
- 독립적인 학습전략을 가지고 있음
- 새로운 상황에 대한 적응 능력이 높음

- 학업 분야에서 긍정적인 자아개념을 가지고 있음
- 도전적 과제를 성취하려는 동기가 높음
- 타인에 대한 이해를 바탕으로 한 사회정서적 적응 능력이 높음

　반면, 영재아동은 한 영역에서 특별한 능력을 가지고 있어도 다른 영역에서는 평균 또는 평균 이하의 능력을 보일 수도 있다. 인지적으로 뛰어난 특성을 가지고 있기 때문에 학업에서는 전혀 문제가 없을 것이라고 생각하지만 오히려 그것이 학업에 집중할 수 없는 결과를 가져오기도 한다. 정서적으로 높은 자아개념과 자기통제 능력으로 인해 높은 과제집착력을 가질 수도 있지만, 오히려 높은 자아개념과 자기통제 능력 때문에 고집이 세고 타인에 대한 배려가 부족한 사람으로 비춰질 수도 있다(김동일, 신을진, 이명경, 김형수, 2011). 또한 신체적 발달 상태는 비슷하나 지적 · 정서적 발달의 차이로 인해 사회적으로 또래관계에 문제가 있거나 학교생활 적응에 어려움을 겪을 수도 있다. 특히 사춘기나 청년기 동안에는 집단의 행동규범이나 문화에 순종하도록 하는 집단 압력으로 인한 또래와의 갈등이 영재아동에게 좌절과 무력감을 주기도 한다.

　이와 같이 영재의 개념은 시대, 문화, 환경 등에 따라 차이가 있으나, 다음과 같은 공통점을 찾을 수 있다. 첫째, 영재성에 인지적 요소뿐만 아니라 비인지적 구성요소가 포함되어야 한다. 영재란 단지 높은 지능만을 의미하는 것은 아니다. 영재는 지적 능력이나 창의력과 같은 인지적 특성 외에 과제집착력과 같은 정서적 특성 및 신체적 특성을 동시에 고려해야 한다. 둘째, 영재에 대한 판별은 조작적 정의에 따라 이루어져야 한다. 영재아동이 또래에 비해 모든 영역에서 뛰어난 것이 아니므로 어떤 영역에서 다른 아동보다 우수한지, 어떤 판별 기준에 의해 영재아동으로 판별하였는지를 제시할 필요가 있다. 다시 말해, 영재아동의 영재성은 복합적인 형태로 존재하므로 다양한 영역에 대해 다양한 방법으로 측정해야 하며, 그 판별 방법이나 기준을 제시해 주어야 한다.

3) 영재아동의 판별

영재아동에게 적절한 교육을 제공하기 위해서는 영재아동의 판별이 선행되어야 한다. 즉, 영재아동의 특성을 정확히 파악하여야 그에 적합한 교수-학습방법 및 프로그램을 제공할 수 있다. 또한 영재교육 정책 수립, 영재 지도교사 선발 및 양성, 지원체계 마련 등 영재교육 운영의 제반 사항도 결정할 수 있다. 영재아동은 지능검사 등의 표준화된 측정도구를 사용하여 판별할 수 있다. 또한 일상의 학습 상황에서 부모나 교사들의 세심한 관찰을 통해 자연스럽게 발견될 수도 있다. 일상생활에서의 관찰은 두드러지게 나타나지 않는 영재성을 관찰하는데 효과적이다. 아무리 잘 만들어진 지능검사라도 지능을 구성하고 있는 많은 영역을 모두 정확하게 측정하는 것이 어렵기 때문에 영재아동은 지능검사의 결과와 아동의 일상생활에 대한 관찰 결과를 종합하여 판별하는 것이 타당하다. 영재아동의 판별을 위해 필수적으로 고려해야 할 원칙이 있다. 우선 영재아동의 판별은 가능한 조기에 하는 것이 적절하다. 또한 일회적인 판별보다는 지속적으로 행해져야 한다. 영재아동의 판별방법은 아동의 연령과 학교 급별 수준에 따라 달라져야하며, 영재아동을 위하여 제공되는 교육프로그램의 목표 및 운영방법을 고려하여 정해야 한다. 마지막으로 여러 가지 방법을 종합적으로 활용하는 다면적 접근방법에 근거하여야 한다.

최근에는 지능의 개념이 확장되고, 영재성을 구성하는 요인이나 특성도 다양하게 분류되고 있기 때문에 영재아동을 판별하는 방법에도 여러 가지 도구가 사용되고 있다. 영재아동의 판별 방법은 객관적인 평가자료와 주관적인 평가자료를 모두 포함하여 다음과 같은 순서로 진행하는 것이 일반적이다(임규혁, 임웅, 2007).

- 제1단계: 교사, 학부모, 동료 또는 자기 자신에 의한 추천
- 제2단계: 지능검사, 성취검사, 인성검사, 창의성검사 등의 표준화 검사 실시

- 제3단계: 실험·실습이나 연주 등의 수행검사
- 제4단계: 영재교육 프로그램에 배치하여 관찰

4) 영재아동의 교육

영재아동들은 사고 및 기억 능력이 다른 아동들에 비해 우수하기 때문에 보다 높은 수준의 능력을 요구하는 과제를 원한다. 영재아동의 특성을 반영한 적절한 지도가 이루어지지 않으면 영재아동들은 학습에 대한 흥미나 관심을 잃을 수도 있다. 그러므로 영재교육과정은 영재들의 인지적·정서적 특성을 고려하여, 그들의 능력을 최대한 신장시켜 줄 수 있도록 개발되어야 한다. 영재교육과정이 기본적으로 갖추어야 할 원리를 정리하면 다음과 같다.

첫째, 주제 중심의 교육과정을 구성한다. 단순 암기식이 아니라 한 가지 주제를 중심으로 다양한 활동을 함으로써 그 주제에 관하여 깊이 있게 이해하고 문제의 해결에 적용할 수 있는 수준까지 학습하도록 한다.

둘째, 과정 중심의 교육과정을 구성한다. 정보의 습득보다는 사고 기술 및 과정의 발달을 강조하는 학습활동을 전개하여야 한다. 학습의 초점은 주로 질문과 문제에 두고, 이미 학습한 것을 토대로 사회적인 문제나 논쟁점에 관하여 분석, 검토, 비판하도록 한다.

셋째, 활동 중심의 교육과정을 구성한다. 교사의 일방적인 지시에 따라 수업하기보다는 학습자가 적극적으로 참여할 수 있는 활동 중심의 과제로 학습활동을 전개하여야 한다.

넷째, 개방적인 교육과정을 구성한다. 연령이나 학년과 상관없이 학습자들이 높은 수준의 학습 내용도 접할 수 있도록 하며, 형식에 얽매이지 않고 다양한 반응을 하도록 허용하여야 한다. 이미 정해진 계획이라도 학습자의 필요에 맞게 변경시키는 융통성이 있어야 한다.

다섯째, 학습자의 자율적인 선택을 중시하여야 한다. 학습자는 기호, 욕구, 능력 등에서 개인차가 존재하기 때문에 그들이 선택한 주제나 소재가 교과와는 무관한 것처럼 보이는 경우라도 수용하고 인정해 주어야 한다. 여러 사람의 합의에 따른 과제보다는 개인적으로 결정한 과제를 수행함으로써 더 큰 만족을 얻을 수 있게 한다.

영재아동의 특성을 반영하여 학교에서 이루어지는 교육 프로그램으로는 속진 프로그램, 심화학습 프로그램, 집단편성을 통한 지도 등이 있다.

● 속진 프로그램

속진 프로그램(acceleration program)은 또래 학생에게 실시하는 속도나 전통적인 속도보다 교육 프로그램을 빨리 진행하는 것이다. 즉, 영재아동들이 정규 교육과정을 빠른 속도로 이수하도록 하는 것을 말한다. 속진 프로그램의 형태에는 월반, 조기 입학, 조기 졸업, 학점인정 시험제도, 사사 제도(mentorship) 등이 있다. 속진 프로그램은 영재아동들의 높은 능력과 개인적 요구를 충족시켜 줄 수 있다는 장점이 있으나, 영재아동의 빠른 학습능력만을 고려했을 뿐 또래 학생들로부터 격리시켜 사회적 성숙을 저해한다는 단점도 있다. 이러한 사회적 비판이 제기되면서 최근에는 속진 프로그램보다는 심화학습방법을 더 선호하는 경향이 있다.

● 심화학습 프로그램

심화학습 프로그램(enrichment program)은 영재아동에게 정규 교육과정의 폭과 깊이를 보다 확장시켜 가르치는 것이다. 속진학습이 정규 교육과정을 '보다 빨리' 가르치는 것이라면, 심화학습은 '보다 넓고 깊게' 가르치는 것이라 할 수 있다. 심화학습의 교육 형태로는 일반적인 학년 수준의 학습을 보충할 목적으로 실행되는 것들로 영어, 과학 등의 특별수업, 영화 수업, 컴퓨터 수업 등이 있다. 일반적으로 영재아동은 속진 프로그램과 심화학습 프로그램의 두 가지가 동시에 필요한 학습 특성을 지니고 있기 때문에, 영재교육의 실제에서 속진 프로그램과 심화학습 프로그램을 명확히 구분하여 적용하기가 어렵다. 그러므로 영재아동 교육과정에 속진 프로그램과 심화학습 프로그램을 상호 보완적으로 적용하는 것이 바람직하다.

● **집단편성**

집단편성(grouping)이란 영재들을 동질집단으로 구성하여 지도하는 방법이다. 집단편성을 통한 교육 형태로는 우리나라의 외국어고등학교나 과학고등학교, 예술고등학교 등이 있다. 집단편성은 비슷한 수준의 인지능력을 가진 학생들에게 상호작용 기회를 풍부하게 제공할 수 있다. 또한 영재 전담교사를 배치하여 전문적인 지도를 할 수 있다는 점에서 효율적인 영재교육 프로그램이라고 할 수 있다. 그러나 이러한 집단편성을 통한 차별화된 교육은 엘리트주의나 차별성의 문제가 제기될 수 있다.

3. 학습장애

1) 학습장애의 특성

학습장애(learning disorder)란 평균적인 지적 능력을 가지고 있으면서 읽기, 쓰기, 셈하기 등 특정 영역의 학습에 심각한 결함을 보이는 것을 말한다. 학습장애 아동은 다양한 인지능력 중에서 어떤 한정된 영역에서 발달이 느리거나 결손을 보인다. 예를 들어, 기억력이나 공간능력 등은 정상적인 수준인데 읽기능력이 다른 아동들에 비해 떨어지거나, 다른 학문적 영역에서는 평균 이상을 능력을 보이는데 수리능력은 매우 낮은 경우 학습장애라고 본다.

『교육학 용어사전』(1994)에서는 학습장애를 정신지체, 정서장애, 환경 및 문화적 결핍과는 관계없이 듣기, 말하기, 쓰기, 읽기 및 산수 능력을 습득하거나 활용하는 데 있어 한 분야 이상에서 어려움을 보이는 장애라고 정의하고 있다. 또한 『정신질환의 진단 및 통계 편람(DSM-5)』에 의하면 정상적인 지능을 갖추고 있고 정서적인 문제가 없음에도 불구하고 지능 수준에 비하여 현저한 학습 부진을 보이는 장애라고 정의하였다. 이러한 학습장애는 개인에 내재하는 지각장애, 지각-운동장애, 신경체계의 역기능 및 뇌손상과 같은 기본적인 정보처리 과정의 장애로 인하여 나타난다고 명시하고 있다.

초등학교 때 낙제를 한 발명왕 Edison은 학습장애 중 읽기장애를 가지고 있었다. 상대성 원리를 발견하여 현대 물리학의 아버지가 된 Einstein도 실은 학습장애를 겪었으며, 세계적인 대부호 Rockefeller도 언어 기억력이 떨어지는 학습장애를 가지고 있었다. 이들의 공통점은 자신들이 가지고 있던 학습장애를 잘 극복하고 재능을 살려 훌륭한 성공을 거두었다는 것이다. 학습장애 아동은 다른 아동들에 비해 지능이 낮지 않으므로 지능이 낮은 아동들보다 매우 적응적이다. 그 이유는 특정한 영역에만 능력이 뒤떨어지기 때문에 조기에 발견한다면 집중적인 훈련이나 교정을 통해서 상당한 수준으로 개선시킬 수 있기 때문이다. 학령기가 되면 학교에 들어가서 정해진 교육과정을 따라가야 하는 의무교육제도에서는 특정 영역에서의 능력 결함이 학업 성취도에 결정적인 영향을 주고 학년이 올라갈수록 그 영향은 누적된다. 그래서 학습장애 아동을 방치하면 상급학교에 진학하는 것이 어려울 수도 있다. 또한 학습장애 아동들은 사회정서적인 영역에서도 정서적 불안정, 강박, 충동성, 사회적 위축, 과잉행동, 공격성, 부정적 자아개념, 낮은 좌절 극복 의지, 사회적 거절, 과제의 회피, 낮은 자기조절 능력 등과 같은 문제들을 나타낼 수 있다. 이러한 문제들로 인해 자아존중감이 낮아지고 대인관계가 위축되기도 한다. 이처럼 학습장애는 성인기의 장애보다 삶 전체에 미치는 영향력이 크기 때문에 가능한 한 조기에 발견해서 교정하도록 도와주는 것이 중요하다.

미국에서는 1970년 후반부터 학습장애를 특수장애로 인식하기 시작하였으며, 우리나라에서는 1994년에 제정된「특수교육진흥법」법률 제4716호 제7항에 의거하여 학습장애를 가진 아동을 특수교육 대상자에 포함시키기 시작했다. 학습장애는 여러 가지 형태로 나타나기 때문에 그 특징도 다양하다. 외현적으로 지극히 정상적인 학습장애 아동들은 일반적으로 다음과 같은 특징을 나타낸다(Clements, 1970).

- 주의산만
- 충동성
- 일반적 활동 수준 이상의 과다행동
- 정서불안
- 일반적인 협응력 결손
- 지각-운동장애
- 기억 및 사고 장애
- 말하기와 듣기 장애
- 불분명한 신경학적 증후와 불규칙한 뇌파

또한 〈표 7-1〉에서와 같이 학습을 수행하면서 나타나는 가장 일반적인 문제는 읽기, 쓰기, 셈하기에 관련된 학습장애다. 읽기장애, 쓰기장애, 셈하기장애는 동시에 나타나기도 한다.

〈표 7-1〉 학습장애의 특징

영역	학업과 관련된 학습장애
읽기	• 글자를 구분하지 못하거나 정확히 발음하지 못함 • 단어를 거꾸로 읽음 • 읽던 곳을 자주 잊어버리고 혼동함 • 글을 읽어도 그 의미를 정확하게 파악하지 못함
쓰기	• 철자법이 많이 틀림 • 쓰는 속도가 매우 느림 • 글씨를 알아볼 수 없을 정도로 씀 • 나이에 비해 단순한 문장만을 사용함 • 받아쓰기를 못함
셈하기	• 수학과목의 학업성취도가 현저히 떨어짐 • 계산에서 자릿수를 혼동함 • 수학적인 사실들을 기억하는 데 어려움이 있음 • 블록 맞추기나 조립 같은 공간운동과제 능력이 많이 부족함

2) 학습장애의 원인

학습장애는 유전적인 원인, 중추신경계의 손상, 생화학적 이상 및 영양 결핍, 기타 환경실조 등으로 인한 발달지체나 기능이상에 의해 발생한다고 알려져 있다. 학습장애 관련 유전연구에서 읽기장애가 있는 아동의 부모 및 친족의 35~45%가 읽기장애를 가지고 있고, 부모가 모두 읽기장애를 가진 경우 그 자녀가 읽기장애를 가질 확률은 높은 것으로 나타났다. 학습장애의 유전적 원인과 함께 부정적인 환경 또한 뇌기능 장애 발생가능성을 높이고 학습에 간접적인 영향을 줄 수 있다(Fuchs & Fuchs, 2001). 예를 들면, 부모의 일관적이지 않은 양육방식이나 학교에서의 부적절한 교수-학습방법이 원인이 되어 학습장애를 유발시킬 수 있다. 또한 빈곤, 학대와 같은 특정 환경도 아동들에게 신경생리학적 기능장애를 불러일으켜 학습장애를 일으킬 수 있다. 많은 연구자들도 부적절한 학습 환경이 학습장애아들의 학습과 행동문제에 영향을 주는 요인이라 주장하면서 그 증거로 대부분의 학습장애아들의 학습문제가 체계적인 교육프로그램에 의해 교정되는 사례들을 제시하고 있다(이건인, 이해춘, 2011).

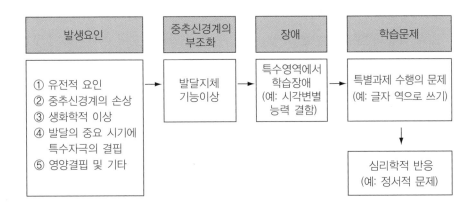

[그림 7-2] 학습장애의 발생과정

출처: Adelman & Taylor (1986).

3) 학습장애 아동의 교육

평균적인 지적 능력을 가지고 있으면서 읽기, 쓰기, 셈하기 중 어떤 영역에서 발달이 느리거나 결손을 보이는 학습장애 아동에 대한 효과적인 학습지도를 위해서는 우선 교육환경을 적절히 조성해야 한다. 교육 자료의 난이도를 조절하고, 하나의 과제를 작은 부분들로 나누어 제시해야 한다. 자존감과 동기 형성, 흥미 제공, 성공 경험을 할 수 있도록 수업과 자료를 선택하고 고안하여야 하며, 배울 수 있는 안정감 있는 공간을 만들어 주는 것이 필요하다. 학습자에게 성공의 기회를 많이 주고, 즉각적으로 칭찬하는 것도 효과적이다. 따뜻한 관심과 격려는 학습장애 아동에게 안정감과 심리적인 편안함을 제공하여 과제에 몰입할 수 있도록 도와준다. 학습장애 아동의 교육방법에는 통합교육, 전략훈련 등이 있다.

● **통합교육**

통합교육(mainstreaming)은 학습장애 아동들이 사회로부터 분리되거나 차별받아서는 안 된다는 점을 전제로 일반학급에서 다른 학생들과 함께 수업을 받으며 생활하는 것을 의미한다. 통합교육을 통해 학습장애 아동들은 다른 아동들로부터 다양한 어휘와 바른 언어표현 방식을 배울 수 있다. 또한 또래 아동의 행동을 관찰하거나 그 행동을 모방함으로써 바람직하지 못한 행동을 감소시키고 사회적으로 수용될 수 있는 바람직한 행동을 학습할 수 있다. 하지만 일반 아동의 학부모들은 자신들의 자녀들이 학습장애 아동들과 함께 교육을 받음으로써 교육적 기회가 줄어들고 장애아동의 잘못된 행동을 모방하게 될 것을 우려하여 통합교육을 반대하는 경우도 있다. 또한 특수교육 예산이 일반아동들의 교육에 전용될 수 있다는 지적과 통합교육이 학습장애 아동들의 학습문제 극복과 학습능력 향상에 실질적인 도움을 주지 못한다는 견해도 있다.

● **전략훈련**

전략훈련(strategy training)이란 학습장애 아동에게 가장 적절한 학습방법을 가르치는 것을 말한다. 예를 들면, 암기가 필요한 학습과제를 보다 효과적으로 이해하고 암기할 수 있도록 시연, 암송, 조직화, 정교화와 같은 기억전략의 활용방법에 대해 지도하는 것이다.

〈표 7-2〉 **학습장애 아동을 위한 학습전략**

발달 수준	학습전략
학령전기	• 언어적 지시는 짧고 단순하게 한다. • 학습 내용은 아동의 발달 수준에 맞추어 제시한다.
초등학교	• 이해여부를 확인하기 위해 지시한 내용을 반복하게 한다. • 기억전략을 사용하여 암기하도록 한다. • 핵심 내용을 여러 번 반복하여 제시한다. • 학습과 반복을 위하여 추가시간을 제공한다.
중학교	• 학습에 집중했는지 스스로 질문해 보도록 하는 자기감독전략을 가르친다. • 새로운 학습 내용을 기존 지식과 연결시키도록 질문한다.

출처: Wooifolk(2007).

4. 정서행동장애

1) 주의력결핍 과잉행동장애

(1) 주의력결핍 과잉행동장애의 특성

주의력결핍 과잉행동장애(attention deficit hyperactivity disorder: ADHD)란 아동기에 많이 나타나는 장애로, 지속적으로 주의력이 부족하여 행동이 산만하며 과다활동 및 충동성을 보이는 상태를 말한다. ADHD의 주요 행동 특성으로는 학습활동에서 쉽게 외부의 방해를 받거나 특정 과제에 주의를 기울일 수 없는 부주의(distractibility), 활동의 양이 과도하게 나타나고 연령 및 주어진 과제에 비해 움직임이 부적절한 과잉행동(hyperactivity), 목적이나 생각 없이 충동적으로 행동함으로써 부적절하고 부정확한 반응을 보이는 충동성(impulsivity)이 있다. 부주의, 과잉행동, 충동성의 세 가지 행동 특성이 한 아동에게 적어도 두 가지 이상의 장면, 즉 학교, 가정, 유치원 등에서 발생하고, 이러한 핵심 증상으로 인해 학습 및 사회적 기능 면에서 부수적인 문제가 초래될 때 ADHD로 진단한다(APA, 1994). 이러한 증상들을 치료하지 않고 방치할 경우 아동기 내내 여러 영역에서 어려움이 지속되며, 이 중 30~70%는 청소년기와 성인기가 되어서도 증상이 남게 된다.

ADHD의 원인에 대해서는 정확히 밝혀진 바가 없으나, 뇌의 구조적 영향 및 생득적으로 문제가 있는 이들에게 많이 나타나는 경향이 있다. 현재 ADHD의 원인을 분석하기 위해 유전적 요인, 발달적 요인, 약물작용과 관련된 신경화학적 요인 등에 대한 연구가 진행되고 있다. 학령기 아동의 ADHD 유병률은 약 3~8% 정도이며, 심각하지 않은 경우까지 포함하면 약 13% 정도다. ADHD 유병률은 소아정신과 관련 질환 가운데 매우 높은 편에 속하며, 현재 초등학교 교실에서 1~3명 정도가 ADHD 아동으로 추정된다. 남학생이 여학생보다 약 3배 정도 유병률이 높고, 남학생이 여학생보다 과잉행동과 충동성을 보이는 경향이 더 높은 반면, 여학생은 남학생에 비해 부주의의 경향이 더 높게 나타난다.

ADHD는 학습장애, 품행장애, 언어장애, 우울증 등과 함께 나타나기 쉽고, 소근육 운동능력, 언어능력, 학습능력 등이 떨어져 학습장애가 나타날 수 있다. ADHD 아동은 행동을 예측하기가 어렵고, 분노를 조절하기가 어렵다. 실제 이 장애를 가진 아동의 75%가 지속적으로 적대감, 분노, 공격성, 반항 등의 행동상의 문제를 가지고 있어서 학교 적응에 실패하는 경우가 많다. 이러한 아동의 태도에 대해 부정적으로 반응하면 반사회적 행동과 자기비하 및 낮은 자존감을 보이게 되어 문제는 더욱 악화될 수 있다.

(2) 주의력결핍 과잉행동장애의 진단

ADHD 아동의 증상은 간혹 영아기 행동 특성들로 관찰되기도 한다. 젖을 잘 빨지 못하고, 먹는 동안 칭얼거리고, 조금씩 여러 번 나누어서 먹는다. 잠을 아주 적게 자거나 자더라도 자주 깬다. 그리고 떼를 많이 쓰고 투정을 부리며 안절부절못하거나, 과도하게 손가락을 빨거나 머리를 박고 몸을 앞뒤로 흔드는 행동을 하는 경우 ADHD의 전조를 의심해 볼 수 있다. 영유아의 경우 발달단계상 신체적·인지적 발달이 급속히 진행되는 시기로 주변 환경을 탐색하기 위한 신체활동 범위가 넓어진다. 그러므로 3세 이전에 발병하지만 정규교육을 받기 전에는 알기 어렵고, 그저 산만한 편이라고 치부해 버리고 넘어가는 경우가 많다. 정규교육을 받기 시작한 후부터는 가족이 아닌 타인과의 접촉이 불가피하기 때문에 증세가 확연하게 나타난다. 청소년기가 되어야 증세가 호전을 보이지만 성인이 되어서도 증세가 유지되는 경우가 많다.

〈표 7-3〉 한국판 ADHD 평가척도 K-ARS

---

1. 학교 수업이나 일 혹은 다른 활동을 할 때 주의집중을 하지 않고 부주의해서 실수를 많이 한다.
2. 가만히 앉아 있지 못하고 손발을 계속 움직이거나 몸을 꿈틀거린다.
3. 과제나 놀이를 할 때 지속적으로 주의집중하는 데 어려움이 있다.
4. 수업시간이나 가만히 앉아 있어야 하는 상황에서 자리에서 일어나 돌아다닌다.
5. 다른 사람이 직접 이야기하는데도 귀 기울여 듣지 않는 것처럼 보인다.
6. 상황에 맞지 않게 과도하게 뛰어다니거나 기어오른다.
7. 지시에 따라서 학업이나 집안일이나 자신이 해야 할 일을 끝마치지 못한다.
8. 조용히 하는 놀이나 오락 활동에 참여하는 데 어려움이 있다.
9. 과제나 활동을 체계적으로 하는 데 어려움이 있다.
10. 항상 끊임없이 움직이거나 마치 모터가 달린 것처럼 행동한다.
11. 공부나 숙제 등 지속적으로 정신적 노력이 필요한 일이나 활동을 피하거나 싫어하거나 또는 하기를 꺼린다.
12. 말을 너무 많이 한다.
13. 과제나 활동을 하는 데 필요한 것들(예: 장난감, 연필 등)을 자주 잃어버린다.
14. 질문을 끝까지 듣지 않고 대답한다.
15. 외부의 자극에 의해 쉽게 산만해진다.
16. 자기의 순서를 기다리지 못한다.
17. 일상적인 활동을 잊어버린다(숙제를 잊어버리거나 도시락을 학교에 두고 온다).
18. 다른 사람의 행동을 방해하고 간섭한다.

ADHD는 발달단계상의 특징과 구별하여 전문적인 진단을 필요로 하는 질병이다. 미국정신의학회(American Psychiatric Association)가 설정한 진단체계 기준의 내용을 토대로 개발한 것을 우리나라에서 표준화한 K-ARS(Korean ADHD Rating Scale)는 〈표 7-3〉과 같다. 이는 부모 및 교사가 실시하는 행동 평정척도다.

(3) 주의력결핍 과잉행동장애 아동의 교육

ADHD 아동에 대한 교육은 불안과 신체활동을 통제하기보다는 주의를 기울이고 문제를 해결하는 데 중점을 두고 접근해야 한다. 일반적으로 행동주의 원리에 기초한 교육방법들 사용되는데, 이는 환경과 학습방법을 결합시켜 학습자들의 성취도를 높여 줄 기술과 의지를 부여하는 것이다. 다음의 방법들은 ADHD 아동의 주의력 향상 및 학습능력 향상에 도움을 줄 수 있다.

● 환경 자극을 제한하여 제시

ADHD 아동은 외적 자극에 의해 산만해지는 것이 주된 문제이므로 불필요한 자극은 감소시키고 필요한 자극을 증가시키는 환경을 조성하여야 한다. 예를 들면, 게시판의 색상 사용을 제한하고, 넓은 공간보다는 칸막이가 있는 작은 개인 공간을 만드는 것이 효과적이다. 학습 상황에서 교사는 한 페이지에 몇 개의 단어만을 제시하여 읽게 하고 이때의 단어들은 두드러진 색상을 갖게 하는 것이 도움이 된다.

● 구조화된 활동을 제시

ADHD 아동은 스스로 구조화를 만들어 내기 어렵기 때문에 교사가 하루 일과와 과제 수행 과정을 규칙적이며 구조화된 활동으로 제시해야 한다. 고도로 구조화된 활동을 제시하는 것은 ADHD 학습자들에게 매우 중요하다. 명확하며 예측 가능하고 복잡하지 않은 하루 일과와 과제 과정에서는 다음에 무엇을 하게 될 것인지를 알게 되어 행동을 결정하는 데 도움이 되기 때문이다. 또한 수행해야 하는 과제를 공개적으로 게시하거나 과제 확인 노트를 작성하여 활용하게 하는 방법도 유용하다.

● **주의집중에 대한 자기점검**

자기점검은 학습자가 과제에 집중해야하는 상황에서 스스로의 행동을 점검한 다음에 그 행동을 기록지에 기록하게 하는 자기관리 기법이다(Reis, 2002). 이 기법은 학습자가 스스로 주의력을 인식하고 통제하도록 도와준다. "내가 주의집중 하였나?"라고 학습자 스스로가 질문하는 것은 자신의 주의력을 인식하고 통제하는 데 도움을 준다.

2) 자폐증

(1) 자폐증의 특성

자폐증(autism)이란 아동기 발달장애의 대표적 질환으로 자신의 세계에 갇혀 지내는 것과 같은 자폐(自閉) 상태를 의미한다. 사회적 상호작용과 의사소통이 비정상적이거나 손상된 발달을 보이고, 정서적인 유대감도 공유하지 못하는 특징을 가진다. 1943년 Kanner가 정신병 아동과는 다른 특이한 증상을 보이는 초기 유아 자폐증 사례를 발표하면서 알려지기 시작하였다. 자폐증은 증상의 심각한 정도, 출현 시기, 기타 장애와의 관계 등 특성들이 다양하므로 각각의 특성을 고려하여 진단하고 판별해야 한다는 의미에서 자폐스펙트럼장애(autism spectrum disorder)라는 용어를 사용하기도 한다.

미국 「장애인교육법(IDEA)」에서는 자폐증을 일반적으로 3세 이전에 나타나는 언어적 · 비언어적 의사소통과 사회적 상호작용에 심각하게 영향을 주는 발달상의 장애로 정의하고 있으며, 그 특성이 상동 행동, 환경의 변화나 일상적 생활의 변화에 대한 저항 그리고 비정상적인 감각 경험이라고 제시하였다.

자폐증의 정의에서도 알 수 있듯이 자폐아동은 행동발달뿐만 아니라 사회성 발달 및 의사소통 발달에 있어서 일탈적인 특성을 보인다. Kanner는 다음과 같은 자폐증의 열 가지 특징을 제시하였다(고현, 2011).

- 언어 습득의 지연
- 무의미한 언어 사용
- 반향어 사용
- 대명사의 반전 사용
- 우수한 기계적 암기력
- 상상력의 결여
- 틀에 박힌 놀이의 반복
- 대인관계에 대한 무관심
- 강박적 동일성 유지
- 외면상 정상적인 신체발달

(2) 자폐증의 원인

자폐증은 복잡한 요인에 의해 나타나는 것으로 각기 다른 영역에서 그 원인에 대한 분석이 이루어지고 있다. 최근 일란성 쌍생아의 연구를 통해 자폐증이 유전적 요소와 밀접한 관련이 있음을 밝혀내고 있다. 일란성 쌍생아들의 동시 자폐 발병률은 36~91% 정도이며, 아버지가 자폐증일 때 자녀의 자폐 발병률이 50% 넘게 나타나는데 이는 자폐증의 주요 원인 중의 하나가 유전임을 말해주고 있다. 심리학적 관점에서는 부모의 부적절한 양육방식, 어머니 또는 주 양육자와의 초기 애착 형성 실패 등을 자폐증의 중요한 발병요소로 보고 있다. 즉, 생리적 취약성이 있는 아동이 일탈적 성격의 부모에 의해서 상호작용이 약화되어 자폐 증상이 발현된다고 보았다. 자폐증이 알려지기 시작한 초기에는 그 원인을 부적절한 양육방식에 따른 후천적인 것으로 보았으나, 오늘날에는 자폐증이 선천적이며 신경생리학적 원인에 따른 뇌기능 장애라고 보는 견해가 일반적으로 받아들여지고 있다. 자폐아동의 뇌파검사에서 50~80%가 이상이 있는 것으로 발견되었고, 낮은 지능, 간질, 뇌성마비가 동반되는 것도 그 근거로 제시되고 있다. 임신 중에 산모가 풍진이나 매독을 앓았거나 임신 중기에 출혈 등이 있었던 경우에 자폐증이 더 높게 나타나기도 한다.

(3) 자폐아동의 교육

자폐증은 조기에 발병하고 또래에 비해 발달 수준이 질적으로 크게 뒤떨어지는 심한 장애를 나타내는 특징을 보인다. 이러한 자폐증은 현재까지 의학적으로 뚜렷한 치료법이 없다. 따라서 의학적 접근뿐 아니라 교육적 접근에서 프로그램을 제공하는 것이 필요하다. 이러한 통합적 관점에서 교육적 접근이 제공할 수 있는 프로그램 내용을 제시하면 다음과 같다.

● 조기 발견

자폐증은 보통 출생 후 30개월 이전에 그 증상이 드러나므로 부모의 세심한 관찰과 전문가의 도움으로 조기 발견이 가능하다. 일찍 발견할수록 치료나 교육에 저항을 가지지 않으며 특히 언어와 신체운동 능력에서 효과를 높일 수 있다.

● 공동적 협조

자폐증은 다양한 증상과 특성이 있다. 그러므로 의학적 진단과 함께 심리적·교육적 평가가 이루어져야 한다. 또한 치료에 있어서도 의학 전문가, 심리학자, 교육 전문가 등이 공동으로 참여하는 통합적 접근이 효율적이다.

● 통합교육 기회 제공

자폐아동은 주위 사람들의 행동을 관찰하지 않거나 혹은 관찰해도 모방하지 않는 어려움이 있다. 따라서 또래를 흉내 내고 배울 수 있는 기회를 제공하고, 사회성 발달을 돕기 위해 보통의 아이들과 함께 생활하고 놀 수 있는 기회를 만드는 것이 필요하다.

● 행동수정과 놀이치료

자폐아동에게는 행동수정이나 놀이치료가 유용하게 활용될 수 있다. 긍정적 강화와 조성, 타임아웃 등의 방법으로 바람직한 행동을 증가시킬 수 있다. 또한 놀이를 통해서 사회적 관계를 경험하고 대인관계를 형성하는 데 도움을 줄 수 있다.

3) 틱장애

(1) 틱장애의 특성

얼굴 근육이나 신체의 일부를 갑작스럽게 움직이거나 이상한 소리를 내는 행동을 반복적으로 나타내는 경우를 틱장애(tic disorder)라고 한다. '틱'은 스스로 조절하기 힘든 비목적적 행동이 갑작스럽고 재빨리 반복되는 것을 말하며, 운동 틱과 음성 틱으로 구분된다.

운동 틱(motor tic)은 눈, 머리, 입, 어깨 부위 등의 신체가 갑자기 움직이거나 특이한 동작이 반복되는 것으로 단순 운동 틱과 복합 운동 틱으로 구분된다. 단순 운동 틱은 하나의 근육집단이 수축되어 나타나는 것으로 눈 깜박거리기, 머리 흔들기, 입 벌리기, 어깨 움츠리기 등으로 나타난다. 복합 운동 틱은 여러 근육집단의 수축과 관계되는 것으로서 자신을 때리는 행동, 제자리에서 뛰어오르기, 물건을 던지는 행동 등을 비롯하여 상당히 복잡한 행동들로 구성되는 경우도 있다.

음성 틱(vocal tic)은 갑자기 소리를 내는 행동으로 쿵쿵거리기, 헛기침하기, 쩝쩝거리기 등이 반복되며, 복합적으로는 '그래그래', '입 닥쳐' 등 사회적 상황과 맞지 않는 엉뚱한 단어를 반복하기, 외설스러운 단어를 반복하기 등이 있다.

틱 장애 중에서 다양한 운동 틱과 한 개 이상의 음성 틱이 1년 이상 지속적으로 나타나는 경우를 뚜렛장애(Tourette disorder)라고 한다. 뚜렛장애는 1만 명 당 약 4~5명에게서 발생하는 비교적 드문 장애이지만, 증상과 예후에 있어서 틱장애 중 가장 심각한 유형으로 분류되고 있다. 다양한 인종과 문화에서 광범위하게 보고되고 있으며, 여성보다는 남성에게 2~3배 정도 더 흔하게 나타난다. 뚜렛장애는 영아기에도 발병 할 수 있으나 대개 6~8세에 발병하여 4~6년간 지속되다가 청소년기와 성인기에 감소하거나 사라지는 경향이 있다.

일반적으로 뚜렛장애에서의 틱은 얼굴과 목에서 먼저 나타난다. 점차로 신체의 하부로 이동하고, 단순 운동 틱으로 시작하며 복잡한 운동 틱이나 음성 틱은 몇 년이 지난 뒤에야 나타는 경향을 보인다. 복합적인 틱이 갑자기 반복되어 나타나기 때문에 일상생활이나 학교생활에 심각한 지장이 초래된다. 뚜렛장애의 60%에서 주의력결핍 과잉행동장애가 동반되었다는 보고가 있으며, 그 외에도 강박적 행동, 학습장애, 행동장애가 함께 나타날 수 있다. 수면장애나 외설증, 자해 행동이나 분노 조절이 힘든 양상을 보일 수 있으며, 드물게는 갑작스러운 틱 행동으로 인해 머리를 찧거나 뼈가 부러지는 등의 신체적 상해를 당하기도 한다. 이러한 증상으로 인해 사회적 상황을 피하고 불안감과 우울감을 나타내기도 한다.

(2) 틱장애의 원인

틱장애는 유전적 요인과 심리적 요인 등에 의해 나타난다. 유전적 요인이 틱장애의 발병 원인이 될 수 있다는 근거는 Price(1985)의 연구에서 찾아볼 수 있다. 틱장애가 일란성 쌍생아에서 53%, 이란성 쌍생아에서 8%의 일치율이 나타났고, Spessot(2006)의 연구에서도 일란성 쌍생아의 일치율이 이란성 쌍생아보다 높게 나타났다. 틱장애가 있는 어머니의 자녀들 중 아들에게 틱장애가 나타나는 비율이 높게 나타난 것으로 보아 가족력도 있는 것으로 보인다(권석만, 2016).

심리적 요인이 틱장애를 일으키는 주요 요인은 아니지만 틱장애에 많은 영향을 미친다. 틱장애 아동은 가족의 분위기를 긴장되고 불안한 것으로 지각하며 틱장애 아동의 어머니는 일반아동의 어머니에 비해 덜 애정적이고 통제적이며 거부적인 양육태도를 가진다는 보고가 있다(이영나, 2005). 틱 증상으로 인해 주위의 놀림을 받거나 부모나 교사에 의해 질책이나 꾸지람을 듣게 되면 이로 인해 틱 증상이 더욱 악화되기도 한다.

(3) 틱장애 아동의 교육

가벼운 틱 증상은 자연히 사라지는 경우가 많으므로 부모와 교사는 이를 무시하는 것이 좋다. 그러나 스트레스나 불안에 의해 틱 증상이 악화될 수도 있으므로 행동치료나 교사교육으로 이를 도와야 한다.

● 행동치료

아동의 환경 속에서 틱 증상을 악화시키는 스트레스들을 찾아 그 영향을 최소화하는 방법이 유용하다. 근육이완훈련과 스트레스 관리훈련 등은 스트레스 유발상황에서 아동의 긴장을 줄이고 대처능력을 증진시킨다. 틱 증상을 조절하기 위해서 습관반전 기법(habit reversal training)을 주로 사용한다. 습관반전 기법이란 틱 증상을 유발하는 상황을 분석한 후 틱 증상이 유발되는 순간에 이와 양립할 수 없는 다른 행동을 하게 하는 것이 치료의 원리이다. 예를 들면, 팔을 안으로 굽히는 운동 틱이 나타나는 상황에서 부드럽게 팔을 펴는 행동을 하는 방법이다. 이런 방법으로 틱에 대한 저항력을 기르게 되면 틱 증상이 점차 줄어들게 된다.

● 교사교육

교사가 틱 증상에 대해 이해하는 것은 틱장애 아동의 교육에 있어서 매우 중요하다. 틱 증상에 대한 교사의 지나친 관심은 아동에게는 또 다른 스트레스가 되어 증상을 악화시키기도 하기 때문에 아동의 틱 행동에 대해 민감하게 반응하지 말아야하며 외부적으로 불편함을 드러내거나 야단을 쳐서는 안 된다. 교실 내에서 긍정적이고 지지적인 환경을 제공하여 틱 장애를 가진 아동의 정서적 부담을 덜어주는 것이 필요하다. 틱 행동으로 인해 생기는 위축감과 부정적 자아개념은 부적응과 같은 비정상적 발달을 초래하므로 아동이 지닌 장점을 인정해 주고 성취감을 느낄 수 있도록 격려해 주어야 한다.

제8장 학습에 대한 행동주의적 접근

1. 학습에 대한 이해

인간은 평생 동안 환경에 적응하거나 주어진 환경을 개선하기 위하여 의도적이든 비의도적이든 여러 가지를 학습한다. 인간만이 다양하고 풍요로운 문화를 싹틔우고 유지할 수 있는 것은 다른 종과는 확연히 구분되는 학습능력을 가지고 있기 때문이다. 그렇다면 인간이 가지고 있는 가장 독특한 특징인 학습이란 과연 무엇인가? 학습에 대한 관점과 이론에 따라 학습의 정의나 과정에는 차이가 있다. 먼저 행동주의적 접근(behavioral approach)에서는 학습을 경험에 의해 발생하는 관찰 가능한 지속적인 행동의 변화로 보고, '경험 또는 연습의 결과로서 나타나는 비교적 영속적인 행동 또는 행동 잠재력의 변화'로 정의한다. 이에 반해 인지주의적 접근(cognitive approach)에서는 새로운 정보나 기술을 습득하고 기억하는 관찰할 수 없는 정신적 사고과정의 변화, 즉 '학습자의 인지구조의 변화'를 학습이라고 본다. 한편, 학습과 관련하여 행동주의와 인지주의의 가교 역할을 하고 있는 사회인지적 접근(social cognitive approach)에서는 인간이 직접적인 경험 없이도 다른 사람의 행동을 관찰하고 모방함으로써 학습이 이루어질 수 있다고 가정한다.

이와 같이 관점이나 이론에 따라 학습의 정의에 차이가 있듯이 학습에 영향을 미치는 심리적 기제에도 차이가 있다. 다음의 예시를 통해 행동주의이론, 사회인지이론, 인지주의이론에서 학습의 기제를 어떻게 설명하는지 살펴보자.

선영이는 선생님이 피아노를 연주하는 것을 듣고 흥미를 느껴 피아노에 관심을 가지게 되었다. 선영이는 음악책에 있는 악보의 음계에 따라 피아노를 쳤다. 하지만 선영이가 처음으로 친 피아노 소리는 화음이 맞지 않아 소음으로 들렸다. 선영이는 포기하지 않고 계속해서 피아노를 쳤다. 또 선생님이 피아노 치는 모습을 관찰하면서, 자신의 연주와 비교하여 잘못된 부분은 수정하였으며, 유사한 부분은 그대로 따라 하였다. 반복적인 연습을 통해 선영이는 마침내 자신이 원하던 악보를 연주할 수 있었다. 뿐만 아니라 다른 악보들을 보고도 연주를 하게 되었으며, 각 악보의 기호를 살리면서 자신의 감정에 따라 빠르거나 느리게 연주할 수 있게 되었다. 결국 선영이는 발표회에서 악보를 보지 않고 많은 사람 앞에서 피아노를 연주할 수 있게 되었고, 청중으로부터 큰 박수를 받았다. 이후 선영이는 피아노 치는 것을 더 좋아하게 되었고, 틈나는 대로 동생에게 피아노를 가르쳐 주기도 하였다.

첫째, 행동주의이론은 학습의 기제를 보상과 강화에 둔다. 선영이는 악보의 지시에 따라 반복적으로 연습을 하였으며, 마침내 원하던 악보를 연주하는 데 성공하였다. 성공이라는 보상은 다른 악보들을 연주하게 하는 강화가 되었으며, 결국 성공적으로 발표회에서 피아노 연주를 할 수 있었다. 발표회에서의 성공적인 연주와 청중의 칭찬이 보상으로 작용하여 이후 피아노 치는 것을 더 좋아하게 되었고, 동생을 가르칠 만큼 자신감도 생겼다.

둘째, 사회인지이론은 학습의 기제를 관찰이나 모방에 둔다. 선영이는 피아노를 잘 치기 위하여 선생님이 피아노 치는 모습을 주의 깊게 관찰하였으며, 선생님이 연주하는 방법대로 따라서 피아노를 연주하였다. 관찰한 것을 기억하고 모방하는 과정을 통해 선영이는 피아노를 잘 칠 수 있게 되었다.

셋째, 인지주의이론은 학습의 기제를 학습자의 정보가 처리되는 방식에 둔다. 선영이가 피아노 치는 것에 성공한 것은 피아노 치는 것에 필요한 정보를 감각기관을 통해 받아들이고, 받아들인 정보를 저장하고, 필요할 때 인출했기 때문이다.

이와 같이 이론에 따라 선영이의 학습에 영향을 미치는 심리적 기제에는 차이가 있지만, 학습이 이루어졌다는 것과 그 학습이 영속적인 행동의 변화를 일으킨다는 점에서는 의견을 같이하고 있다.

2. 행동주의적 접근의 이해

John Broadus Watson
(1878~1958)

철학에 바탕을 두고 하나의 학문으로 생성된 심리학의 초기 연구 대상은 인간의 마음이나 정신이었다. 하지만 인간의 마음이나 정신세계는 관찰이나 측정이 어려워 연구에 많은 제한점을 가지고 있었다. 20세기에 들어서면서 과학적 연구방법이 대부분의 학문의 연구방법으로 자리매김하면서 심리학의 연구 대상도 자연스럽게 관찰이 가능하고 측정과 증명이 가능한 인간의 행동으로 바뀌었다. 행동주의 심리학의 창시자인 Watson은 심리학이 과학적인 학문이 되기 위해서는 신뢰성 높게 직접 측정할 수 있는 주제가 필요하다고 보고 행동을 그 주제로 삼았다. 마음이나 정신세계, 의식과 같은 심리내적 특성들은 관찰과 측정이 불가능하여 과학적으로 연구될 수 없기 때문에 연구 대상에서 제외하여야 한다고 하였다. 이처럼 행동주의자들은 직접적으로 관찰 가능한 행동만을 과학적 연구 대상으로 삼는다. 또한 인간의 모든 행동은 학습된 것이라고 간주하고 발달에서의 유전적 요인을 인정하지 않는다.

> 나에게 12명의 건강한 아이를 준다면 그 아이의 재능, 기질, 능력에 상관 없이 그들을 자신이 원하는 대로 의사든, 변호사든, 도둑이든, 거지든 만들 수 있다(Watson, 1925).

Watson은 모든 인간의 행동은 환경의 자극을 받아 반응하므로, 그 행동을 일으킨 구체적인 자극을 알아낸다면 행동의 이유를 설명할 수 있을 뿐 아니라 특정한 조건에서의 인간 행동을 예측할 수 있다고 주장한다. 이러한 관점에서 행동주의는 다음의 몇 가지를 전제로 한다.

첫째, 인간 행동은 학습된 것이다. 인간의 적응적인 행동과 부적응적인 행동은 모두 학습된 것이며, 학습을 통한 변화는 즉각적이거나 일정한 시간이 지난 후 행동으로 나타난다.

둘째, 인간 행동의 원인은 우리 내부에 있지 않고 외부 환경에 있다. 행동주의에서는 내부에 있다고 가정하고 있는 성격, 사고, 의도, 욕구 등의 개념은 직접적으로 관찰할 수 없기 때문에 과학적인 연구 대상이 되지 못한다고 본다. 어떤 사람이 공격적인 행동을 하는 것은 내부에 공격성이 있어서가 아니라 외부의 환경이 공격적인 행동을 하도록 만들었기 때문이다.

셋째, 인간을 포함한 모든 동물의 행동은 보편적인 학습법칙을 따른다. 행동주의에서는 인간과 동물이 질적인 차이가 없다고 보고, 동물을 대상으로 이루어진 실험에서 밝혀진 학습의 원리와 법칙을 인간에게 그대로 적용한다.

3. 고전적 조건형성

1) Pavlov의 고전적 조건형성이론

(1) 기본원리

고전적 조건형성(classical conditioning)은 러시아의 생리학자 Pavlov가 처음 제시하였다. Pavlov는 1904년 소화에 관한 연구로 노벨상을 수상하였다. 그는 개의 소화액 분비에 관한 연구를 수행하던 중 처음에는 음식 냄새를 맡고 침을 흘리던 개가 점차 연구자의 모습을 보거나 발자국 소리를 듣기만 해도 침을 흘린다는 것을 우연히 발견하게 되었다. 즉, 음식물에 대한 침 분비와 같은 본능적인 반사 행동 이외에도 다른 자극들에 대한 침 분비 등의 학습된 반사 행동이 있음을 발견하였다. Pavlov의 조건반사이론은 이후 미국의 행동주의와 결합되었고, 그리하여 특정한 조건을 학습함으로써 개의

Ivan Pavlov
(1849~1936)

자동적 반응을 유도할 수 있음을 검증하여 고전적 조건형성이론이 체계화되었다.

조건형성(conditioning)이란 주어진 조건이 만족되면 그에 따르는 결과가 나타나도록 만들어 주는 것을 의미한다. Pavlov의 연구가 여러 가지 조건형성 실험 중에서 처음 등장하였기 때문에 고전적 조건형성이론이라고 부른다. Pavlov는 자극과 반응이 연합되는 학습의 과정을 알아보기 위해 **[그림 8-1]**과 같은 장치를 이용하여 실험하였다. 배고픈 개에게 하루 5~10회씩 종소리를 약 30초간 들려주면서 이와 짝지어 음식을 주었다. 얼마 후 개는 종소리만 듣고도 음식을 주었을 때와 같이 타액 분비 반응이 나타났다. 즉, 음식에만 타액을 분비하던 개가 실험이 반복되면서 종소리만 듣고도 타액을 분비하게 된 것이다. **[그림 8-2]**는 Pavlov의 고전적 조건형성이론의 실험과정을 도식으로 나타낸 것이다.

[그림 8-1] Pavlov의 실험

　조건형성 이전 단계의 개는 유기체적 본능으로 음식을 보면 침을 분비하게 된다. 이때 침을 분비하게 하는 자극인 음식을 무조건자극(unconditioned stimulus: UCS)이라고 하며, 무조건자극을 보고 자동적으로 침을 분비하는 반응은 조건형성 과정 없이 일어나는 반응이므로 무조건반응(unconditioned response: UCR)이라고 한다. 이 과정에서 개의 침 분비를 유발하는 것과 무관한 종소리를 중립자극(neutral stimulus: NS)이라고 한다. 중립자극인 종소리와 무조건자극인 음식을 동시에 제시하는 실험을 계속한 결과, 개는 종소리만 들어도 침을 분비하게 된다. 이때 종소리는 더 이상 중립자극이 아니다. 무조건자극인 음식과 연합하여 특정 반응을 일으키는 조건자극(conditioned stimulus: CS)이 된 것이다. 이렇게 종소리만 들어도 침을 분비하는 상태를 조건반응(conditioned response: CR)이라고 한다. 개는 무조건자극 없이 종소리만으로 침을 분비하는 조건형성이 된 것이다.

　이와 같이 고전적 조건형성이란 원래는 반응을 일으킬 수 없었던 자극이 반응을 일으킬 수 있는 자극과 조건을 형성함으로써 불수의적 반응을 유발하는 학습의 한 형태다(이신동, 최병연, 고영남, 2011). 고전적 조건형성은 유기체가 수동적인 학습을 통해 특정 반응을 나타내는 과정을 설명하고 있으므로 불수의적 학습 또는 수동적 조건형성이라고도 한다. 사람의 경우에도 일상생활에서 다양한 불수의적 반응들을 학습한다. 개에 대한 좋지 않은 경험이 있는 사람은 이후 다른 개들을 보기만 해도 몸이 떨리고, 발표에 실패한 경험이 있는 사람은 발표만 생각하면 가슴이 답답해진다. 특정한 음식을 먹고 식중독으로 고생한 사람이 그 음식을 떠올리기만 하여도 위가 아픈 경험을 하는 것도 고전적 조건형성에 의해 학습된 예다.

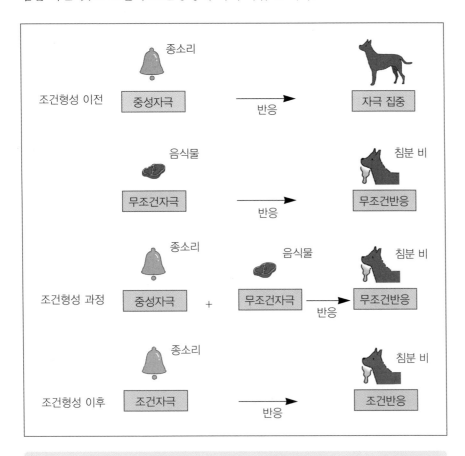

[그림 8-2] 고전적 조건형성 과정

(2) 주요 개념

● 소거와 자발적 회복

조건형성이 이루어진 개에게 음식을 주지 않고 종소리만 반복적으로 제시하면 조건반응이 점차 약해져서 침 분비가 더 이상 일어나지 않게 된다. 이러한 현상을 소거라고 한다. 소거(extinction)란 조건형성이 이루어진 유기체에게 무조건자극을 제시하지 않고 조건자극만 반복적으로 제시하였을 때 조건화된 반응의 빈도가 점차 감소하거나 사라지게 되는 것을 말한다. 소거가 일어났다고 해서 학습된 조건반응이 모두 사라지는 것은 아니다. 소거가 일어난 후 어느 정도의 시간이 지나 개에게 종소리를 들려주면 개는 다시 침을 분비한다. 이러한 현상을 자발적 회복이라고 한다. 자발적 회복(spontaneous recovery)이란 일단 학습하였다가 소거된 반응이 재훈련 과정 없이 다시 나타나는 것을 의미한다. 종소리라는 조건자극에 침을 분비할 수 있었으나 소거되어 흘리지 않는 것이나 학습이 되지 않아서 못 흘리는 것이나 침 분비가 없다는 점에서는 같은 현상 같지만, 자발적 회복은 학습 이전 상태와 소거가 똑같지 않다는 사실을 증명해 주는 것으로 학습된 것이 영원히 소거되는 것이 아님을 시사해 준다.

● 자극일반화와 변별

Pavlov의 실험에서 개는 종소리를 듣고 침을 분비하는 것을 학습하는 과정에서 비슷한 톤의 다른 종소리에도 침을 분비하는 반응을 보인다. 이와 같이 어떤 특정 자극에 반응하도록 조건화되는 과정에서 그것과 유사한 자극에도 동일한 조건반응을 보이는 현상을 자극일반화라고 한다. 자극일반화(stimulus generalization)는 원래의 조건자극과 유사할수록 반응의 정도가 강하게 나타나고 유사성이 적을수록 반응의 강도는 약하게 나타난다. Watson과 Rayner(1920)는 '리틀 앨버트'라는 실험을 통해 인간의 정서 반응도 조건화될 수 있는지를 확인하고자 하였다. 11개월 된 앨버트는 본래 흰쥐에게 공포를 느끼지 않았다. 하지만 앨버트가 흰쥐에게 다가가거나 만질 때마다 갑작스러운 큰 소리를 들려주었고, 결국 앨버트는 흰쥐를 무서워하게 되었다. 처음에는 무서움을 느끼지 않았던 흰쥐(중성자극)와 큰 소리(무조건자극)를 지속적으로 연합하면 흰쥐(조건자극)만 보아도 놀라는 반응(조건반응)을 하게 되는 것이다. 그 후 앨버트는 흰쥐뿐 아니라 흰토끼, 흰개, 흰 코트 등에도 공포 반응을 보였다. 심지어는 Watson이 산타 복장을 하고 나타났을 때도

〈표 8-1〉 고전적 조건형성에서의 자극과 반응

		Pavlov의 실험	Watson의 실험
조건형성 이전	중립자극(NS)	종소리	흰쥐
	무조건자극(UCS)	음식	큰 소리
	무조건반응(UCR)	타액 분비	공포
조건형성 이후	조건자극(CS)	종소리	흰쥐
	조건반응(CR)	타액 분비	공포

산타의 흰 수염 때문에 산타를 무서워했다. 이러한 실험의 결과로 정서 반응도 조건형성을 통해 학습될 수 있으며, 정서의 조건형성에서도 자극일반화가 일어난다는 것이 증명되었다.

한편, 점차 조건화가 진행됨에 따라 원래의 특정 자극에만 반응하고 다른 자극에 대해서는 반응하지 않게 되는데 이러한 현상을 변별(discrimination)이라고 한다. 변별은 자극들 간의 차이를 구별하는 것으로 일반화된 최초의 조건자극과 유사한 자극을 구분하여 반응을 보이는 것을 의미한다.

● 고차적 조건형성

조건형성 경험은 또 다른 조건형성의 기반이 될 수 있다. 종소리를 듣고 침을 흘리는 조건형성이 된 개에게 종소리와 함께 빨간 불빛을 보여주면 빨간 불빛이 또 다른 조건자극이 된다. 개는 빨간 불빛만 봐도 침을 흘리게 되는 것이다. 이를 2차적 조건형성이라 하고, 이와 같이 제 2, 3의 조건자극을 만들어내는 현상을 고차적 조건형성(higher order conditioning)이라고 한다. 예를 들어, 많은 광고가 드라마에서 인기 있는 역할을 한 연기자를 모델로 삼는다. 광고에서는 드라마에서 맡은 역할이 연기자와 조건형성이 되고, 그들이 주는 좋은 인상을 상품의 이미지로 연결시켜 구매 욕구를 자극하기도 한다. 상품을 보고 갖고 싶다는 호감을 갖게 되는 것도 광고를 통한 고차적 조건형성 때문이다.

2) 고전적 조건형성이론의 교육적 적용

고전적 조건형성의 원리들을 교육현장에 효과적으로 적용하는 방법은 다음과 같다.

첫째, 완전학습을 하는 데 반복적인 연습이 효과적이다. 자극과 반응의 행동 반복은 그 연합을 강하게 한다. 따라서 목표를 달성하지 못한 학습자에게 반복하는 기회를 제공하여야 하며, 학습자가 반복하도록 하기 위해 교사는 다양한 자료를 준비해야 할 필요가 있다. 덧셈과 뺄셈을 반복하도록 만들어진 학습지는 이러한 원리를 사용하여 학습자가 더 능숙하게 계산할 수 있도록 고안된 것이다.

둘째, 초기 경험과 즐거운 경험을 조건화하여 긍정적 정서 반응을 유발하여야 한다. 신학기에 처음 학교에 간 날 어려운 과제를 부과하면 학습자는 학교 상황에 혐오와 불안을 느낄 것이다. 낯선 환경을 따뜻한 인사나 즐거운 활동과 연합하여 반복 제시하면 불안의 가능성은 감소하고 긍정적인 정서를 가지게 된다.

셋째, 학교 상황에 대한 불안을 극복하기 위해 체계적 둔감법을 사용한다. 체계적 둔감법(systematic desensitization)이란 근육을 이완시킨 상태에서 불안을 유발시키는 특정 상황을 위계를 만들어 그에 점차적으로 노출시킴으로써 그것을 소거시키는 방법이다. 이때 실제로는 불안을 느끼지 않으면서 공포를 유발하는 사건들을 경험할 수 있어야 한다. 예를 들어, 수영을 배우기 시작하는 학습자에게서 물에 대한 공포증을 없애기 위해서는 학습자가 물에 대한 공포를 느끼지 못할 정도의 물높이에서 친숙하게 한 다음, 물높이를 조금씩 높여 최종적으로 수영장의 물 높이에서도 공포를 일으키지 않게 하는 방법이다. 시험불안이나 발표불안을 가지고 있는 학습자들은 체계적 둔감법을 사용하여 불안을 줄일 수 있다.

넷째, 잘못된 자극과의 반응 연합으로 인해 학습 된 나쁜 습관을 제거하기 위해서는 피로법이나 비양립 자극법 등을 사용한다. 피로법(exhaustion method)이란 잘못된 반응을 유발하는 자극을 반복해서 제시하여 바람직하지 못한 반응을 없애는 방법이다. 예를 들어, 온라인 게임에 중독된 학습자에게 쉬지도 않고 계속적으로 온라인 게임을 하게 함으로써 나중에는 너무 지쳐서 더 이상 온라인 게임을 하지 않게 하는 방법이다. 비양립 자극법(incompatible stimulus method)이란 잘못된 반응을 유발시키는 단서에 올바른 반응을 유발시킬 수 있는 자극을 결합시켜 잘못된 반응을 소거시키는 방법이다. 예를 들어, 수학이나 통계를 싫어하는 운동선수에게 이러한 교과목을 가르칠 때 그들이 좋아하는 스포츠 관련 내용을 활용하여 가르치거나, 역사에 흥미가 없는 예술가에게 예술을 통한 역사를 공부하게 하는 것처럼 학습자가 싫어하는 장면을 좋아하는 장면과 결합시켜 바람직하지 않은 반응을 억제할 수 있다.

4. 조작적 조건형성

고전적 조건형성에서의 학습은 자극이 반응을 유발하여 이루지는 것으로, 유기체의 의도와는 상관없는 불수의적 행동이 자극에 대해 수동적으로 반응하는 비교적 단순한 형태다. 그러나 학습 상황에서 학생들은 수동적이고 기계적인 반응이나 행동만을 하는 것이 아니라 의식적으로 행동하는 경우가 더 많다. 쓰기, 읽기, 셈하기 등과 같은 복잡한 행동이나 습관에 대한 학습은 유기체의 능동적 행동이 동반되어야만 가능하다. 조작적 조건형성이론에서는 자극과 반응이 어떻게 결합되어 학습되는지에 대해 관심을 가지고 다양한 실험을 통해 유기체가 고전적 조건형성에서처럼 자극에 반응할 뿐 아니라 환경에 특정한 변화를 초래하는 방식으로 행동하는 것을 밝혀냈다. 인간이나 유기체는 환경과의 상호작용에서 보여 주는 능동적이고 적극적인 행동에 대해 보상을 받으면 학습이 이루어지는데, Skinner는 이를 조작적 조건형성(operant conditioning)이라고 하였다.

〈표 8-2〉에서 알 수 있듯이 고전적 조건형성과 조작적 조건형성의 가장 큰 차이점은 고전적 조건형성이 반응을 유발하는 자극에 관심을 두는 반면

〈표 8-2〉 고전적 조건형성과 조작적 조건형성의 주요 특성

	고전적 조건형성	조작적 조건형성
자극-반응의 관계	자극 → 반응	행동 → 결과(보상과 처벌)
유기체의 행동	비자발적 · 불수의적 행동	자발적 · 수의적 행동
자극의 역할	외적 자극에 의하여 반응 추출	반응은 내부에서 자발적으로 방출
행동형성	정서적 반응이나 태도	강화와 벌

조작적 조건형성은 행동으로 인한 결과에 관심을 둔다는 것이다. 또한 고전적 조건형성에서의 학습은 비자발적 · 불수의적 행동의 학습인 데 반해 조작적 조건형성에서의 학습은 자발적 · 수의적 행동의 학습이다.

1) Thorndike의 도구적 조건형성이론

(1) 기본원리

Edward Lee Thorndike
(1874~1949)

도구적 조건형성(instrumental conditioning)은 미국의 심리학자 Thorndike가 제안한 학습이론이다. 그는 유기체가 원하는 결과를 얻거나 처벌을 피하기 위한 도구로 행동을 사용한다는 의미에서 도구적 조건형성이라고 하였다. Pavlov의 고전적 조건형성은 무조건자극에 의해 인출되는 수동적이고 불수의적인 반응인데 비해 Thorndike는 학습이란 우연한 행동에서 비롯되는 시행착오를 통해 일어나며, 감각경험과 반응하고 싶어하는 욕구의 연합으로 형성되는 능동적이고 수의적인 반응이라고 보았다.

Thorndike는 [그림 8-3]과 같이 문제상자(puzzle box)라는 실험 장치를 만들어 그 속에 굶주린 고양이를 넣은 다음 고양이가 지렛대를 눌러 문제상자에서 빠져나오는 방법을 학습하는 과정을 실험하였다. Thorndike는 굶주린 고양이를 문제상자에 넣고, 문제상자 밖에 고양이의 발

이 닿지 않지만 잘 보이는 곳에 먹이를 놓아두었다. 문제상자는 지렛대를 누르면 빗장이 벗겨져 문이 열리도록 장치가 되어 있다. 상자 밖에 먹이가 있음을 알게 된 고양이는 상자 안의 이곳저곳을 건드리다가 우연히 지렛대를 누르고 빗장을 벗겨 문을 열고 문제상자에서 탈출하게 된다. 이 실험을 반복해서 시행한 결과, 처음에는 시행착오를 반복하던 고양이가 문제상자 안에서 빗장을 열고 나오는 시간이 점점 단축되었다. 즉, 고양이가 탈출 직전에 한 행동과 탈출이라는 결과를 조금씩 연합함으로써 실패했던 반응은 점점 줄어들고 성공하는 데 필요한 반응만이 남게 된다.

이와 같이 시행착오 과정을 통해 불필요한 행동은 줄어들고 바람직한 행동은 늘어나 점점 문제를 해결하거나 수행하는 시간이 줄어드는 학습을 시행착오 학습(trial and error learning)이라고 한다. Thorndike는 문제상자 실험을 통하여 시행착오가 학습의 기본과정이라는 사실을 입증하였다. 학습은 문제를 이해하고 해결하는 것이 아니라 유기체의 행동을 통해 우연히 시작되는 것으로 반복적인 시행착오를 거쳐 점진적으로 습득하는 것이다. 즉, 학습은 비약적으로 이루어지는 것이 아니라 아주 작은 체계적 단계를 통해 이루어지는 것이다.

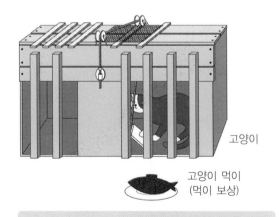

[그림 8-3] Thorndike의 문제상자

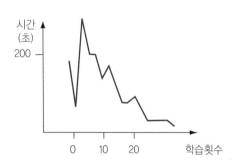

[그림 8-4] 고양이의 학습곡선

(2) 학습의 법칙

Thorndike는 문제상자에서 고양이가 탈출하는 일련의 실험을 통하여 특정한 자극과 자발적인 반응 사이의 결합과정을 다음과 같은 학습의 법칙을 사용하여 설명하였다.

● 준비성의 법칙

준비성의 법칙(law of readiness)이란 유기체가 반응할 준비가 되었을 때 반응의 결과가 만족스러운 반면 준비가 되지 않았을 때는 불쾌하거나 심지어 혐오적으로 여길 수도 있음을 의미한다. 고양이가 배고픈 상태에 있다면 먹이라는 결과를 가져오는 반응에 대한 준비가 된 상태이므로 지렛대를 누르는 반응의 결과가 더욱 만족스러운 반면, 배가 부른 상태에 있다면 지렛대를 누르는 반응의 결과에 덜 만족할 수 있다. 달리 말해, 학생이 특정한 반응을 배울 수 있는 발달 수준이나 선행 기술 습득 수준이 갖추어져 있을 때 그 반응의 학습이 일어나도록 하는 것은 만족스러운 경험이 되지만, 특정 행동의 학습을 할 수 있는 발달 수준에 미치지 못했거나 필요한 선행 기술이 갖추어져 있지 않은 상태에서는 학습이 오히려 혐오 경험이 되거나 시간 낭비일 수 있다는 것이다. 따라서 효과적인 학습이 이루어지기 위해서는 학습자가 인지적 · 정서적 · 신체적으로 학습할 준비가 되어 있는 상태에서 학습과제나 경험을 제시하여야 한다.

● 효과의 법칙

효과의 법칙(law of effect)이란 자극과 반응 간의 결합 강도는 그것에 수반되는 만족의 정도에 따라 결정된다는 것이다. 자극과 반응 간의 결합은 결과의 만족감이 클수록 강화되고 만족하지 못한 결과가 계속될 때에는 약화된다. Thorndike는 칭찬, 미소, 특권 등의 보상이 주어지면 그에 따른 만족감으로 인해 같은 행동을 다시 하게 될 가능성이 커지지만 특권 철회나 처벌이 주어지면 그에 따른 불쾌감으로 인해 같은 행동을 할 가능성이 감소된다고 하였다. 고양이가 지렛대를 밟는 행동은 효과적 반응으로 상자로부터의 탈출과 먹이라는 만족스러운 결과를 가져오므로 학습이 되고, 다른 반응들은 비효과적이므로 학습되지 않는 것이다. 효과의 법칙에 따르면 학습은 고차원적인 지능이 필요한 것도 아니며, 어떤 목표를 성취하기 위해 노력했다고 믿을 필요도 없다(윤가현 외, 2005). 다만, 어떤 반응을 하고 그에 따라 보상이 주어지면 이후에 그 반응이 더욱 잘 수행될 뿐인 것이다. 이러한 효과의 법칙은 이후 Skinner의 조작적 조건형성이론의 배경이 되었다.

이후 인간의 행동이 반드시 만족감에 의해서만 강화되는 것이 아니라 불쾌감을 느꼈기 때문에 더욱 만족감을 얻을 수 있는 방향으로 행동하게 된다는 실제의 경험과 실험들이 보고됨에 따라, 1929년 Thorndike는 이 법칙을 일부 수정하였다. 즉, 보상과 같은 반응에 따른 만족스러운 결과는 자극과 반응 간의 결합을 강화시켜 반응의 빈도를 증가시키지만, 특권 철회나 처벌과 같은 반응에 따른 불만족스러운 결과는 반드시 반응의 발생 빈도를 약화시키지는 않는다는 것이다. 이는 학습 이론가들에게 영향을 미쳐 처벌이 학습에 큰 효과가 없다는 견해를 가지게 하였다.

● 연습의 법칙

연습의 법칙(law of exercise)이란 자극과 반응의 결합 강도는 자극-반응의 결합을 얼마만큼 자주 사용하느냐에 따라서 결정된다는 것이다. 즉, 연습의 횟수나 사용 빈도가 많을수록 자극-반응의 결합은 강화되고 연습의 횟수나 사용 빈도가 적을수록 결합은 약화된다는 것이다. 연습의 법칙은 사용하면 할수록 결합의 강도가 증가한다는 사용의 법칙과 사용하지 않으면 결합의 강도가 감소한다는 불사용의 법칙으로 이루어져 있다. 그러나 1929년 Thorndike는 단순한 연습이 결합을 강화한다는 사용의 법칙이 정확하지 않다는 것을 인정하였다. 예를 들어, 눈을 가리고 선긋기를 반복하는 실험에서 결과에 대한 피드백 없이 단순 반복만으로 선을 똑바로 긋는 반응의 발생 빈도를 높이지 못한다는 것이다. 뿐만 아니라 단순한 불사용이 연결을 크게 약화시키지도 않는다는 사실을 밝히며 사실상 연습의 법칙을 폐기하였다.

2) Skinner의 조작적 조건형성이론

(1) 기본원리

Burrhus F. Skinner
(1904~1990)

조작적 조건형성이론은 Thorndike의 효과의 법칙을 더욱 발전시킨 Skinner에 의해 체계화되었다. Skinner는 행동을 자극에 의해 유발되는 반응적 행동과 자발적으로 행하는 조작적 행동으로 구별하고, 조작적 행동은 후에 따르는 보상에 의해 더욱 강화된다고 보았다. Thorndike가 자극과 반응의 결합에 초점을 두고 문제해결에 걸리는 시간에 관심을 가진 것에 반해, Skinner는 자극과 반응에 대한 강화에 초점을 두고 어떠한 보상이 조작적 행동을 일으키는지에 더 관심을 가졌다. 여기서 조작적이라는 용어는 유기체가 어떤 반응을 가한다는 것을 의미한다. 조작적 행동은 스스로 방출한 반응을 의미하는 것으로 행동의 결과에 의해 통제된다. 행동의 결과가 긍정적이면 반응의 발생 가능성이 높아지고, 행동의 결과가 부정적이면 반응의 발생 가능성을 낮아진다. 이는 Thorndike가 제안한 효과의 법칙과 같은 원리다.

Skinner는 반응의 결과로 주어지는 강화와 처벌이 유기체의 행동에 미치는 영향을 분석하기 위해 [그림 8-5]와 같은 Skinner 상자(Skinner's Box)를 고안하였다. Skinner는 Skinner 상자에 다음과 같은 두 가지 장치를 하였다. 첫 번째는 쥐가 지렛대(lever)를 눌렀을 때 먹이용기로부터 먹이가 나오는 장치다. Skinner 상자에 배고픈 쥐를 넣으면 이리저리 돌아다니다가 우연히 지렛대를 누르게 되고 먹이용기로부터 먹이가 나와 그것을 먹게 된다. 이러한 행동이 반복되면 쥐는 지렛대를 누르면 먹이가 나온다는 것을 학습하게 되고 배가 고플 때마다 지렛대를 누르게 된다. 두 번째는 쥐가 지렛대를 눌렀을 때 전기 충격이 멈추는 장치다. Skinner 상자의 바닥에 깔려 있는 전선에 전기 충격이 가해지면 쥐는 불쾌하여 이리저리 뛰어다니다가 우연히 지렛대를 누르게 되고 전기 충격으로부터 벗어나게 된다. 이러한 행동이 반복되면 쥐는 지렛대를 누르면 전기 충격이 없어진다는 것을 학습하게 되고 전기 충격

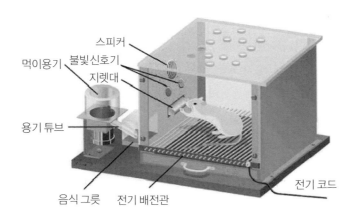

스피커
먹이용기　불빛신호기
지렛대
용기 튜브
음식 그릇　전기 배전관
전기 코드

[그림 8-5]　Skinner 상자

이 가해질 때마다 지렛대를 누르게 된다. 지렛대를 눌렀을 때 먹이를 제공하
거나 전기 충격이 멈추게 하여 쥐가 지렛대를 누르는 행동의 빈도를 증가시
키는 것을 강화라고 한다. Skinner는 Skinner 상자의 이 두 가지 장치를 사용
한 실험을 통해 강화의 개념을 구체화하였다. 그는 조작적 조건형성에서 학
습을 강화에 따른 습관 형성이라고 보았으며, 강화를 통제한다면 학습자의
행동 또한 통제할 수 있다고 하였다. Skinner의 조작적 조건형성이론을 강화
이론이라고 부르는 이유가 여기에 있다.

(2) 주요 개념

● 강화

강화(reinforcement)란 특정 행동의 발생 빈도나 확률을 증가시키는 과정을
의미한다. 이때 의도된 특정 행동의 발생 빈도를 증가시키는 자극, 즉 강화
를 일으키는 자극을 강화물(reinforcer)이라고 한다. 강화물에는 일차적 강화
물과 이차적 강화물이 있다. 일차적 강화물(primary reinforcer)이란 유기체의
생리적 욕구를 충족시켜 주는 것으로 배가 고플 때의 음식, 갈증이 날 때의
물 등이 있다. 이차적 강화물(secondary reinforcer)이란 학습된 강화로 원래는
중성자극이었던 것이 일차적 강화물과 결합하여 강화물의 기능적 속성을 획

득하는 것으로 칭찬, 상장, 명예, 돈 등이 있다.

강화에는 정적 강화와 부적 강화가 있다. 정적 강화(positive reinforcement)란 어떤 반응을 한 후에 유쾌한 자극을 제공해 줌으로써 의도한 반응이 나타날 확률이나 빈도를 증가시키거나 유지하는 것을 의미한다. 스키너 상자에서 쥐가 지렛대를 누르면 먹이를 제공하여 지렛대를 누르는 행동의 빈도를 증가시키는 것, 책상 정리를 잘하는 아이에게 칭찬을 해 줌으로써 계속 정리를 잘하도록 유도하는 것 등이 정적 강화의 예가 된다. 반대로 부적 강화(negative reinforcement)란 어떤 반응을 한 후에 불쾌한 자극을 제거해 줌으로써 의도한 반응이 나타날 확률이나 빈도를 증가시키거나 유지시키는 것을 의미한다. 특정 행동이 혐오스러운 상황을 정지, 회피, 탈출하도록 이끈다면 그 행동은 비슷한 상황에서도 적용되어 반복되기 쉽다. 스키너 상자에서 쥐가 지렛대를 누르면 전기 충격에서 벗어나므로 지렛대를 누르는 행동이 증가하게 된다. 또한 숙제를 잘 해 온 학생에게 청소 당번을 면제해 주어서 학생이 다음에도 숙제를 더 잘 해 온다면 이는 부적 강화가 일어났다고 볼 수 있다. 또한 자동차 안전벨트의 시끄러운 신호음은 안전벨트를 매자마자 멈춘다. 안전벨트를 매는 행동이 불쾌한 자극을 없애므로 앞으로도 안전벨트를 매는 행동을 반복하게 된다. 부적 강화는 의도한 행동을 증가시키기 위하여 학생이 싫어하는 불쾌한 자극을 제거한다는 의미에서 유쾌한 자극을 제거하거나 불쾌한 자극을 제시하여 행동의 빈도나 확률을 감소시키는 처벌과는 구분된다.

● 처벌

정적 강화나 부적 강화는 바람직한 행동의 발생 빈도나 확률을 증가시키거나 유지하는 결과를 가져오는 반면, 처벌(punishment)은 일반적으로 바람직하지 않은 행동의 빈도를 약화시키거나 감소시키는 과정을 의미한다. 처벌에는 수여성 처벌과 제거성 처벌이 있다. 수여성 처벌(presentation punishment)은 바람직하지 않은 행동을 감소시키기 위해 불쾌한 자극을 제시하는 것을 의미한다. 예를 들어, 숙제를 해 오지 않은 학생에게 화장실 청소를 하게 함으로써 처벌받은 행동이 미래의 비슷한 상황에서 쉽사리 반복되지 않게 하는 것이다. 제거성 처벌(removal punishment)은 바람직하지 않은 행동을 감소시키기 위해 유쾌한 자극을 제거하는 것을 의미한다. 예를 들어, 숙제를 해 오지 않은 학생이나 규칙을 어긴 학생에게 쉬는 시간에 일정한 장소에서 움직이지 못하게 하는 타임아웃(time-out) 기법이 있다.

강화는 행동의 결과가 즐거운 경험이지만, 처벌은 불쾌한 경험이다. 따라서 당연히 학습기제로서 처벌보다는 강화가 효과적이다. 처벌의 방식에 따라 어떤 부정적 행동을 억제하는 것은 가능하지만, 지속적인 억제를 위해서는 처벌의 수위도 높여야 한다. 장난감을 치우지 않는 유아에게 장난감을 치우게 하는 방법은 두 가지가 있다. 첫째는 놀고 난 후 장난감을 정리하면 상을 주는 것이고, 둘째는 놀고 난 후 장난감을 정리하지 않았을 때 야단을 치는 것이다. 상을 주게 되면 그것이 즐거운 경험이 되어 유아가 계속해서 장난감을 정리하게 된다. 반면, 야단을 치면 당장은 효과가 있을지 모르지만 이내 장난감을 정리하는 것보다는 야단을 맞는 것을 선택하게 될 수도 있다. 그러면 다음에는 말로 야단치는 것보다 더 강한 벌이 필요하며, 계속해서 그 수위를 높여야만 한다. 또한 처벌은 벌을 주는 사람에 대한 적개심이나 벌을 받는 상황에 대한 공포감 등을 유발할 수 있으며, 바람직하지 못한 행동에 대해 반성하도록 하기보다는 처벌 자체에 대한 수치감, 반발심, 공격성 등을 가지게 할 수도 있다. 처벌은 바람직하지 못한 행동을 잠시 억제하는 것이지 그 행동을 효과적으로 소거하는 것은 아니며 때로는 바람직한 행동이 나타나도록 하지 못하는 경우도 있다.

● 강화계획

강화계획(reinforcement schedule)이란 강화물이 제공되는 시점과 빈도를 결정하는 과정을 의미한다. 강화계획은 강화의 효과를 결정하는 요인 중 하나로 강화계획이 어떤가에 따라 학습의 강도, 형태, 지속성이 달라진다. 강화계획은 크게 연속강화계획과 간헐강화계획으로 구분된다. 연속강화계획(continuous reinforcement schedule)이란 바람직한 행동을 할 때마다 매번 강화를 주는 방법으로 학습해야 하는 행동이 처음으로 도입될 때 유용하다. 그러나 강화가 제거되면 반응이나 행동의 소거도 빠르기 때문에 일단 바람직한 행동이 형성되면 그 행동을 유지하는 데는 간헐강화계획이 더 유용하다. 간헐강화계획(intermittent reinforcement schedule)은 바람직한 행동에 대한 비연속적 강화로 학습자로 하여금 지속적인 강화를 기대하지 않고 행동을 유지할 수 있도록 돕는다. 일상생활에서는 강화시키고자 하는 행동을 할 때마다 계속적으로 강화물을 제공하는 것이 거의 불가능하므로 간헐강화계획을 더 많이 사용한다. 간헐강화계획은 강화가 제공되는 시간이나 비율에 따라 고정간격 강화계획, 변동간격 강화계획, 고정비율 강화계획, 변동비율 강화계획으로 구분된다.

- 고정간격 강화계획: 고정간격 강화계획(fixed interval reinforcement schedule: FI)은 일정한 시간 간격을 기준으로 강화가 제시되는 것을 의미한다. 예를 들어, 쥐가 지렛대를 누르면 일정한 시간마다 먹이를 제공하는 것이다. 즉, 쥐가 지렛대를 누르면 3분마다 먹이를 주기로 결정한 다음 쥐가 실제로 지렛대를 누르면 지렛대 누르는 횟수와는 상관없이 3분마다 먹이를 주는 것을 말한다.
- 변동간격 강화계획: 변동간격 강화계획(variable interval reinforcement schedule: VI)은 강화를 주는 시간 간격을 변동시키는 것을 의미한다. 고정간격 강화계획과는 달리 쥐가 지렛대를 누르면 30초에 먹이를 주었다가 5분 만에 먹이를 주었다가 3분 만에 먹이를 주는 등 지렛대를 누르는 행위에 대해 보상을 주는 시간을 변동시키는 것이다.
- 고정비율 강화계획: 고정비율 강화계획(fixed radio reinforcement schedule: FR)은 일정한 반응의 횟수를 기준으로 강화가 제시되는 것을 의미한다. 예를 들어, 쥐가 지렛대를 10번 누르면 먹이를 주기로 결정한 다음 열 번째마다 먹이를 주는 것을 말한다.
- 변동비율 강화계획: 변동비율 강화계획(variable ratio reinforcement schedules: VR)은 반응의 횟수를 달리하여 강화가 제시되는 것을 의미한

〈표 8-3〉 간헐강화계획의 유형

	고정	변동
간격(시간)	고정간격 강화계획	변동간격 강화계획
비율(반응 수)	고정비율 강화계획	변동비율 강화계획

다. 예를 들어, 쥐가 지렛대를 5번 눌렀을 때 먹이를 주다가, 20번 눌렀을 때 먹이를 주고, 또 10번 눌렀을 때 먹이를 주는 것을 말한다.

● 조성

조성(shaping)이란 현재 학습자가 할 줄 모르는 새로운 기술이나 행동을 학습시키는 과정에서 의도한 목표 행동과 유사한 행동을 체계적으로 강화하는 것이다. 조성은 행동이 숙달되기까지의 진행과정을 강화하는 것으로 조성을 통해 의도한 목표 행동이 발생할 가능성이 거의 없는 복잡한 행동을 학습시킬 수 있다. 지렛대를 누르면 먹이가 나오는 것을 모르는 조건형성 이전의 쥐에게 우연이라도 지렛대를 누르게 하기 위해서는 가능하면 지렛대 근처로 접근하게 해야 한다. 그러기 위해서는 기초적인 것부터 여러 단계로 나누어 순차적으로 학습해 가며 최종적으로 목표 행동에 이르도록 하는 과정이 필요하다. 즉, 쥐가 지렛대 쪽으로 고개를 돌리면 먹이를 제공하고, 지렛대 근처로 움직일 때마다 먹이를 제공하고, 지렛대를 건드리면 먹이를 제공하는 등의 순차적 과정을 통하여 최종적으로 쥐가 지렛대를 누르게 한다. 비둘기가 농구를 하게 하거나 돌고래가 고리를 통과하게 하는 등의 행동을 학습시킬 때 사용하는 방법이기도 하다.

교실에서 교사가 조성을 사용하기 위해서는 학습자의 목표 행동을 설정하고 그 목표 행동에 도달하기 위한 세부 행동계획을 세워야 한다. 예를 들어, 교사는 학생이 자신의 책상 근처에 갈 때 칭찬을 하고, 다음에는 의자에 앉는 행동을 할 때 칭찬을 하며, 칠판을 보는 행동을 할 때 칭찬을 하는 것과 같은 방법으로 수업에 집중하는 행동을 학습시킬 수 있을 것이다.

● **프리맥의 원리**

프리맥의 원리(Premack principle)란 학습자가 할 수 있는 여러 가지 활동 중에서 선호도와 발생 빈도가 높은 활동이 상대적으로 선호도와 발생 빈도가 낮은 활동을 강화하는 것을 의미한다. 즉, 학습자가 원하는 행동을 하는 조건으로 원하지 않거나 덜 원하는 행동을 하게 하는 것이다. 예를 들어, 컴퓨터 게임은 좋아하지만 수학문제를 풀기 싫어하는 아이에게 수학문제를 10문제 풀면 컴퓨터를 1시간 할 수 있도록 한다. 그러면 아이는 좋아하는 컴퓨터 게임을 하기 위해 덜 좋아하는 수학문제를 풀게 될 것이다. 이 원리를 적용하는 데 있어서 다양한 강화물에 대한 선호도는 개인에 따라 달라질 수 있다. 학습자가 선호하지 않는 행동은 강화물로서의 효과를 가지지 못하며, 학습자가 선호하는 행동일수록 강화물로서의 효과가 높다.

3) 조작적 조건형성이론의 교육적 적용

조작적 조건형성에서 제시한 원리나 법칙들을 교육현장에서 효과적으로 적용하는 방법은 다음과 같다.

첫째, 바람직한 행동의 빈도를 증가시키기 위해 강화를 사용한다. 학습자에게 바람직한 행동 또는 행동 기준이 무엇인지를 제시한 다음 학습자가 바람직한 행동을 하면 강화를 준다. 이때 지연된 강화보다는 즉각적인 강화를 제공하는 것이 효과적이다. 즉, 착한 일을 한 유아에게 곧바로 칭찬을 해 주거나, 학습자가 어떤 것을 학습한 후에 자신이 제대로 학습했는지 여부를 바로 알려 줌으로써 바람직한 행동의 발생 빈도를 높일 수 있다.

둘째, 학습자가 선호하는 강화물을 파악하여 제공한다. 학습자와 학습 상황에 따라 강화물이 다를 수 있으므로 교사는 학습자가 선호하는 강화물을 파악하여 유관계약을 맺는 것이 효과적이다. 유관계약(contingency contract)이란 보상이나 특별한 혜택을 얻기 위해 학습자가 무엇을 해야 하는지 구체화해 놓은 교사와 학습자 간의 계약을 말한다. 유관계약은 비행 행동이나 좋지 않은 학습 태도 등의 변화에 유용하다.

셋째, 강화의 효과를 높이기 위해 강화계획을 효과적으로 사용한다. 새로운 행동을 학습할 때는 연속강화계획이 효과적이나 연속강화계획은 강화물이 제거되었을 때 급격히 소거가 일어날 수 있다. 바람직한 형태의 강화란 더 이상 강화물이 제시되지 않아도 학습자 스스로 행동을 유지할 수 있도록 도와주는 것이다. 따라서 새로운 행동을 학습할 때 초기에는 연속강화를 제시하다가, 어느 정도 그 행동이 익숙해지면 간헐강화계획으로 바꾸는 것이 효과적이다.

넷째, 바람직하지 못한 행동을 수정하기 위해서는 처벌보다 소거를 사용한다. 처벌은 바람직하지 않은 행동을 일시적으로 감소시키는 데 효과적으로 보이지만 계속 처벌을 사용하지 않는 한 문제를 해결할 수 없다. 또한 처벌을 지속적으로 사용하면 학습자에게 부정적인 정서를 야기하게 된다. 수업과 관련 없는 행동을 하는 학생에게 그 행동을 지적하거나 처벌하기보다는 그 학생의 행동을 무시하고, 바람직한 행동을 하는 다른 학생을 칭찬한다.

다섯째, 학습자들을 목표 행동에 도달시키기 위해 조성을 활용한다. 학습목표는 학습자의 수준에 맞게 구체적으로 구성하여야 하며, 학습목표와 관련이 있거나 근접한 행동이 일어날 때마다 보상을 해 줌으로써 궁극적으로 목표 행동에 도달하도록 한다.

제9장 학습에 대한 사회인지주의적 접근

1. 사회인지주의적 접근에 대한 이해

행동주의이론에서는 일회 시행이든 반복적인 시행이든 인간이 직접 행동을 하고 그 행동에 대해 보상이나 처벌을 하면 학습이 일어난다고 주장한다. 하지만 인간의 행동은 보상을 통한 강화의 경험뿐만 아니라 다른 사람의 행동에 대한 모방으로도 학습 될 수 있다. 다른 사람의 행동을 보면서 학습하게 된다는 믿음은 Plato나 Aristoteles 같은 초기 그리스의 철학자들로부터 이미 시작되었다. 그들에게 있어 교육이란 학습자에게 모델의 행동과 그 성과를 볼 수 있게 하고 이를 학습하게 하는 것이다. 이후 인간이 타인을 따라하는 선천적 경향이 있다는 전제하에 수세기 동안 관찰학습은 당연시되었다.

Albert Bandura
(1925~)

사회인지이론(Social Cognitive Theory)의 대표적 이론가인 Bandura는 인간이 직접 행동하고 그 결과를 경험하면서 학습할 수도 있지만 다른 사람의 행동에 대한 관찰을 통해서도 학습이 가능하다고 주장한다. 이와 같이 행동주의이론과 사회인지이론의 학습에 대한 정의와 학습이 일어나는 기제에는 차이가 있다. 행동주의이론에서는 학습을 관찰 가능한 행동의 변화라고 정의하고, 인간이 직접 행동을 하고 그 행동에 대한 강화나 처벌에 의해 학습이 일어난다고 주장한다. 반면, 사회인지이론에서는 학습을 자기조절을 통한 정신과정의 변화라고 정의하며, 인간이 직접적인 경험 없이도 사회생활을 통하여 다른 사람의 행동을 관찰하고 모방함으로써 학습이 이루어질 수 있다고 가정한다. 즉, 인간이 직접적인 강화나 처벌 없이도 다른 사람의 행동을 관찰함으로써 학습할 수 있다는 것이다. 아버지가 책을 읽는 것을 본 아동은 자신도 책을 읽는 행동을 하며, 친한 친구가 숙제를 잘해 와서 선생님에게 칭찬받는 것을 본 아동은 자신도 숙제를 열심히 한다. 이처럼 관찰을 통해 모델의 행동을 모방하고 학습이 이루어진다고 하여 사회인지이론에서의 학습을 관찰학습(observational learning) 또는 모델링(modeling)이라고도 한다.

행동주의이론에서는 환경에 의해 일방적으로 인간의 행동이 변화한다고 주장한 반면, 사회인지이론에서는 개인, 환경, 행동의 역동적 상호작용에 의해 인간의 행동이 변화한다는 상호결정론을 제안하였다. 상호결정론에서는 인간이 환경에 일방적으로 순응하지 않고 환경에 대한 적극적인 수용의 과정과 다양한 인간관계 내부에서의 능동적 변화를 통해서 행동이 변화한다고 주장하며 인간의 환경에 대한 주체적 역할을 강조한다.

강화와 처벌을 보는 관점에서도 두 이론 간에는 차이가 있다. 행동주의이론에서는 학습에 있어 강화와 처벌을 강조하며 그것이 학습의 직접적인 원인이 된다고 주장한다. 반면, 사회인지이론에서는 학습에 있어서 신념과 자기지각을 강조하며 그것이 학습자의 기대를 형성하는 역할을 한다고 가정한다. 사회인지이론에 의하면 학습자는 학습 초기에 주로 환경의 영향을 받기 때문에 타인의 행동을 관찰함으로써 학습을 한다. 그러나 점진적으로 개인

〈표 9-1〉 행동주의이론과 사회인지이론의 학습에 대한 관점 비교

	행동주의이론	사회인지이론
공통점	학습은 경험에 의해 일어난다. 학습은 강화와 처벌에 영향을 받는다.	
학습	관찰 가능한 행동의 변화	자기조절을 통한 정신구조의 변화
학습 유발	직접적인 강화와 처벌	간접적으로 모델을 관찰
개인, 행동, 환경 간의 관계	환경에 의한 일방적 행동의 변화	개인, 행동, 환경 간 상호작용
강화와 처벌	학습의 직접적 원인	기대 형성

의 사고가 행동으로 표현되기 위해서 신념, 자기지각, 기대 또는 자기효능감이 동기로서 작용하게 된다. 발달 과정에서 개인은 자신의 행동과 환경 간의 역동적인 상호작용을 하게 된다. 관찰학습과 같이 외부환경의 영향을 받던 초기의 학습 형태로부터 벗어나 개인이 행동의 조절 권한을 더 많이 갖게 되면서, 후기에는 자기조절 학습 형태를 띠게 된다. 그러나 자기조절 상태라고 해서 타인과 환경의 영향력이 제거된 상태는 아니며 사회적 상호작용은 계속 유지된다. 이러한 측면에서 Bandura의 초기 이론은 관찰이나 사회적 행동, 특히 타인의 행동에 초점을 맞추어 학습을 설명하였다는 이유로 사회학습이론이라고 일컬어졌고, 이후 신념이나 자기지각, 기대 같은 인지적 요인들에 초점을 맞추면서 그의 이론을 사회인지이론이라고 부른다.

2. 사회인지주의적 접근의 주요 개념

1) 상호결정론

사회인지 이론가들은 인간의 행동이 개인과 환경 간의 끊임없는 상호작용에 의해서 결정된다는 의미에서 상호결정론(reciprocal determinism)을 제안하

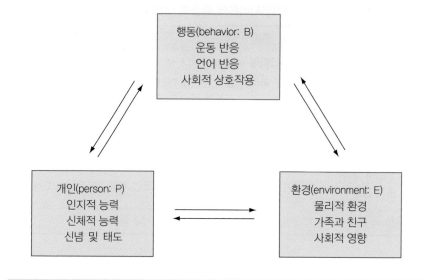

[그림 9-1] Bandura의 상호결정론 모델

였다. 인간은 자율적으로 행동하는 것만도 아니고 환경의 영향을 그대로 따르는 기계적인 전달자도 아니다. 인간의 행동은 환경의 영향을 받지만 인간 역시 주어진 환경과 사건에 영향을 미친다는 것이다.

[그림 9-1]에서 P는 인지적 능력, 신체적 특성, 신념 및 태도 등과 같은 학습자의 개인적 요인(person)이며, E는 가족, 친구, 사회적 영향과 같은 환경적 요인(environment)이고, B는 운동이나 언어 반응, 사회적 상호작용 등과 같은 학습자의 행동적 요인(behavior)이다. 상호결정론의 한 예를 보자. 중학생인 승찬이는 수학을 좋아하며, 자기 반에서 수학을 가장 잘하는 학생이다. 승찬이 반 친구들은 모르는 수학문제가 있으면 승찬이에게 자주 물어본다. 승찬이는 친구들에게 좀 더 쉽게 수학을 가르쳐 주기 위해 다양하게 수학문제를 푸는 방법을 공부하였다. 그리고 친구들에게 자신이 공부하여 터득한 방법들을 자주 가르쳐 주었다. 이런 과정을 통해 승찬이는 수학 실력이 향상되었으며, 친구들 사이에서도 인기가 좋았다. 여기서 승찬이네 친구들이 승찬이에게 질문을 자주 하는 것은 환경이 개인이나 행동에 영향을 미치는 것이며, 승찬이가 친구들에게 수학을 잘 가르쳐 주기 위해 공부를 하는 것은

개인이 행동에 영향을 미치는 것이다. 승찬이가 공부를 열심히 하여 수학능력이 향상된 것은 행동이 개인에게 영향을 미친 것이며, 친구들에게 수학을 가르쳐 주며 친구들과의 관계가 좋아진 것은 개인과 행동이 환경에 영향을 미친 것이다.

그러나 이처럼 개인, 환경, 행동 간의 상호작용이 있기는 하지만, 때로는 이 세 가지 요소 중 어느 한 요소가 다른 요소에 비해 더 많은 영향을 미칠 수도 있다. 예를 들어, 매우 무서운 상황은 순간적으로 다른 어떤 것보다도 인간의 행동에 영향을 미칠 수 있으며, 공포감은 자신의 신념에 반하는 행동을 하는 데 가장 영향력 있는 결정인이 될 수도 있다.

2) 학습과 수행

행동주의이론에서는 행동, 즉 수행으로 드러난 것만을 학습된 것으로 보기 때문에 학습(learning)과 수행(performance)을 동일한 개념으로 간주한다. 하지만 사회인지이론에서는 학습과 수행을 구분하여 설명한다. 사회인지이론에서 학습은 다른 행동을 보여 줄 수 있는 자기조절을 통한 정신과정의 변화이므로 학습이 즉각적인 행동 변화를 가져올 수도 있지만, 학습되었다 하더라도 행동 변화로 나타나지 않을 수도 있다. Bandura에 따르면 학습된 것은 정보이며 이는 인지적으로 처리되고 자신에게 유리한 방식으로 작동된다. 그러므로 관찰학습은 다른 사람의 행동을 단순하게 흉내내는 모방보다 훨씬 더 복잡한 과정을 가진다. Bandura는 학습자들이 행동을 통해 외부로 드러내는 것 이상으로 더 많은 것을 알고 있을 것이라고 주장한다.

관찰한 모델의 행동 결과는 학습자의 정신과정에 저장되는데, 이때 저장된 학습 내용은 행동을 위한 판단 근거로 활용된다. 즉, 관찰한 행동을 따라 했을 때 긍정적인 결과를 얻는 것으로 판단되면 수행으로 옮겨지지만, 부정적인 결과를 얻는 것으로 판단되면 수행하지 않을 것이다. 이 같은 결과에 의하면 타인의 행동을 보는 것만으로도 행동의 변화가 일어나지만 그 과정에서 인지적 요소가 개입됨을 알 수 있다. 만약 인간이 보는 것을 통해 학습할 수 있다면 정신과정에서 어떤 사건에 대해 주의를 집중하고 심상을 구성하며 기억하고 분석하여 학습에 영향을 주는 결정을 내려야 한다. 그러므로 행동이나 강화가 일어나기도 전에 많은 것이 정신적으로 진행되고 있는 것이다.

Bandura는 세 집단의 아동들에게 각각 다음과 같은 영상을 보여 주었다. 첫 번째 집단에게는 모델이 보보(Bobo) 인형을 주먹으로 때리거나 발로 차고 넘어뜨리는 등 공격적인 행동을 했을 때 사탕이나 칭찬과 같은 보상을 받는 영상을 보여 주었다. 두 번째 집단에게는 모델이 보보인형에 대해 공격적인 행동을 했을 때 꾸중과 같은 처벌을 받는 영상을 보여 주었다. 마지막으로, 세 번째 집단에게는 모델의 공격적 행동에 대해 보상도 처벌도 받지 않는 영상을 보여 주었다. 비디오를 시청한 후에 실험조건과 동일하게 아동들을 보보 인형이 있는 방에서 놀도록 하였다.

그 결과, 공격적인 행동에 대해 보상을 받는 영상을 본 아동들은 다른 영상을 본 아동들보다 더 공격적이었으며, 처벌을 받는 영상을 본 아동들은 가장 덜 공격적인 행동을 보였다. 첫 번째 집단의 아동들이 공격적인 행동을 보인 이유는 대리강화(vicarious reinforcement)를 경험했기 때문이고, 두 번째 집단의 아동들이 덜 공격적인 행동을 보인 이유는 대리처벌(vicarious punishment)을 경험하여 공격성이 억제되었기 때문이다. 이와 같이 아동들은 자신이 직접 행동을 하지 않고 영상 속 모델의 행동과 그에 따른 결과로 주어진 강화나 처벌을 관찰한 것만으로도 실제 행동에 영향을 받는다.

하지만 아동들에게 모델의 공격성을 모방하면 보상을 주겠다고 약속한 다음 보보 인형이 있는 방에 들여보내자 [그림 9-2]처럼 세 집단의 아동들 모두 모델의 행동을 모방하여 공격적인 행동을 보였다. 이러한 결과는 이미 보여 준 모델의 공격적인 행동을 세 집단의 아동들 모두 학습하고 있었던 것을 의미한다. 다시 말해, 모델의 행동을 관찰한 것만으로도 공격적 행동은 학습되었던 것이고, 단지 행동의 결과로 강화를 받은 영상을 보았는지 아니면 처벌을 받은 영상을 보았는지에 따라 수행이 다르게 나타난 것이다. 이는 곧 강화는 수행변인이지 학습변인은 아니라는 것을 의미한다.

학습과 수행은 서로 다른 것으로, 수행은 학습한 것을 행동으로 전환시키

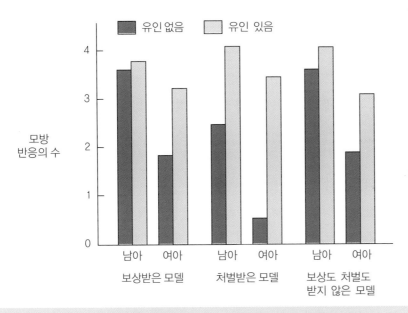

[그림 9-2] 모델을 관찰한 아동의 평균적인 공격적 반응의 수

는 것이다. 예를 들어, 교실 바닥에 떨어진 휴지를 보면 주워서 휴지통에 넣어야 교실이 깨끗해진다는 것을 누구나 배워서 알고 있지만 실제로 휴지를 주워 버리는가는 별개이다. 배워서 아는 것 자체를 학습이라고 한다면 그것을 실제 행동으로 옮기는 것이 수행이다. 학습자의 행동을 변화시키기 위해서는 학습이 이루어져야 하지만 학습된 것이 모두 수행되는 것은 아니다.

3) 관찰학습

관찰학습(observational learning)이란 특정한 행동을 관찰하고 관찰한 내용을 따라 하는 과정을 통해 새로운 행동을 학습하는 것을 말한다. 다른 사람이 수행한 행동의 결과에 따른 강화와 벌을 관찰하면서 다음 행동에 대한 기대와 신념을 가지게 된다. 이처럼 인간의 학습은 관찰을 통해 보이지 않는 기대나 신념과 같은 정신적인 과정을 통해서도 이루어 질 수 있다. 관찰학습은 학습자가 모든 행동을 직접 경험해 보지 않고도 학습할 수 있게 해 줌으로써 시간을 절약하게 하고 학습과정에서 실패에 대한 위험 부담을 줄여 준다. 하지만 관찰을 통해 바람직한 행동뿐 아니라 공격성, 비행행동, 공포증 등과 같은 바람직하지 못한 행동도 학습의 결과로 나타날 수 있다.

　Bandura(1977)는 관찰에서 행동에 이르기까지의 관찰학습 과정을 주의집중 과정, 파지 과정, 운동재생 과정, 동기화 과정의 단계로 나누어 설명하고 있다.

● 주의집중 과정

　주의집중 과정(attention process)은 학습자가 모델의 행동에 관심을 가지고 주의를 집중하는 것을 말한다. 관찰을 통하여 학습이 이루어지기 위해서는 우선 다른 사람이 어떻게 행동하는지를 주의 깊게 살펴보는 주의집중 과정이 필요하다. 주의집중은 감각기관에 무작위로 유입되는 많은 양의 정보들 중 실제로 인식해야 할 정보만을 선택적으로 걸러 주는 필터의 역할을 한다. 주의집중을 하지 않으면 학습은 제대로 이루어질 수 없다. 예컨대, 학생이 수업 시간에 수학문제를 푸는 교사에게 주의를 집중하지 않으면 학습은 제대로 이루어지지 않는다.

　학습자가 모델에게 얼마나 세밀하게 주의를 기울이는가는 학습자의 특성, 모델의 특성, 학습 내용의 특성 등의 영향을 받는다. 첫째, 학습자의 특성으로는 학습자의 인지 및 지각 기술의 기능, 능력에 대한 자각, 각성 수준 등이 있다. 학습자가 모델의 행동과 관련된 선행학습 경험과 기초 기술을 습득하고 있을 때 더 주의집중을 하는 경향을 보인다. 또한 자신의 능력에 대해 높게 지각하는 학습자일수록 주의집중이 잘 일어난다. 둘째, 모델의 특성으로는 모델의 연령, 성별, 학습자와 모델 간의 유사성, 명성, 매력 등이 있다. 모델의 성과 연령이 학습자와 유사하면 그 능력을 모방하기 위해 주의를 더 집중하는 경향을 보인다. 또한 인기가 높고 능력이 있어 다른 사람의 존경을 받는 사람이나 매력적인 사람이 주의를 끈다. 일반적으로 관심을 끌게 하는 특성을 많이 지닌 모델들에게 더 주의집중을 할 확률이 높고 결과적으로 모방할 확률도 높아진다. 셋째, 학습 내용의 특성으로는 내용의 복잡성, 특수성, 제시 속도 등이 있다. 학습자의 개인차를 고려하여 학습 내용을 구성하

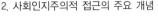

는 것이 주의집중에 영향을 미치게 된다.

● 파지 과정

파지 과정(retention process)은 관찰된 모델의 행동이 학습자의 기억 속에 유지되는 것을 말한다. 모델의 행동을 주의집중하여 관찰했다 하더라도 기억하지 못한다면 학습에 미치는 영향은 거의 없다. 파지는 장기기억 속에 저장하는 과정을 통해 학습한 것이 정확하게 행동으로 나타날 수 있도록 한다. Bandura(1986)는 관찰한 행동을 장기간 파지하는 것이 가능한 이유는 인지적 기술이나 인지적 구조를 활용하여 관찰한 행동을 상징적으로 부호화해서 입력하기 때문이라고 하였다. 부호화란 기억할 행동을 시각적으로 상상해 그리거나 언어로 바꾸어 표현하는 것을 말한다. 예컨대, 학생들은 모델의 행동을 자신에게 의미가 있는 심상과 언어의 형태로 입력하고 분류하고 인식하여 기억한다.

● 운동재생 과정

운동재생 과정(motor reproduction process)은 학습자가 파지 과정에서 상징적으로 부호화한 기억을 적절한 행동으로 전환시키는 과정으로, 학습한 내용과 학습자의 행동이 일치하도록 실행하는 단계다. 학습자는 운동재생 과정을 통해 시행착오를 거치면서 서투른 행동을 조정하여 정교한 행동으로 재현한다. 단지 모델의 행동이 어떻게 나타나는지 알기만 하는 상태에서 그 행동의 요소나 단계를 기억하고 있다면 아직 그 행동을 유연하게 따라 할 수는 없을 것이다. Bandura에 따르면 모방을 통해 획득한 상징들은 어떤 사람과의 행동을 비교하는 틀로서의 역할을 한다.

운동재생 과정에서 개인들은 자신의 행동을 관찰하고, 기억 속에 있는 모델의 행동과 비교하여 불일치를 관찰하게 되면 행동을 수정하게 된다. 이러한 과정은 모델의 행동과 관찰자의 행동이 서로 비슷한 정도가 될 때까지 계속된다. 그러므로 모델의 행동을 모방하려면 때로는 많은 양의 연습, 피드백, 점검, 시범 등이 필요하다. 또한 이러한 과정을 수행하기 위해서는 그 행동을 수행할 만큼의 준비가 되어 있어야 한다. 학습자의 신체적 · 인지적 능력 및 성숙 수준은 새로운 행동을 모델의 행동과 순조롭게 일치시키기도 하고 일치시키지 못하기도 한다.

● 동기화 과정

동기화 과정(motivation process)은 학습된 행동의 지속적 수행 여부를 결정한다. 운동재생 과정을 통해 기억된 내용을 적절한 행동으로 전환시켰을 때 강화가 주어지면 그 행동은 지속적으로 발생하지만, 강화가 주어지지 않거나 처벌이 주어지면 학습된 행동은 더 이상 수행되지 않는다.

Bandura는 동기화 과정을 촉진시키는 세 가지 형태의 강화로 직접강화, 대리강화, 자기강화를 제시하였다. 첫째, 직접강화(direct reinforcement)란 학습자가 특정한 행동을 하게 되면 그에 따라 직접적으로 강화가 제시되는 것을 말한다. 종이접기를 잘해 낸 학생이 교사에게 "잘했구나!"라는 말을 들을 때처럼 학습자가 모델의 행동을 재생하고 난 후 직접적 칭찬을 받는 경우가 이에 해당된다. 둘째, 대리강화(vicarious reinforcement)란 특정한 행동을 한 모델에게 제시되는 강화에 의해 학습자가 영향을 받는 것을 말한다. 친구가 책을 많이 읽어서 상을 받는 것을 보고 자신도 책을 읽는 행동을 하는 것과 같이 타인이 강화 받는 것을 관찰함으로써 자신의 행동을 증가시키는 경우가 이에 해당된다. 셋째, 자기강화(self-reinforcement)란 학습자의 욕구나 필요를 충족시키기 위해 스스로 특정한 행동에 강화를 주는 것을 말한다. 수학문제를 풀어 둔 연습장의 양을 보고 스스로 뿌듯해하는 것처럼 자신의 행동에 자신이 보상을 주는 경우가 이에 해당된다. 어떠한 행동의 결과에 대해 아무런 외적 강화를 받지 못했다 하더라도 계속해서 그 행동을 지속하는 이유는 그 행동에 대해 스스로 강화를 주기 때문이다. 자기강화는 교사와 학생에게 매우 중요하다. 외적인 보상 때문이 아니라 자신의 능력이 성장하는 것을 즐기며 그것 자체에 가치를 두고 성장하는 학생이 되기를 바라기 때문이다. 동기화 과정은 강화뿐만 아니라 결과에 대한 학습자의 기대, 선호도, 편견, 내적 기준 등과 같은 특성에 의해서도 영향을 받는다.

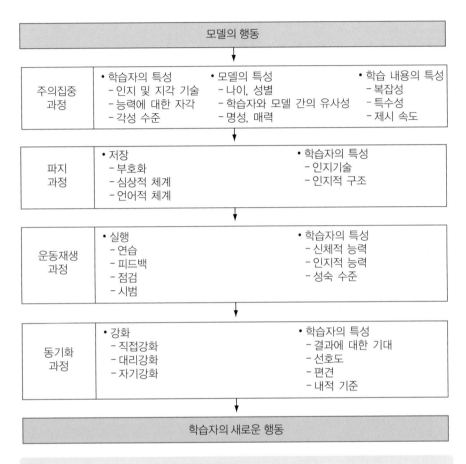

[그림 9-3] 관찰학습의 주요 과정

4) 자기조절

인간은 처음에는 외부환경의 영향을 받지만 점차적으로 자신의 행동을 스스로 조절하는 자기조절 능력을 발달시킨다. 이를 통해 자아개념이 행동으로 드러나도록 실행에 옮기고, 자신의 행동을 수정하거나 외부환경을 변화시켜 자아개념과 개인적 목표에 합치되는 결과를 가져오는 인지적·행동적 과정을 거치게 된다. 자기조절(self-regulation)이란 목표를 달성하기 위해 학습자 스스로 사고와 행동을 조절하여 학습에 대한 책임과 통제를 받아들이는 과정을 의미한다.

사회인지이론에서는 학습자의 기대가 행동과 환경에 영향을 줄 수 있으며, 이는 학습자 자신이 학습에 대한 통제를 받아들이는 과정인 자기조절을 통해 가능하다고 본다. 예를 들어, 유아가 처음에는 외적 강화와 처벌을 통하여 횡단보도를 건너는 것을 학습하였으나, 성장하면서 길 건너는 행동에 대한 신념과 기준을 가지게 되며, 그것에 따라 자신들의 행동을 선택하게 된다. 즉, 외부로부터 더 이상 강화가 주어지지 않아도 자기조절을 통해 행동을 유발하고 유지하게 된다. 또한 자기조절은 외부 환경과 행동 간의 관계에 대한 이해를 향상시켜 주기 때문에 보상이 없는 상황에서도 일반화가 더 잘 일어나게 한다.

자기조절에 따른 행동들은 일단 학습이 되면 자기평가의 기초가 된다. 자신의 수행이 수행 기준을 충족시키게 되면 긍정적인 자기평가를 내리며, 반대로 수행이 기준에 모자라면 부정적인 자기평가를 내린다. Bandura는 자기평가로부터 오는 내적 강화가 외부로부터 주어지는 외적 강화보다 영향력이 더 크다고 믿었다. 또한 학습자들이 자신의 행동을 조절했을 때의 긍정적인 자기평가는 보상이 철회된 후에도 오랫동안 지속된다.

5) 자기효능감

자기효능감(self-efficacy)이란 어떤 과제나 목표를 성공적으로 수행하는 데 필요한 자신의 능력에 대한 신념으로, 학습자의 사고와 행동을 조절하는 자기조절 과정에서 매우 중요한 역할을 한다. 대부분의 사람은 자신이 잘할 수 있다는 신념이 없으면 행동으로 잘 옮기지 않는 경향이 있다. 따라서 비슷한 능력을 가진 학습자들의 수행 정도가 다르다면 이는 학습자가 가진 신념이 수행에 영향을 미쳤을 수 있다.

Bandura(1986)에 의하면 자기효능감은 학습 행동을 일으키는 원천으로 학습자의 과제 선택, 노력의 정도, 신념, 문제 상황에 대한 대처와 문제해결 방법에 영향을 미친다. 자기효능감이 높은 학습자는 도전적이고 모험적인 과제를 선호하며, 노력하면 해결할 수 있을 것이라는 신념을 가지고 그 과제를 끝까지 수행하려고 한다. 반면, 자기효능감이 낮은 학습자는 자신의 능력에 비해 지나치게 쉽거나 어려운 과제를 선택하며, 스스로 과제를 해결할 수 없을 것이라는 신념을 가지고 있어 어려움에 부딪히면 쉽게 포기하는 경향이 있다(Schunk, 1990). 또한 문제 상황에서 자기효능감이 높은 학습자는 실패에 대한 불안과 스트레스에 적절히 대처하며 지속적으로 전략을 수정하여 문제를 해결하려고 한다. 반면, 자기효능감이 낮은 학습자는 불안과 우울, 좌절을 경험하고 실패전략을 반복하거나 쉽게 포기하는 경향을 보인다. 자기효능감은 학습자의 사전 경험을 바탕으로 형성되며 학습자 자신의 능력에 대한 판단이므로 학습자의 학습 행동을 예측할 수 있는 근거가 된다. Bandura는 학습 상황에서의 성취경험, 모델링을 통한 대리경험, 사회적 설득, 그리고 생리적·정서적 각성의 네 가지 정보를 통하여 학습자가 자신의 자기효능감을 형성하거나 향상시킨다고 보았다. 자기효능감이 높은 학습자와 낮은 학습자의 인지와 수행에 있어 차이를 비교해 보면 〈표 9-2〉와 같다.

〈표 9-2〉 인지와 수행에서의 자기효능감 차이

	자기효능감이 높은 학습자	자기효능감이 낮은 학습자
과제선택	도전적인 과제를 선호하는 경향	도전적인 과제를 회피하는 경향
신념	노력하면 과제를 해결할 수 있을 것이라고 믿음	과제를 해결할 능력이 없다고 믿음
노력	도전적 과제에서 더 노력	도전적 과제에서 덜 노력
실패상황	불안과 스트레스에 적절히 대처	불안, 우울, 좌절을 경험
문제해결	전략을 수정하며 과제를 수행	비생산적인 실패전략을 반복

● 성취경험

성취경험(mastery experience)은 어떤 과제에 대해 학습자가 과거에 성공적으로 성취했던 직접적인 경험을 말한다. 학습 상황에서 지속적으로 성취경험을 가진 학습자는 주어진 과제에 대해 높은 자기효능감을 가지고 도전하게 되고, 그 결과 더 큰 성취경험을 가질 수 있다. 반면, 실패의 경험을 가진 학습자는 비슷한 상황에서 자신의 능력을 의심하게 되어 실패를 반복하는 악순환으로 자기효능감을 떨어뜨리게 된다.

성취경험의 결과를 어떻게 귀인하는지도 자기효능감에 영향을 미친다. 즉, 어떤 과제에 성공했다고 하더라도 그 원인을 자신의 능력과 같은 내적 요인으로 돌리기보다는 타인의 도움이나 운과 같은 외적 요인으로 지각한다면 자기효능감 향상에 영향을 주지 못할 것이다.

● 대리경험

대리경험(vicarious experience)이란 다른 사람의 수행을 관찰함으로써 정보를 얻는 것을 말한다. Keyser와 Barling(1981)은 아동들에게 있어서는 성취경험뿐만 아니라 대리경험도 자기효능감에 많은 영향을 미친다고 하였다. 학습자가 특정한 행동을 하면서 얻을 수 있는 성취경험을 통한 직접강화도 학습자의 자기효능감에 중요한 영향을 미치지만, 특정한 행동을 한 모델에게 제시되는 강화에 의해 학습자가 영향을 받는 대리경험을 통한 대리강화도 자기효능감 향상에 많은 영향을 미친다.

유능한 모델이 학습하여 성공하는 장면을 관찰하면 학습자 자신도 성공할 수 있다는 믿음을 갖게 되어 학습에 대한 자기효능감이 높아지게 된다. 학습자가 모델에 더 가까이 동일시된 경우 자기효능감에 미치는 효과는 더 커진다. 그렇기 때문에 주어진 과제를 유능하게 수행하는 성공적인 모델을 선택하는 것이 중요하다. 부적절한 모델에 대한 관찰은 오히려 자기효능감을 떨어뜨리는 요인으로 작용하기도 한다. 최근에는 자신의 연습이나 경기에서 성공하는 모습을 비디오로 촬영한 후 계속적으로 관찰함으로써 대리경험을 유도하는 방법도 많이 사용되고 있다. 심상이나 이미지 트레이닝도 대리경험의 한 형태로 볼 수 있다.

● 사회적 설득

사회적 설득(social persuasion)이란 학습자에게 수행하여야 할 과제를 성취할 수 있는 능력이 있다는 믿음을 가지게 하는 것을 말한다. 사회적 설득은 성취경험이나 대리경험에 비해 학습자의 자기효능감 형성에 미치는 영향이 크지 않지만 과제를 중단하려는 학습자에게 이를 지속하게 하는 데는 효과가 있다. 왜냐하면 대부분의 사람은 다른 사람들로부터 자신이 어떤 과제를 수행할 수 있는 능력이 있다는 말을 듣게 되면 더 많은 노력을 하는 경향이 있기 때문이다. 이러한 사회적 설득은 설득하는 사람의 사회적 지위나 신뢰성, 학습자에 대한 영향력에 따라 다르게 나타날 수 있다. 그러나 과제의 수준이 너무 높거나 실제 경험에서 강화를 받지 못할 경우 사회적 설득은 효과적이지 못하며 오히려 자기효능감에 부정적인 영향을 미칠 수도 있다.

● 생리적/정서적 각성

생리적/정서적 각성(physiological and psychological arousal)은 학습자들이 불안 상황에서 종종 신체적으로는 심박 수가 증가하고 손에 땀이 나며, 정서적으로는 긴장을 하는 등의 생리적 변화나 정서적 반응을 보이는 것을 말한다. 이러한 생리적 변화나 정서적 반응을 어떻게 해석하거나 받아들이는가는 자기효능감에 영향을 미칠 수 있다. 특정 과제를 수행할 때 재미와 성취감 같은 긍정적 정서를 경험하면 자기효능감이 높아지지만, 당혹감이나 긴장과 같은 부정적 정서는 자기효능감에 부정적 영향을 미치게 된다. 높은 불안 상태로 인해 생리적 변화를 경험한 학습자는 유사한 과제에 직면하게 되면 불안 수준이 높아져 과제 수행에 부정적인 영향을 미쳐 과제 자체를 포기하거나 회피하게 되지만, 긍정적 각성 상태로 인해 자기효능감이 높을 때에는 보다 높은 목표를 설정하여 도전적인 과제를 선택하고 노력의 양과 지속성을 증가시키게 된다.

3. 사회인지주의적 접근의 교육적 적용

사회인지이론은 행동주의이론과 달리 인간의 발달과 학습의 과정에서 단순한 외적 자극만이 아니라 학습자 개인의 내적 특성이 주요한 요인으로 작용하며 직접적인 경험을 통해서만이 아니라 간접적인 사회적 경험을 통해서도 학습이 가능하다고 주장한다. 이러한 점에서 사회인지이론은 다음과 같은 중요한 공헌점을 가진다. 첫째, 자극이나 보상이 없는 상황에서도 학습이 가능하다는 주장을 통해 행동주의에서 간과한 관찰학습을 부각시켰다. 둘째, 사회인지이론은 행동주의이론과 인지주의이론의 가교 역할을 하였다. 즉, 학습과정에서 보상이나 처벌과 같은 행동주의의 개념뿐만 아니라 자기조절, 자기강화, 자기효능감 등의 인지주의의 개념을 사용하여 학습과정을 설명하려고 시도하였다.

다른 사람의 행동을 관찰해서 새로운 기술을 습득하는 것은 우리의 일상에서 보편적으로 일어나는 일이다. 사회인지이론은 학습이 직접적인 경험에 의해서뿐만 아니라 관찰에 의해서 이루어질 수 있다고 보기 때문에 교육적 상호작용이 이루어지는 실제 교육현장에서 많은 교육적 적용 방안을 내포하고 있다. 사회인지주의적 접근의 교육적 적용 방안을 살펴보면 다음과 같다.

첫째, 교사는 학습자에게 효과적인 모델이 되어야 한다. 학습자는 교수자로서의 교사뿐 아니라 교사가 가지고 있는 사고, 태도, 가치관, 언어 등을 관찰하고 모방한다. 그렇기 때문에 교사는 학습자에게 모델로서의 결정적인 역할을 해야 할 필요가 있다. 예를 들어, 휴지를 줍는 것이 바람직한 행동임을 알고 있지만 수행하지 못하는 학생들에게 교사가 휴지 줍는 행동을 보여줌으로써 같은 행동을 하도록 촉진시킬 수 있다는 것이다. 교사 이외에 또래나 선배들도 학습자에게 효과적인 모델이 될 수 있으며, 이순신이나 나이팅게일과 같이 현재는 존재하지 않아 직접적인 관찰은 불가능하지만 책이나 이야기를 통해 알 수 있는 상징적인 모델들도 효과적일 수 있다.

둘째, 교사는 학습과정에서 학습자에게 긍정적 강화나 피드백을 제공해야 한다. 학습자는 모델의 행동을 모방하여 행동한 다음 칭찬과 같은 보상을 받으면 그 행동을 지속한다. 그러므로 학습자가 주의집중과 파지 과정을 통해 모델의 행동을 재생했을 경우 긍정적 강화나 피드백을 제공하여 모델의 행동이 지속적으로 재생될 수 있도록 도와주어야 한다.

셋째, 교사는 학습자가 적절한 목표를 설정하도록 해야 한다. 학습자는 스스로 교수-학습과정을 통해 학습목표에 도달할 수 있다. 그러나 때로는 자신에 대한 기대 수준이 현실과 다를 경우 교사는 학습자 수준에 맞는 현실적 목표를 설정하도록 도와주어야 한다. 학습자에게 있어 적절한 목표란 학습자가 노력하였을 경우 도달할 수 있는 목표를 의미한다. 학습자가 아무리 노력해도 도달할 수 없는 목표나 전혀 노력하지 않아도 도달할 수 있는 목표는 수정해 주는 것이 바람직하다.

넷째, 교사는 학습자의 자기효능감을 높이기 위한 다양한 전략을 사용해야 한다. 가능하면 학습자와 비슷한 연령, 성별 학습능력을 가진 모델의 성공적인 성취장면을 많이 관찰하게 하고, 적절한 과제를 제시하여 성취경험을 제공해 주어야 한다. 또한 학습자가 생리적·정서적 각성을 유발하는 상황에서 자기효능감을 높일 수 있도록 하기 위해 가능하면 긍정적 정서를 경험할 수 있는 심리적·정서적 환경을 제시해야 한다.

제10장 학습에 대한 인지주의적 접근

1. 인지주의적 접근에 대한 이해

학습의 원리를 자극과 반응 간의 연합으로 설명하는 행동주의는 학교현장의 교사들에게 교수-학습과정에서 유용한 원리를 제공하였으며, 프로그램화 교수법 등 다양한 교수방법의 발달에도 많은 영향을 미쳤다. 하지만 인간의 행동이나 학습을 단순히 자극과 반응 간의 연합으로 설명하였고 인간을 단순히 강화와 벌에 반응하는 존재로 간주하였던 행동주의적 관점으로는 인간의 언어 습득이나 복잡한 문제해결 과정 또는 인지기능의 발달과정을 설명하는 데 많은 한계를 가지고 있다. 이와 함께 20세기 과학기술의 급격한 발달로 인간의 지각, 학습, 기억, 사고와 같은 인간의 정신과정에 대한 과학적 연구의 필요성이 제기되면서 인지주의이론이 주목받기 시작하였다. 학습의 원리에서 환경적 조건과 관찰 가능한 행동 간의 연합에 초점을 맞추었던 행동주의적 접근과는 달리, 인지주의적 접근에서는 인간 내부에서 일어나는 인지과정을 강조한다.

인지(cognition)란 자극을 받아들이고 기억하고 활용하여 문제를 해결하는 일련의 정신과정을 의미한다. 즉, 우리 머릿속에서 일어나는 지적 과정으로 지각, 기억, 상상, 개념, 판단, 추리를 포함하여 무엇을 안다는 것을 나타내는 포괄적 개념이다. 인지주의이론(Cognitive Theory)에서는 인간 행동을 이해하기 위해 자극과 반응 등의 외적인 조건들보다는 자극과 반응을 중재하는 내적인 정신과정을 과학적으로 분석한다. 또한 학습과 행동이 지각, 기억, 사고, 추론, 기대, 가치 인식 등과 같은 다양한 정신과정의 변화로 나타난다고 보고 이 과정에 관심을 가지고 연구한다. 학습에 대한 인지주의적 접근에서는 인간을 능동적인 학습자로 간주하고, 학습을 학습자의 인지구조가 변하는 것, 즉 인지구조의 재구조화로 본다.

학습에 대한 행동주의적 관점과 인지주의적 관점은 다음과 같은 점에서 차이가 있다.

첫째, 행동주의적 관점에서는 학습을 관찰 가능한 행동의 변화라고 보는 반면, 인지주의적 관점에서는 학습을 내적인 인지구조의 변화라고 보고, 인지구조의 변화가 행동의 변화를 가능하게 해 준다고 본다.

둘째, 행동주의적 관점에서는 자극과 반응의 단순한 연합에 의해 학습이 이루어진다고 보는 반면, 인지주의적 관점에서는 지식 습득이 선행되고 습득된 지식에 의해 행동의 변화가 일어난다고 본다.

셋째, 행동주의적 관점에서 강화는 반응의 강도를 더 강하게 하므로 바람직한 행동을 할 때 적절한 보상으로 강화를 주는 것이 중요하다고 생각한다. 반면, 인지주의적 관점에서 강화는 행동들이 반복되면 어떤 일이 일어날 것인지를 알려 주는 유인책의 역할을 한다고 생각한다. 즉, 강화가 목표달성을 위해 불필요한 일들을 반복하지 않게 함으로써 목표달성을 쉽게 할 수 있도록 한다는 것이다.

넷째, 행동주의적 관점에서 학습자는 외부환경에 영향을 받는 수동적인 역할을 한다. 반면, 인지주의적 관점에서 학습자는 자발적으로 경험을 하고, 능동적으로 선택하며, 스스로 지식을 구성하며, 새로운 통찰을 얻기 위해 기존의 지식을 재조직하는 등 능동적인 역할을 한다.

다섯째, 행동주의적 관점에서는 대부분 통제된 실험실에서 동물을 대상으로 연구를 하며 그 결과를 인간을 포함한 동물들의 모든 행동에 적용한다. 반면, 인지주의적 관점에서는 학습자 개인들을 대상으로 인지의 개인차와 발달적 차이에 초점을 두고 실제 학습 상황을 연구하기 때문에 일반적인 학습원리를 추구하지는 않는다.

이상에서 살펴본 학습에 대한 행동주의적 관점과 인지주의적 관점의 차이를 요약하여 제시하면 〈표 10-1〉과 같다.

〈표 10-1〉 학습에 대한 행동주의적 관점과 인지주의적 관점의 차이

구분	행동주의	인지주의
학습	관찰 가능한 행동의 변화	내적 인지구조의 변화
학습과정	자극-반응의 연합	지식습득을 통한 행동 변화
강화	행동 변화의 기제	수행전환을 위한 유인책
학습자	외부환경에 영향을 받는 수동적 학습자	지식을 재구성하는 능동적 학습자
연구 방법	실험실에서 동물을 대상으로 연구	실제 학습상황에서 개인을 대상으로 연구

2. Tolman의 잠재학습

Tolman은 1930년대 행동주의와 마찬가지로 연구의 객관성을 강조하고, 인간보다는 동물을 대상으로 연구를 진행하였다. 그는 하버드 대학원 시절 형태주의의 대표 이론가인 Koffka와 함께 일했다. 형태주의이론에 영향을 받은 Tolman은 행동주의자들이 분석을 위해 행동을 더 작은 단위로 나누는 것에 반대하고 의미 있는 행동 그 전체를 연구하면서도 객관성을 유지하는 것이 가능하다고 믿었다. 방법론적으로는

Edward Chace Tolman
(1886~1959)

행동주의자로 보지만 인지과정을 발견하기 위해 행동을 연구하였다는 점에서 그를 최초의 인지행동주의자로 분류하기도 한다. Tolman은 학습이 단순한 자극과 반응의 연합으로 이루어진다는 행동주의를 비판하며 눈에 보이지 않는 인지과정, 즉 기대와 주의, 동기 등의 변화도 학습에 포함시켜야 한다고 주장하였다. 그는 잠재학습에 대한 연구를 통하여 이를 증명하려 하였다. 잠재학습(latent learning)이란 학습이 일어났지만 수행되지 않고 잠재되어 있는 학습을 말한다(Tolman, 1948).

Tolman과 Honzik(1930)은 미로를 만들어 쥐들이 출구를 찾아가도록 하는 실험을 통해 잠재학습 현상을 설명하였다. 〈표 10-2〉에서 제시한 것과 같이 미로실험에서 쥐들을 세 집단으로 나누어 목표 지점에 도달하도록 학습시켰다. A집단의 쥐에게는 목표 지점에 도달해도 먹이를 주지 않았고, B집단의 쥐에게는 목표 지점에 도달할 때마다 먹이를 주었다. C집단의 쥐에게는 첫날부터 10일째까지는 목표 지점에 도달해도 먹이를 주지 않다가 11일째 되는 날부터 먹이를 주었다.

실험결과, A집단의 수행은 약간 향상되고 오류가 크게 줄어들지 않았으며, B집단의 수행은 꾸준히 향상되고 오류를 범하는 횟수가 줄어들었다. 이 두 집단의 결과는 행동주의의 강화이론으로 설명할 수 있다. 한편, Tolman이 가장 관심을 가졌던 C집단은 10일까지는 A집단과 비슷한 수행 정도를 보이다가 강화를 주기 시작한 11일째부터 수행이 급격하게 향상되고 오류를 범하는 횟수 또한 줄어들어 실험 기간 동안 항상 강화를 받았던 B집단보다

〈표 10-2〉 Tolman과 Honzik의 쥐의 미로실험

집단	강화조건	결과
A	목표 지점에 도달해도 먹이를 주지 않음	수행이 약간 향상
B	목표 지점에 도달할 때마다 먹이를 줌	수행이 지속적으로 향상
C	11일째 이후부터 목표 지점에 도달하면 먹이를 줌	10일까지는 A집단처럼 수행이 약간 향상되다가 11일 이후 수행이 급격하게 향상되어 B집단보다 수행 우수

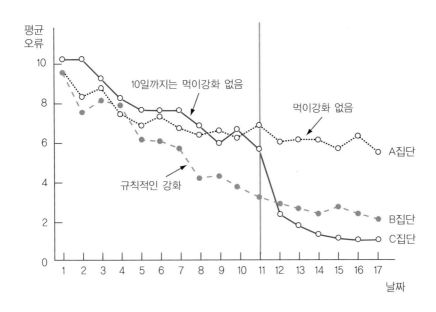

[그림 10-1] 쥐의 미로학습에 대한 실험 결과

출처: 김영채(2003).

높은 수준의 수행을 보였다. 행동주의에 의하면 C집단은 강화를 받기 시작한 11일째부터 점진적으로 향상되다가 20일째쯤 되었을 때 B집단의 수행과 비슷한 정도로 나타나야만 한다. 하지만 C집단의 수행이 가장 우수하였다.

이러한 결과는 행동주의 강화이론으로는 설명하기 어렵다. Tolman은 C집단의 쥐들이 10일 동안 먹이를 받지 않았음에도 불구하고 무언가를 학습하였다고 주장하였다. 즉, 강화를 받지 않은 행동이라도 잠재학습의 형태로 남아 있어 다음 학습에 영향을 미친다는 것이다.

C집단 쥐들의 머릿속에는 미로에서 어떤 지점을 통과하면 어떤 장소에 도달하고 그 이후에 강화가 주어지는지 그렇지 않은지에 관한 지도가 이미 그려져 있었다. Tolman은 이를 인지도라고 하였다. 인지도(cognitive map)란 학습과정을 통하여 환경적 특성과 구조를 그림이나 지도의 형태로 만든 정신적 표상을 의미한다. 그는 학습자가 이미 환경에 대한 인지도를 구성하여 학습이 되어 있으나 동기화될 때까지 잠재되어 있다가 이후 강화에 의해 동

기화되었을 때 잠재되었던 학습 내용이 수행으로 전환된 것이라고 보았다. 즉, 학습은 구체적인 행동이 아니라 이들 관계에 대한 사전 인지이며 인지도의 형성을 의미한다. 그러므로 학습은 눈에 보이지 않는 인지도의 형성이라는 인지과정의 변화에 의해 일어나며, 이러한 학습은 강화 없이도 일어날 수 있다.

또한 Tolman은 학습자가 항상 어떤 목적을 달성하기 위해 행동한다고 하였다. 그러므로 학습은 단순한 자극과 반응의 연합을 통해 발생하는 것이 아니며, 특정 행동을 하면 특정한 결과를 얻을 수 있을 것이라는 학습자의 기대가 학습과 행동에 영향을 미친다는 것이다. 이처럼 그는 행동의 목적 지향성을 강조하였기 때문에 그의 이론을 목적적 행동주의(purposive behaviorism)라고도 한다.

3. 형태주의 심리학

1) 기본 관점

Max Wertheimer
(1880~1943)

학습에 대한 인지주의적 접근은 1920년대 Wertheimer가 주창한 형태주의 심리학에 기초를 두고 있다. 이를 게슈탈트 심리학(Gestalt Psychology)이라고도 하는데, 여기서 게슈탈트란 형태 또는 조직을 의미한다. 형태주의 또한 학습을 자극-반응의 연합으로 설명하는 행동주의에 반하여 등장하였고, 인간의 감각기관을 통해 들어오는 정보의 형태를 인지하고 해석하는 지각에 대해 관심을 가지고 연구하였다. 지각(perception)이란 감각기관을 통해 들어오는 정보 또는 자극에 의미를 부여하여 그것이 무엇인지를 알게 되는 것을 말한다. 감각기관을 통해 들어오는 자극에 의미를 부여하는 것은 그것을 어떻게 조직하는가에 따라 영향을 받는다. 형태주의 심리학자들은 이러한 인간의 지각을 조직하는 능력이 보편적이고 생득적인 것이라고 주장한다. 인간은 선천적으로 자신의 경험을 조화롭고, 체계적이고, 단순한 방식에 따라 지각하는 경향이 있다는 것이다.

　형태주의 심리학자들은 전체는 부분들의 총합보다 크다고 주장하며, 학습자가 지각하는 것이 그것을 이루고 있는 부분들과는 다르다고 믿었다. 즉, 학습자는 학습 상황에서 부분을 보는 것이 아니라 각 부분의 상호관계의 맥락 속에서 전체를 지각한다는 것이다. 따라서 학습이란 부분을 전체로 지각하는 과정에서 일어나는 것으로, 개개의 요소로 분석하는 것이 아니라 통합된 전체로서 지각하는 것이다. 예를 들어, 유리잔을 지각할 때 두 개의 원, 한 개의 직육면체 등의 각 요소별로 분석하여 조합하려 한다면 이를 유리잔으로 인식하는 것이 쉽지 않을 것이다. 우리는 유리잔을 구성하는 도형들의 맥락을 전체적 형태로 지각하여 '유리잔'이라고 인식하는 것이다.

　형태주의이론의 전체주의적 견해는 Wertheimer의 파이현상에 토대를 두고 있다. 파이현상(phi-phenomenon)이란 여러 개의 전구를 일정하게 배열한 다음 짧은 간격으로 차례로 불을 켜 나가면 전구들이 점멸하는 것이 아니라 불빛이 운동하는 것으로 지각하는 현상을 의미한다. [그림 10-2]의 그림은 Wertheimer가 파이현상을 설명하기 위해 제시한 그림이며(Hansel, 2011), 아래 그림 또한 일상에서 자주 볼 수 있는 파이현상을 설명하고 있는 한 예다.

　[그림 10-2]의 위 그림에서와 같이 하나의 빛 자극을 A공간에 짧게 제시하고 50밀리초 후 우측 B공간에 빛을 다시 짧게 제시하면 빛은 원래 두 개이지만 이것을 빛이 좌측에서 우측으로 움직였다고 지각한다. 즉, 두 자극 사이에 아무런 정보가 제공되지 않음에도 불구하고 두 자극 사이에 어떠한 움직임이 있다고 지각하는 것이다. A공간과 B공간에서의 각 빛을 분석해서는 움직임의 지각 이유를 설명할 수 없다. 움직임의 경험은 요소들 간의 결합에서 나타나기 때문이다. 형태주의이론에서는 심리적인 경험이 감각적 요소로부터 오지만 감각적 요소들 그 자체와는 다르다고 생각하였다. [그림 10-2]의 아래 그림도 각각 다른 동작을 취하고 있는 9명의 사람이라고 지각하기보다는 걷고 있는 사람으로 지각하는 것이 더 일반적이다. 이러한 현상은 우리가

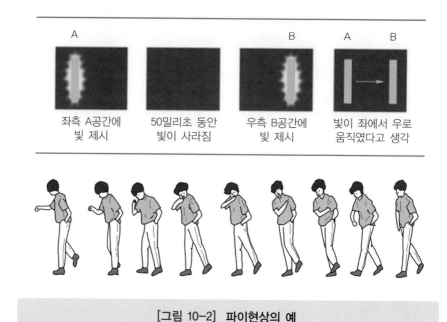

[그림 10-2] 파이현상의 예

무언가를 경험할 때 실제로 존재하는 사실과는 다르게 받아들일 수 있음을
보여 준다.

형태주의이론에서는 부분들을 하나의 전체로 체계화하여 지각하는 특
성을 설명하기 위하여 지각의 법칙을 체계화하였는데, 이것은 어떤 자극조
건에서 우리가 무엇을 지각할 것인지를 기술하는 규칙을 의미한다. 형태주
의이론에서 밝힌 몇 가지 대표적인 지각의 법칙을 제시하면 **[그림 10-3]**과
같다.

● 근접의 법칙

근접의 법칙(law of proximity)이란 떨어져 있는 동일한 요소들보다 가까
이 모여 있는 요소들을 더 의미 있는 형태로 통합하여 인식하고, 떨어져 있
는 다른 요소들과 구분된 덩어리로 지각하는 경향을 말한다. 근접의 법칙은
공간뿐만 아니라 시간적인 접근성도 포함되어 있어 현재와 시간적으로 근접
해 있는 자극을 더 잘 지각하는 경향이 있다. **[그림 10-3]**의 (a)에서 대부분

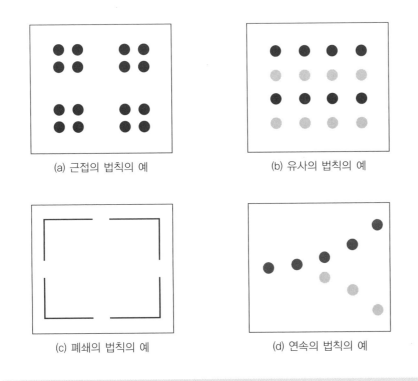

(a) 근접의 법칙의 예   (b) 유사의 법칙의 예

(c) 폐쇄의 법칙의 예   (d) 연속의 법칙의 예

[그림 10-3] 지각체계화의 법칙 예

의 사람은 '16개의 점'이 아닌 '4개의 점으로 이루어진 4개의 덩어리'로 인식한다.

● **유사의 법칙**

유사의 법칙(law of similarity)이란 각각의 부분이 색, 밝기, 방향, 크기 등의 유사성이 있을 때 하나의 형태나 성질로 지각하는 경향을 말한다. **[그림 10-3]**의 (b)에서 대부분의 사람은 진한 점들과 흐린 점들이 각각 가로로 배열되는 연관성을 가진 것으로 지각한다.

● **폐쇄의 법칙**

폐쇄의 법칙(law of closure)이란 완전하지 않은 대상을 보완하여 이를 완전한 형태로 지각하는 경향, 또는 공백이나 결손된 부분이 있어도 그 부분을 보완하여 완성된 형태로 지각하려는 원리를 말한다. [그림 10-3]의 (c)에서 대부분의 사람은 연결되지 않은 선들의 집합을 사각형으로 지각한다.

● **연속의 법칙**

　연속의 법칙(law of continuity)이란 처음 시작한 형태의 중간에 다른 형태가 있더라도 동일한 형태를 찾아 완성된 덩어리로 지각하거나 직선적 또는 원만하게 이어지는 자극들을 하나의 형태로 조직화하여 지각하려는 현상을 말한다. [그림 10-3]의 (d)에서 대부분의 사람은 한 점이 그리는 궤적에서 흐린 점을 발견하더라도 계속해서 진한 점의 궤적을 연결해 연속성을 가진 하나의 덩어리로 인식한다.

2) Köhler의 통찰학습

Wolfgang Köhler
(1887~1967)

　　　　Köhler는 학습이 Thorndike가 주장한 것과 같은 맹목적인 시행착오의 결과가 아니라 전체와 부분 사이의 구조적 관계를 파악하는 인지적 시행착오인 통찰 과정을 통해 일어난다고 하였다. 통찰(insight)이란 문제 상황에서 문제의 요소들을 재구성함으로써 해결방법이 갑자기 머리에 섬광처럼 떠오르는 것을 의미한다. 문제는 풀리거나 풀리지 않는 두 상태로만 존재하며, 둘 사이의 부분적 해결 상태란 없다고 보았다.

　　　　Köhler는 학습에 대한 그의 생각을 검증하기 위해 [그림 10-4]에서와 같이 술탄이라는 침팬지를 이용한 실험을 실시하였다. 침팬지의 우리 속 천장에 바나나를 매달아 놓고, 몇 개의 상자를 여기저기에 놓아두었다. 처음에 침팬지는 바나나를 따기 위하여 손을 뻗치거나 발돋움을 하고 뛰어오르는 행동을 하였다. 이러한 시도가 실패하자 침팬지는 잠시 행동을 멈추고 방 안 주위를 살피더니 갑자기 흩어져 있는 상자를 옮겨 차례로 쌓아 올렸다. 그리고 그 상자 위로 올라가 막대

기를 이용하여 바나나를 따는 행동을 하였다. 이 실험에서 바나나와 상자는 아무런 관계가 없는 개별적인 요소였으며, 침팬지는 주의 깊게 전체 장면을 관찰하여 전체와 부분의 관계를 포착함으로써 바나나를 따서 먹을 수 있었다. 즉, 침팬지는 전체 상황에서 요소들 간의 관계를 인지하여 재구성함으로써 문제를 해결할 수 있었다. 이 과정에서 침팬지는 상황을 파악하고 해답을 찾을 때까지 여러 가지 가능한 방법을 생각하는 인지적 과정을 거쳐 거의 순간적으로 문제를 해결하였다. 문제의 미해결에서 해결로의 전환이 급격하고 완벽하게 일어나는데 이를 아하 현상(a-ha phenomenon)이나 아하 경험(a-ha experience)이라고도 한다. 아하 경험은 문제가 해결되기 전까지 긴장을 지속시키는 인지적 불균형 상태를 유지하다가 해답을 찾으면 인지적 불균형이 회복되고 긴장이 해소되면서 나타난다.

Köhler는 이러한 침팬지의 행동을 통하여 다음과 같은 통찰학습의 과정을 제시하였다(이용남 외, 1999). 첫째, 학습자가 문제 장면에 직면하게 된다. 문제 장면은 일종의 인지 불균형(cognitive disequilibrium)을 야기하며, 인지적

[그림 10-4] Köhler의 침팬지 실험

불균형은 학습동기를 유발한다. 둘째, 문제 장면의 탐색이 이루어진다. 이때 탐색은 행동주의에서 말하는 시행착오적인 것이 아니라 목적과 수단, 요소와 요소 간의 관계, 부분과 전체 장면 간의 관계를 파악하는 과정이다. 셋째, 이러한 관계의 이해 또는 파악을 통해 통찰이 일어나며, 통찰을 통하여 학습이 일어난다. 그러므로 Köhler는 부분과 부분, 부분과 전체, 수단과 목표 간의 관계 이해를 통찰이라고 보고, 통찰의 형성을 학습이라고 하였다.

통찰학습의 특징은 다음과 같다(Hergenhahn, 1988). 첫째, 통찰에 따른 문제해결은 급격하게 일어난다. 둘째, 통찰에 따른 문제해결은 오류 없이 완전하게 일어난다. 셋째, 통찰에 의해 획득된 문제해결 방법은 상당히 오랜 기간 기억된다. 넷째, 통찰에 의해 획득된 문제해결 방법은 다른 문제 장면에 쉽게 전이되어 적용된다. 다섯째, 통찰에 의한 학습은 점증적인 학습이기보다는 실무율적인 학습이다.

4. 정보처리이론

정보처리이론(Information-Processing Theory)이란 학습과정에서 정보를 받아들이고 저장하고 인출하는 인지처리 과정을 컴퓨터의 정보처리 과정에 비유하여 설명하는 이론이다. 정보처리는 정보들을 감각기관을 통해 받아들이고, 받아들인 정보를 기억하기 좋은 형태로 변형시키는 부호화(encoding), 부호화된 정보를 기억에 담아 두는 저장(storage), 필요할 때 기억에서 정보를 끄집어내는 인출(retrieval)로 이루어진다. 정보처리이론에서 학습은 이러한 인지적 조작으로 정보를 처리하는 과정을 의미한다.

정보처리이론의 구조는 기억저장고와 인지처리 과정이라는 두 가지 요소로 구분하여 설명할 수 있다. 기억저장고란 투입된 정보가 머무르는 장소를 의미하며 정보의 저장 기간과 의식 여부에 따라 감각기억, 작업기억, 장기기억으로 구분한다. Atkinson과 Shiffrin(1968)은 기억의 저장고로 감각기억, 단기기억, 장기기억을 제시하였다. 작업기억은 Baddeley(1986)가 소개한 후 단기기억을 포함한 개념으로 많은 지지를 받고 있다. 정보가 세 가지의 각각 다른 기억저장소에 저장된다는 점에서 중다저장모델(Multistore Model)이라고도 한다.

인지처리 과정이란 각각의 기억저장고로부터 정보가 이동하는 것과 관계되는 처리과정을 의미한다. 컴퓨터는 외부에서 입력된 정보를 처리할 수 있도록 이진법의 형태로 부호화한다. 이렇게 부호화된 정보들은 컴퓨터의 하드디스크에 저장되고, 필요할 때마다 모니터나 프린터를 통해 인출하여 사용하게 된다. 정보처리 이론가들은 컴퓨터처럼 인간의 인지처리 과정도 감각정보를 기억저장고 속에 입력하는 부호화 과정, 입력된 정보를 기억저장고에 저장하는 과정, 저장된 정보를 필요할 때 인출하는 과정의 3단계로 이루어진다고 하였다. 이 과정에서 주의집중, 시연, 부호화, 인출, 망각 등이 이루어져 하나의 저장고에서 다른 저장고로 옮기는 내부적이고 지적인 활동이 일어난다.

다음에서는 기억저장고의 세 가지 단계인 감각기억, 작업기억, 장기기억의 특성에 대해 알아보고, 각 단계에서 정보가 처리되고 저장되며 인출되는 인지처리 과정을 살펴보고자 한다.

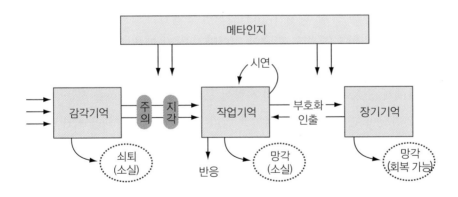

[그림 10-5] Atkinson과 Shiffrin의 정보처리모형

1) 감각기억

감각기억(sensory memory)이란 눈이나 귀와 같은 감각수용 기관을 통해 외부의 환경으로부터 들어온 정보가 아주 짧은 시간 동안 저장되는 기억을 말한다. 감각정보가 인지체계에 처음 등록되는 곳이라는 의미에서 감각기억은 감각등록기(sensory register)라고도 한다. 정보를 수용할 수 있는 용량에는 한계가 거의 없지만, 정보의 저장 시간은 일반적으로 시각적 정보는 약 1초, 청각적 정보는 약 4초 정도라고 알려져 있다. 방대하게 투입되는 정보가 즉시 처리되지 않을 경우 감각기억에 저장된 정보는 소실된다. 감각기억 속의 정보가 오래 머무르도록 하기 위해서 주의나 지각 등의 처리과정을 거친다.

● 주의

주의(attention)란 감각기관을 통해 들어온 수많은 정보 중 선택하여 의미를 처리할 수 있도록 하는 것이다. 감각기억에 들어온 정보는 무수히 많으므로 주의를 집중하지 않으면 곧 사라지고, 주의를 받은 정보는 작업기억으로 이동하게 된다. 따라서 학습은 주의를 집중하는 것으로 시작된다. 집중력이 약한 학습자는 같은 학습 시간에 노출되더라도 감각기억 단계에서부터 저장되는 정보의 양이 적을 수 있다. 감각기억의 용량이 무한하다고는 하지만 관심을 기울이지 않으면 결코 학습이 일어나지 않기 때문에 학습자가 주의과정에서 어떤 통제를 가하여 선택적으로 주의를 기울이느냐는 것은 교사와 학습자에게 중요한 문제다. 여러 사람이 모여 시끄럽게 대화를 하는 가운데에서도 자신이 관심을 갖는 이야기를 골라 들을 수 있는 능력을 칵테일파티 효과(cocktail party effect)하고 한다. 시끄러운 파티장에서 한 화자에게만 주의하고 유사한 공간 위치에서 들려오는 다른 대화는 선택적으로 걸러 내는 능력을 묘사하는 것이다. 이와 같이 선택적 주의는 자신에게 의미 있는 정보일수록 잘 일어나며, 과제의 복잡성이나 곤란도, 숙달된 지식의 정도에 의해 영향을 받는다.

● **지각**

지각(perception)이란 감각기관을 통해 들어오는 정보들에 의미를 부여하여 그것이 무엇인지를 해석하는 처리과정을 의미한다. 정보에 주의를 기울이는 것만으로 정보가 처리되는 것은 아니다. 예를 들어, 감각기억에 들어온 숫자는 곡선 또는 직선으로 이루어진 물리적 형태로만 저장된다. 따라서 이 숫자에 의미를 부여하는 처리과정, 즉 지각을 통해 다른 형태의 정보로 저장하는 것이 이루어져야 한다. 지각은 우리의 과거 경험, 사전 지식, 동기 등의 영향을 받는다. 그러므로 같은 정보라도 개인마다 서로 다른 해석과 의미를 부여하게 된다.

2) 작업기억

감각기억으로부터 들어와 주의와 지각의 단계를 거친 새로운 정보는 두 번째 기억저장소인 작업기억(working memory)으로 전달된다. 이는 정보가 단시간만 머무르는 특성이 있기 때문에 단기기억(short-term memory)이라고도 한다. 단기기억이라는 용어가 다소 수동적인 의미의 기억체계라고 한다면, 작업기억은 지금 이 순간 의식적으로 활성화된 기억으로 인지과정이 진행되는 작업대이며, 각종 인지과정을 통제하는 중앙 통제적 기억으로서의 역할을 강조하여 붙여진 용어다. 작업기억이라는 작업대는 감각기억으로부터 오는 새로운 기억과 장기기억에서 인출된 지식이 놓이는 곳이다. 예를 들어, 오랜만에 만난 친구의 얼굴이 감각기억을 통해 작업기억으로 전달되었다면 이와 관련된 정보를 장기기억에서 인출하여 그의 이름을 인지하게 되는 것이다.

작업기억은 정보처리 용량이 제한되어 있고 저장 시간이 매우 짧다. 작업기억에서 한 번에 처리할 수 있는 정보의 용량은 7±2로 5개에서 9개 정도의 서로 다른 정보를 약 20~30초간 유지할 수 있다. 이러한 용량과 시간의 제한 때문에 의식적 처리가 이루어지지 않으면 다음의 기억저장고인 장기기억으로 넘어가지 못하고 쇠퇴해 망각된다.

작업기억 속의 중요한 정보가 오래 머무르도록 하기 위해서 시연과 부호화 등의 처리과정을 거친다.

● **시연**

시연(rehearsal)이란 작업기억 속의 정보를 유지하기 위하여 정보를 기계적으로 반복하는 되뇜이다. 즉, 시연은 정보를 소리 내어 읽거나 속으로 되풀이하는 것을 반복 연습하는 것을 말한다. 일반적으로 시연은 정보가 사용될 때까지만 그 정보를 작업기억에 유지시킨다. 주로 구구단, 알파벳, 노래의 가사와 멜로디, 전화번호를 기억할 때 시연을 사용한다. 예를 들면, 예약을 하기 위해 식당의 전화번호를 되풀이해서 외워야 전화번호를 기억하여 전화를 걸 수 있다. 일단 전화를 걸고 나면 더 이상 그 번호를 기억하는 데 관심이 없어지고 망각이 일어난다. 저장 시간에 제한이 있는 작업기억 안에서 의도한 목적을 달성할 때까지만 시연이 이루어지는 것이다. 그러나 정보는 그 의미를 생각하면서 정교화된 시연(elaborative rehearsal)을 반복할수록 장기기억으로 이동하여 영구적으로 저장된다.

● **부호화**

부호화(encoding)란 작업기억에 들어온 정보를 그대로 저장하는 것이 아니라 보다 잘 기억할 수 있도록 의미를 가지는 상징의 형태로 변화시키는 것을 말한다. 작업기억의 새로운 정보를 장기기억에 표상하기 위해 준비하는 과정으로, 효과적인 부호화의 전략으로는 조직화, 정교화, 이중부호화 등이 있다.

- 조직화: 조직화(organization)란 제시된 기억 자료를 그것이 가지고 있는 속성에 따라 의미 있는 단위로 묶는 것을 말하며, 청킹(chunking)이라고도 한다. 예를 들어, 사과, 자, 복숭아, 연필, 치약, 배, 수건, 바나나, 비누, 샴푸, 지우개, 필통의 총 12개의 목록을 모두 기억한다는 것은 쉬운 일이 아니다. 이 12개의 목록을 무선적으로 작업기억에 저장하는 것은

작업기억의 용량이 제한되어 있기 때문에 쉽지 않다. 그러나 이 목록들을 학용품, 과일, 세면도구와 같은 공통 범주나 유형으로 분류하면 쉽게 기억할 수 있다. 그래프, 표, 지도, 위계적 개념도를 활용한 조직화 된 학습자료는 학습자로 하여금 정보의 관계를 더 잘 이해할 수 있게 하여 기억을 오래 유지할 수 있게 한다.

- 정교화: 정교화(elaboration)란 장기기억 속의 사전 정보를 활용하여 서로 관계가 없는 정보 간에 관계를 설정해 주는 것을 말한다. 이 과정에서 기억해야 할 정보는 이미지의 형태로 전환해야 하고 기존의 정보와 기억해야 할 정보 간의 관계를 설정해야 한다. 예를 들어, 새로운 전화번호를 기억하고자 할 때 그 번호가 동생의 생일과 비슷하다는 것과 연결하여 기억하는 전략이다.

- 이중부호화: 이중부호화(dual coding)란 정보를 처리하는 과정에서 정보가 시각적이며 청각, 언어적 형태로 동시에 제시되는 것을 말한다. 장기기억은 언어기억과 심상기억이라는 두 개의 분리된 기억 체제를 가진다(Sadoski & Paivio, 2001). 따라서 '책' 또는 '자동차'와 같이 언어적, 시각적으로 표상될 수 있는 단어가 '의리' 또는 '진실'과 같이 언어적으로만 표상 될 수 있는 단어보다 기억하기 더 쉽다. 그러므로 새로운 정보를 성공적으로 부호화하기 위해서는 언어적 정보와 함께 시각적 자료가 충분히 제시되어야 한다. 즉, 학습자에게 새로운 정보를 성공적으로 부호화시키기 위하여 설명이라는 언어적 정보와 함께 동영상이라는 시각적 자료를 함께 제시하는 것이다.

3) 장기기억

장기기억(long-term memory)은 정보를 저장하고 후에 이를 인출하여 사용할 수 있는 기억이다. 작업기억에서 시연이나 부호화를 거친 정보들은 영구적인 기억저장고라고 할 수 있는 장기기억에 저장된다. 장기기억의 정보는 감각기억이나 작업기억과는 달리 용량과 지속 시간의 제한이 없으며 평생

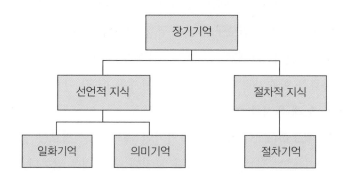

[그림 10-6] 장기기억의 형태

동안 저장된다. 단지 작업기억에서 정보가 어떻게 부호화되어 저장되었는가에 따라 인출의 용이성이 다르게 나타난다. 장기기억에 있는 많은 정보 중에서 필요한 정보를 인출하기 위해서는 어느 정도의 시간과 노력이 요구된다. 작업기억은 현재 의식하고 있는 정보이기 때문에 정보에 대한 즉각적인 접근이 가능하지만 장기기억은 적절한 인출 단서가 제공되어야 인출되기 때문에 정보 접근이 비교적 느리다.

장기기억에 저장되는 지식은 크게 선언적 지식과 절차적 지식으로 구분된다. 선언적 지식(declarative knowledge)이란 특정한 사실이나 사건에 관한 지식으로 서술적 지식 또는 명시적 지식이라고도 한다. 선언적 지식은 특정한 시간이나 장소에서 개인이 겪었던 사건과 관련된 일화기억과 사실, 법칙, 이론 등과 같은 세상에 대한 일반적 지식과 관련된 의미기억으로 구성되어 있다. 절차적 지식(procedural knowledge)은 행위, 조작 및 기술에 대한 지식으로 이러한 지식에 대한 기억을 절차기억이라 한다.

● 일화기억

일화기억(episodic memory)은 과거 개인적으로 경험했던 사건과 관련된 의식적인 기억을 말한다. 예를 들어, 수학여행에서 친구들과 불국사에서 사진을 찍었던 일이나 이성 친구와 첫 키스를 했던 일 등은 일화기억이라 할 수 있다. 자서전적 경험이라 할 수 있는 일화기억은 특별한 정서와 연관되어 있는 경우가 대부분이기 때문에 의미기억보다 인출이 용이하다.

● 의미기억

의미기억(semantic memory)은 사실이나 일반적인 정보와 관련된 기억을 말한다. 예를 들어, 석굴암이 경주에 있다는 것, 우리나라의 국화는 무궁화라는 것, 물은 산소와 수소로 이루어져 있다는 것과 같은 일반적 지식에 대한 기억을 의미기억이라 한다. 다양한 대상, 사물 또는 현상에 관하여 일반적인 지식 형태로 저장되기 때문에 인출을 하기 위해서는 전략을 사용하여야 하며 의식적 각성이 필요하다.

● 절차기억

절차기억(procedural memory)은 어떤 행위를 수행하는 방법에 관한 기억을 말한다. 예를 들어, 자동차 운전하기, 자전거 타기와 같은 운동기능과 사고 기능에 대한 기억이다. 이러한 기능들은 계속 연습할수록 효과적으로 저장하게 되고 인출 또한 거의 의식하지 않고도 수행되는 자동화(automaticity)가 가능해진다. 처음 자전거 타는 법을 배우는 아이는 넘어지지 않기 위해 정신을 집중하여 페달을 밟고 앞을 주시한다. 그러나 일단 자전거를 탈 수 있게 되면 1년이 지난 후에도 특별한 연습 없이 자전거를 능숙하게 탈 수 있다. 이

〈표 10-3〉 감각기억, 작업기억, 장기기억의 특성 비교

	감각기억	작업기억	장기기억
유사명칭	감각등록기	단기기억	이차적 기억
처리용량	무제한	7±2 제한	무제한
지속시간	1~4초	약 20~30초	무제한
정보의 형태	감각적(시각, 청각 등)	현재 활성화되고 있는 정보	학습 혹은 부호화된 정보
망각의 원인	주의를 기울이지 않음	시연과정을 거치지 않음	간섭이나 인출단서 부족

와 같이 자동화된 절차기억은 오랫동안 망각되지 않는 장점이 있으므로 교사는 학습자에게 학습활동에 대해 연습할 기회를 충분히 제공하여야 한다.

4) 인출과 망각

● 인출

기억, 즉 저장을 하는 것도 중요하지만 기억된 정보를 사용하기 위해 기억에서 정보를 꺼내는 인출 또한 중요하다. 인출(retrieval)이란 부호화되어 장기기억에 있는 정보를 작업기억으로 가져오는 과정을 의미한다. 인출 여부는 정보가 부호화된 방법과 맥락의 영향을 받는다. 정교하게 부호화된 정보는 장기기억에 저장되어 필요한 경우 신속히 인출된다. 또한 정보가 저장되었던 맥락과 같은 환경에서 정보가 더 쉽게 인출된다. 예를 들어, 학습자들이 수업했던 강의실에서 시험을 칠 때 다른 장소에서 시험을 칠 때보다 시험성적이 더 높게 나타날 수 있고, 우울한 기분일 때 슬픈 기억이 더 잘 떠오른다. 이것은 학습자가 학습한 내용이나 학습자의 정서가 그 당시의 맥락과 부호화되어 함께 장기기억에 저장되었기 때문에 맥락이 비슷할 경우 그 맥락이 인출 단서로 작용하기 때문이다.

인출은 정보의 제시 순서에 따라서도 다르게 나타난다. Rundus(1971)는 스탠퍼드 대학교 학부생들을 대상으로 20개의 명사로 이루어진 단어 목록을 기억하는 실험을 하였다. 실험에서 한 단어를 각각 5초씩 제시한 후 순서에 상관없이 기억나는 단어를 말해 보라고 했을 때, 학부생들은 단어 목록의 시작 부분과 마지막 부분에 있던 단어들을 중간에 있던 단어들보다 더 정확하게 기억했다. 이처럼 항목들의 계열적인 순서에 따라 회상률이 달라지는 현상을 계열 위치 효과(serial position effect)라고 한다(박권생, 2011). 계열 위치 효과 중 처음에 있는 단어들을 더 잘 기억하는 현상을 초두효과(primacy effect)라 하며, 마지막에 있는 단어들을 더 잘 기억하는 현상을 최신효과(recency effect)라 한다. 초두효과가 일어난 이유는 앞에 제시된 단어들이 뒤에 제시된 단어들보다 상대적으로 더 많이 암송되어서 시연을 통하여 장기기억에 저장되었기 때문이다. 반면, 최신효과가 일어난 이유는 마지막에 있는 단어들이 아직 작업기억에 남아 있어서 회상하는 비율이 높았기 때문이다. 이러한 결과들을 종합하면, 초두효과는 장기기억에서의 인출과 관련되며 최신효과는 작업기억에서의 인출과 관련된다고 할 수 있다.

　장기기억에서 정보가 인출되는 형태로는 재인과 회상이 있다. 재인(recognition)이란 이전 정보를 재경험하여 기억을 인출하는 것으로 이전에 학습한 정보와 새로운 정보를 구분하도록 요구하는 기억과제다. 예를 들어, 지금 제시했던 단어가 일주일 전에 학습했던 20개의 단어 중의 하나인지 아닌지를 기억해 내는 것으로 현재 접하고 있는 정보들을 이전에 보았는지 기억해 내는 것이다. 시험문제에서 사지선다형 문항은 학습자에게 재인을 요구하는 예라고 할 수 있다. 회상(recall)이란 어떠한 기억 단서 없이 기억에 저장된 정보를 최대한 이끌어 내도록 요구하는 기억과제다. 예를 들어, 아무런 단서 없이 일주일 전에 학습했던 20개의 단어를 기억해 내는 것은 회상에 해당된다. 시험문제에서 단답형이나 논술형 문항은 학습자에게 회상을 요구하는 예라고 할 수 있다. 일반적으로 학습자들은 회상보다 재인을 더 잘 하는데 이는 회상하지 못한다고 해서 모두 망각된 것은 아님을 의미한다.

● 망각

　망각(forgetting)이란 전에 경험하거나 학습한 것을 상기하거나 재생하는 능력이 일시적 또는 영속적으로 감퇴 및 상실되는 것을 의미한다. 망각은 정보처리의 전 과정에서 일어난다. 감각기억에서의 망각은 감각등록기를 통해 투입되는 정보가 주의나 지각 등의 과정을 통해 즉시 처리되지 않을 경우 감각기억에 저장된 정보가 쇠퇴하기 때문에 일어난다. 작업기억에서의 망각은 시간과 용량의 제한 때문에 시연과 부호화 등의 의식적 처리가 이루어지지 않으면 다음의 기억저장고인 장기기억으로 넘어가지 못하고 쇠퇴하기 때문에 일어난다. 감각기억과 작업기억에서의 망각은 때로는 긍정적 역할을 하기도 한다. 왜냐하면 아침부터 보았던 버스의 번호를 모두 기억한다면 저녁에는 많은 혼란을 겪을 것이기 때문이다.

한편, 장기기억에 저장된 정보는 영구적으로 보존되는 것으로 알려져 있지만 장기기억에 저장된 정보가 모두 인출되지 않을 수도 있다. 장기기억 속에서의 망각은 인출실패, 간섭, 쇠퇴 등으로 설명할 수 있다.

인출실패(retrieval failure)란 인출 단서가 없어서 장기기억에 저장되어 있는 정보에 접근할 수 없을 때 발생한다(Goldstein, 2011). 면접시험 등에서 분명히 아는 내용이지만 쉽게 답이 생각나지 않아 혀끝에서 맴도는 경우가 있다. 이와 같이 어떤 사실을 알고 있기는 하지만 혀끝에서 빙빙 돌기만 할 뿐 말로 표현되지 않는 상태를 설단현상(tip-of-the-tongue phenomenon)이라고 한다. 설단현상은 인출실패의 예로서 장기기억에 존재하는 특정한 정보에 정확하게 접근할 수 없기 때문에 발생하게 된다. 하지만 부호화 과정에서 작용했던 인출단서가 제공되면 쉽게 인출되기도 한다.

간섭(interference)이란 기억된 정보가 서로 방해하기 때문에 일어나는 현상이다. 간섭하는 정보가 학습 전의 정보인지 혹은 학습 후의 정보인지에 따라 순행간섭과 역행간섭의 두 유형으로 구분된다. 순행간섭(proactive interference)은 이전에 학습했던 정보가 새롭게 학습한 정보를 간섭함으로써 인출을 방해하는 현상을 말한다. 학년이 바뀌었는데도 학번을 물으면 예전의 학번을 말하는 것과 같은 현상이 순행간섭의 예라 할 수 있다. 역행간섭(retroactive interference)은 새롭게 학습한 정보가 이전에 학습한 정보를 간섭함으로써 인출을 방해하는 현상이다. 지금의 학번을 완벽하게 기억해서 예전의 학번이 기억나지 않는다면 이것이 역행간섭의 예다.

쇠퇴(decay)란 사용되지 않는 정보가 시간이 경과함에 따라 점차 사라져서 망각되는 것을 말한다. 그러므로 학습된 기억이 오래된 정보일수록 기억하기 어려운 경향이 있다. 오래전에 학습한 내용을 기억하기 위해서는 쇠퇴해져서 결국 재생이 어려워지기 전에 이를 반복해서 재생하는 연습의 과정이 필요하다.

망각은 학습 직후에 가장 많이 일어난다. [그림 10-7]에서 보는 바와 같이 Ebbinghaus(1885)는 새로운 내용을 학습한 후 1시간이 경과되면 학습한 내용의 약 55% 정도를 망각하고 48시간 후에는 약 70%를 망각한다. 따라서 망

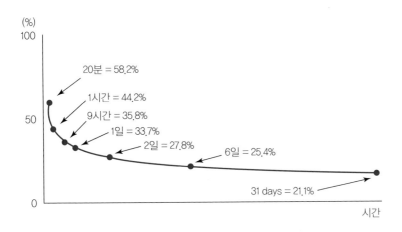

[그림 10-7] Ebbinghaus의 망각곡선

각을 최소화하기 위해서는 새로운 내용을 학습한 직후에 바로 복습하는 것이 좋다.

5. 인지주의적 접근의 교육적 적용

인지주의이론은 행동주의이론으로는 설명하기 어려운 인간의 내적 정신과정에 초점을 맞추어 학습을 설명하고 있다. 학습에 대한 인지주의적 접근의 원리 및 이론을 교육현장에서 적용할 수 있는 방안을 구체적으로 살펴보면 다음과 같다.

첫째, 교사는 학습자의 잠재적으로 학습된 내용을 수행으로 변환시켜야 한다. 학습자는 수행되지는 않지만 많은 지식을 이미 학습하고 있다. 교사는 학습자가 잠재된 지식을 활성화시켜 새로운 정보를 부호화하도록 도와주어야 한다.

둘째, 교사는 학습자의 인지 갈등을 유발하여야 한다. 교사는 학생들에게 더 많은 정보를 얻을 필요성을 느끼도록 질문을 하여 인지 갈등을 야기할 필요가 있다. 교사는 활동적으로 사고할 수 있는 흥미로운 질문을 제시하여 학습자가 능동적으로 학습에 참여하도록 하여야 한다.

셋째, 교사는 학습자가 주의집중을 하도록 유도해야 한다. 주의집중은 학습의 출발점이다. 교사는 시각, 청각 등 감각적 단서를 이용하여 학습자가 주의를 집중하도록 도와야 한다. 역사 시간에 그 시대와 관련된 영화를 보여 준다든지 수업 내용과 관련된 수수께끼를 내는 등의 수업전략은 학생들의 호기심을 자극하여 그들의 주의를 집중시키는 효과적인 방법이다.

넷째, 교사는 새로 학습한 정보를 시연하고 정교화할 수 있는 기회를 제공하여야 한다. 예를 들면, 인간의 신체적 특징을 학습하고 난 후 학생들에게 숙제로 자신의 몸을 그리고 각 부분의 명칭을 적어 오도록 하며 다음 시간에 그것에 대해 발표하는 시간을 갖도록 계획한다. 학습자는 과제를 수행하며 자연스럽게 시연과 정교화를 실천하게 된다.

다섯째, 교사는 정보의 양을 조절하여 단계적으로 제시하여야 한다. 작업기억의 용량은 제한적이어서 학습자는 정해진 수업 시간에 지나치게 많은 정보를 효과적으로 처리하지 못한다. 작업기억의 용량을 고려하여 내용을 나누어서 제시할 때 학습자는 더 많은 것을 기억할 수 있다.

여섯째, 인출을 촉진시킬 수 있는 학습과정을 제공해야 한다. 학습 내용에 맞는 실제의 사례나 복습을 위한 질문, 학습이 발생한 맥락, 노트 필기, 혼잣말 등은 인출 단서로 작용하여 인출 과정을 연습할 수 있게 도와준다. 그리하여 학습자는 장기기억 속 다른 정보들 간의 연합을 만들어 인출할 수 있는 다양한 통로를 갖기 때문에 더 쉽게 인출을 할 수 있다.

제11장 학습에 대한 구성주의적 접근

1. 구성주의적 접근에 대한 이해

1) 구성주의의 개념

구성주의(constructivism)란 학습자가 지식을 스스로 구성한다는 점을 강조한 철학적·심리학적 관점이다. 여기서 지식은 절대적인 것이 아니라 개인의 사회적 경험에 의해 구성되는 개별적인 인지과정의 결과다. 구성주의는 이론이라기보다는 학습의 본질에 대한 인식론과 철학적 해석으로 Dewey, Piaget, Vygotsky, Bruner 등의 연구에 기초를 두고 있다. 구성주의는 학습자 개개인이 지식을 구성하는 데 적극적이라는 점에서 학습자 중심의 수업을 강조한다. 기존에 존재하고 있는 단순한 지식들을 주입하고 그것을 비판적 사고 없이 그대로 받아들이는 주입식 교육과는 달리, 학습자가 스스로 지식을 조합하고 활용할 수 있는 능력, 즉 자기주도적인 학습능력과 고차적 사고력을 요구한다. 이러한 교육 패러다임의 변화는 학습에 대한 관점, 교사와 학생의 역할, 교육환경의 변화를 필요로 하며, 이러한 교육 패러다임의 변화로 나타난 학습자 중심의 교육을 강조하는 관점이 바로 구성주의다. 유아교육, 수학교육, 과학교육, 컴퓨터기반교육 등은 많은 부분이 학습자의 능동적인 학습활동을 중심으로 이루어지고 있으며, 우리나라의 제7차 교육과정 또한 학습자 중심의 구성주의에 입각하여 만들어졌다.

교육에서 구성주의가 출현한 배경은 다음과 같다.

첫째, 산업화 사회에서 정보화 사회로의 변화다. 정보화 사회에서 학습자는 수많은 지식과 정보 속에서 필요한 지식을 스스로 선택하고 조합하여 새로운 지식을 생성할 수 있는 자기주도적 학습능력, 창의성, 유연성, 복합성이 요구되고 있다.

둘째, Vygotsky의 사회문화적 인지발달이론에 대한 관심이다. 학습과 발달은 학습자가 경험하는 사회문화적 상황에 절대적인 영향을 받는다는 Vygotsky의 견해는 구성주의이론의 기초를 제공하였다.

셋째, 전통적인 학교교육 방식에 대한 우려다. 전통적인 학교교육은 지식의 전달만을 강조한 나머지 학습자에게 실제 생활에 적용할 수 있는 능력을 길러 주지 못한다는 한계점을 지니고 있다.

넷째, 정보처리이론에 대한 비판이다. 정보처리이론에서는 인간의 사고과정을 컴퓨터의 정보처리 과정에 비유함으로써 학습자의 능력이나 생활 속의 문제, 맥락 등의 역할을 간과하고 학습자를 단순히 지식을 수동적으로 받아들이는 존재로 간주한다.

2) 구성주의와 객관주의

구성주의는 기존의 산업화 시대를 지배했던 논리실증주의와 과학주의로 대표되는 객관주의 인식론에 대한 비판으로부터 등장하였다. 인식론(epistemology)이란 오래전부터 철학자들이 지식이란 무엇이며, 인간이 지식을 어떻게 형성하는가라는 물음을 통하여 지식에 대한 본질적인 의미를 밝히려는 철학의 한 분야다. 인식론적 관점은 전통주의적 인식론을 기반으로 하는 객관주의와 상대주의적 인식론을 기반으로 하는 구성주의로 구분된다.

객관주의(objectivism)에서 지식은 외부에 존재하는 것으로 체계적으로 구조화하여 수용하는 것이다. 따라서 교육의 목표는 보편타당한 절대적 진리를 추구하는 것이며, 이것은 의도적 교육과정을 통해 전달하여야 한다. 객관주의에서 학습자는 정보의 수동적 수용자다. 반면, 구성주의에서는 지식을 개인의 사회적 경험과 배경을 바탕으로 인지적 과정이 더해져 생성된 것이라고 본다. 구성주의에서 절대적이고 객관적인 지식은 없으며 모든 지식은 개인에 의해서 주관적으로 구성된다. 따라서 교육목표는 개개인의 생활에 적합한 지식을 구성하도록 돕는 것이며, 이것은 실천적 교육과정을 통해 달성되어야 한다. 구성주의에서 학습자는 아이디어의 능동적 창조자다.

객관주의에서 지식이 모든 학습자에게 동일하게 인식될 수 있다고 가정하는 것과는 달리, 구성주의에서 지식은 상황 인지에 따라 다르게 인식될 수 있다고 가정한다. 상황 인지(situated cognition)란 학습이나 인지적 활동이 상황과 분리된 것이 아니라 상황 내에서 이루어지는 것을 의미한다. 예를 들어, 아기는 자신을 돌봐 주는 엄마와의 관계를 통해 엄마에 대한 개념을 만들어 간다. 이때 아기가 경험하는 엄마와의 관계에 따라 엄마에 대한 개념도 다양하게 형성된다. 즉, 갓난아이에게 엄마에 대한 개념은 설명을 통해 형성되는 것이 아니라 자신을 둘러싼 환경과의 경험을 통한 스스로의 인지적 작용에 의해 형성된다.

〈표 11-1〉 객관주의와 구성주의 비교

구분	객관주의	구성주의
지식의 생성 및 존재	• 인식 주체의 외부에 존재 • 외부의 지식을 발견 또는 수용하여 체계적으로 구조화 • 암기를 통해 저장됨	• 기존 경험을 바탕으로 개개인의 마음속에서 구성됨 • 자신이 속한 사회의 구성원들에 의해 영향을 받음 • 역동적이며, 개인적 · 사회적으로 창출됨
교육목표	• 보편타당한 절대적 진리와 지식 추구	• 생활에 의미 있는 지식 구성
교육과정	• 의도적 교육과정 • 교과서 중심의 사실 지식 및 기본 기능 강조	• 실천적 교육과정 • 다양한 학습 자료에 근거한 구성 활동 강조
주요 개념	• 발견, 암기, 전수	• 의미의 구성, 의미의 연결, 창조, 아이디어 교환
학습자	• 지식의 수동적 수용자	• 아이디어의 능동적 창조자
교사의 역할	• 지식 및 아이디어의 전달자 • 교육과정 실행자	• 아이디어의 촉진자 • 교육과정 재구성자
교육방법	• 일제 수업, 개별화 활동, 강의 중심 수업 • 강의, 반복, 암송	• 협동 수업, 소집단 활동, 문제해결학습 • 비판적 사고
강조점	• 완전학습	• 비판적 사고, 창조적 사고
평가	• 가치판단론적 평가 • 결과중심 평가 • 양적 평가 • 학습자 서열을 정하는 데 쓰임	• 정보처리론적 또는 통합절충론적 평가 • 과정중심 평가 • 질적 평가 • 교사의 교육방법의 평가로 이용
교육의 책임	• 학습자	• 교사
주요 이론가	• Skinner, Thorndike, Ausubel 등	• Piaget, Vygotsky, von Glasersfeld, Jonessen 등

출처: 황윤한(1998).

2. 구성주의 유형

구성주의는 지식을 구성하는 요인에 따라 인지적 구성주의와 사회적 구성주의로 구분된다. 인지적 구성주의가 개인의 인지적 작용을 더 강조하는 반면, 사회적 구성주의는 사회적 상호작용과 문화적 상황을 강조한다. 이러한 인식의 차이는 학습, 교수, 교사의 역할의 차이로 이어진다.

1) 인지적 구성주의

인지적 구성주의(cognitive constructivism)는 Piaget의 인지발달이론에 근거하여 형성되었다. Piaget는 개인의 동화와 조절을 통한 인지발달을 강조한 반면 인지발달에 있어 사회문화적 요인은 크게 강조하지 않았다. 인지적 구성주의에서는 인지구조가 개인의 경험을 통해 구성된다고 간주하기 때문에 사회적 환경이나 사회적 상호작용보다는 개인 내적 인지구조의 변화에 관심을 갖는다. Piaget는 인지발달이란 동화나 조절 과정을 통하여 인지도식을 확장시키는 과정이라고 설명하였다. 인간은 인지적 평형을 유지하려는 본능을 가지고 있으며, 인지적 평형은 동화와 조절을 통해 유지된다. 새로운 정보로 인해 인지구조에 평형이 깨어졌을 때 동화와 조절을 통하여 사고를 재구성하면서 이전과는 질적으로 다른 새로운 지식을 구성한다. 이러한 동화와 조절의 과정은 학습자가 수동적으로 지식을 전달받는 것이 아니라 능동적으로 정보를 내면화시키는 것을 의미한다. 인지적 구성주의는 전적으로 개인이 지식을 구성하기 때문에 개인적 구성주의라고도 하며, 사회문화적 요인은 발달을 이끄는 촉매로서 중요한 역할을 하지만 인지구조를 변화시키는 주요 기제는 아니라고 본다.

이러한 관점에서 학습은 학습자가 자신의 사고 내에서 한계와 모순점을 깨닫고 인지적 갈등을 일으키며, 실제에 대한 관점을 재통합함으로써 보다 높은 수준의 사고와 인지적 성장을 이루어 나가는 것이다. 교수-학습활동에서 교수(instruction)라는 것은 학습자가 적합한 발달단계에 도달할 때를 기다려 다음 단계로 발전할 수 있도록 도와주는 과정이며, 여기서 교사의 역할은 학습자가 실제적인 경험을 통하여 자신의 생각을 실현하고 점검해 볼 수 있는 교육환경을 제공하는 안내자와 같은 것이다.

2) 사회적 구성주의

사회적 구성주의(social constructivism)는 Vygotsky의 사회문화적 인지발달이론에 근거하여 형성된 것으로, 인지구조는 사회문화적 환경과의 상호작용을 통해 형성된다고 간주한다. Vygotsky에 의하면 지식은 사회적 맥락 내에서 먼저 구성된 이후에 개인에게 내면화된다. 따라서 학습자의 사회적 상호작용이 인지발달의 주요 기제가 된다. Vygotsky의 사회문화적 인지발달이론을 설명하는 가장 중요한 개념 중의 하나는 근접발달영역(ZPD)이다. 근접발달영역은 학습자의 실제적 발달 수준과 도달 가능한 잠재적 발달 수준 간의 차이를 말한다. 실제적 발달 수준은 학습자가 다른 사람의 도움 없이 스스로 문제를 해결할 수 있는 수준이며, 잠재적 발달 수준은 성인의 도움이나 지도 혹은 능력 있는 또래와의 협력에 의해 문제를 해결할 수 있는 수준이다.

학습할 내용에 대해 전문적 지식과 기술을 지닌 사람이 학습자를 도와줄 경우, 학습자는 혼자 도달할 수 있는 인지적 발달 수준보다 더 높은 수준에 도달할 수 있다. 이때 인지발달의 가능성은 바로 이 근접발달영역에 한정되어 있고, 완전한 발달은 사회적 상호작용에 전적으로 달려 있다. 성인의 도움이나 또래와의 협력에 의해 발달할 수 있는 잠재적 발달 수준은 개인에 따라 차이가 있으나 다른 사람의 도움 없이 개인 스스로의 노력에 의해 달성할 수 있는 인지발달 수준보다는 훨씬 높다. 이러한 관점에서 학습은 사회적 상호작용을 통해 사회적으로 정의된 지식과 가치의 의미를 구성해 가는 과정이라 할 수 있다. 교수-학습활동에서 교수는 유능한 안내자와 함께 공동으로 문제를 해결하여 지식을 구성하도록 학습활동을 조직하고 실행하는 과정을 의미하며, 교사의 역할은 학습자가 사회적 상호작용을 통해 지식을 구성

〈표 11-2〉 인지적 구성주의와 사회적 구성주의 비교

구분	인지적 구성주의	사회적 구성주의
주요 개념	동화, 조절, 평형화	근접발달영역, 언어적 상호작용
관심	개인의 인지발달 과정	사회문화적 인지발달 과정
학습	개인의 주관적 경험에 기초한 의미 구성	사회적 상호작용을 통한 의미 구성
학습목표	개인 경험의 사회문화적 타당성 검증	활발한 사회적 상호작용에 의한 사회문화적 관습 습득
교수	개인적 이해를 위한 사고 안내	지식의 공동 구성
교사의 역할	촉진자, 안내자, 환경 제공자	촉진자, 안내자, 공동 참여자

하는 과정에서의 공동 참여자가 되는 것이다.

3. 구성주의의 교수-학습 원리 및 방법

1) 구성주의의 교수-학습 원리

● 자기주도적 학습 원리

학습자는 학습 상황에서 자신이 현재 가지고 있는 지식과 경험을 바탕으로 자율적이며 능동적으로 지식을 형성하고 발달시켜 나가는 존재다. 따라서 교수-학습과정의 중심은 교사가 아닌 지식 구성의 주체인 학습자가 되어야 하며, 교사는 학습자의 주도적 학습을 도와주는 역할을 해야 한다. 학습환경도 학습자들이 생각과 지식 그리고 능력을 적극적이고 자율적으로 발휘할 수 있도록 조성되어야 한다.

● 인지적 갈등 학습 원리

인지적 갈등은 학습자의 학습동기를 자극하고, 학습자들로 하여금 학습할 내용과 조직을 결정하게 한다. 당연하게 받아들이던 모든 것에 대하여 질문을 던지고, 분석을 해 보고, 그 대안을 찾아보는 일련의 인지적 사고를 통하여 기존 현상이나 사건에 대해 새로운 시각과 차원을 발견하게 된다. 따라서 교사는 학습자의 기존 인지구조 혹은 선행지식 등에 인지적 갈등을 유발하는 질문을 하여 학습자의 확산적 사고를 발달시켜야 한다.

● 과제중심 학습 원리

지식은 맥락에서 분리되는 것이 아니라 실제로 사용되는 맥락과 함께 제공되어야 유의미한 학습이 일어난다. 일상생활에서 발견할 수 있는 실제적인 과제를 다룸으로써 과제를 쉽게 이해하게 되고, 문제 상황이 생겼을 때 그 지식을 적용할 수 있게 된다. 따라서 구성주의 수업에서는 실제 상황을 바탕으로 적절성과 유연성을 가지고, 학생들로 하여금 자신의 수준을 고려하여 설계하고 참여 정도를 선택할 수 있는 과제를 포함하도록 설계되어야 한다.

● 협동적 상호학습 원리

지식의 구성은 사회적 요소와 개인의 인지적 요소 간의 통합을 통해 이루어지므로 구성주의적 학습환경은 반드시 학습자가 속해 있는 사회 구성원 간의 협동적 학습환경으로 구성되어야 한다. 학습자는 다른 동료나 선배들과의 상호작용을 통해 스스로의 이해를 검증할 수 있으며, 인지적 갈등과 반성적 사고과정을 통해 인지적 재구조화를 이룰 수 있다. 따라서 서로 다른 의견을 조율하여 일치된 의견을 이룰 수 있다는 점과 서로 다른 관점 간의 갈등 속에서 개인의 인지적 발달을 촉진하여 학습자의 능력을 규명해 볼 수 있다는 점에서 협동학습은 구성주의에서 중요한 학습원리로 강조되고 있다.

2) 구성주의의 교수-학습방법

(1) 인지적 도제

인지적 도제(cognitive apprenticeship)란 학습자가 전문가나 자신보다 유능한 또래와의 상호과정을 통하여 전문적인 지식이나 기술을 점진적으로 숙달하는 것이다. Vygotsky 학파는 아동이 사회적 상호작용을 통해 사고 능력을 발달시킨다고 보고 이에 기초하여 인지적 도제 모형을 설명하였다. 도제(徒弟)란 중세의 수공업에서 직업에 필요한 지식과 기능을 습득하기 위하여 스승의 밑에서 일을 하던 아동을 일컫는 말이며, 도제교육은 학교교육 제도가 제대로 갖추어지지 않았던 시기의 주된 학습방법이다. 전통적 도제방법은 초보자가 전문가의 과제 수행을 직접 관찰하고 모방하는 과정을 통해 특정 지식과 기능을 연마하는 것으로 이루어진다. 이러한 전통적 도제방법은 주로 형식적인 지식이나 기능을 전수하는 데 초점을 두었다. 인지적 도제는 현장에서 이루어지는 전통적 도제방법의 장점을 살려 인지적 영역에 적용한 것으로, 이는 창의적·반성적 사고와 문제해결 등과 같은 내적인 고등정신 기능을 학습하는 데 적합하도록 재구성한 교수-학습방법이다.

인지적 도제에서 교사는 장인의 역할을 하고, 학습자는 도제의 역할을 한다. 이러한 인지적 도제의 학습과정은 문제해결의 모든 과정에 대해 전문가가 시범을 보이는 '시범단계(modeling)', 문제해결을 위한 인지적 틀을 제시하는 '교수적 도움단계(scaffolding)', 학습자 스스로가 문제해결을 위한 인지적 틀을 제시하는 '교수적 도움 소멸단계(fading)'로 구성된다. 이 과정에서 안내 역할을 하는 교사의 참여 및 책임이 점차 학습자에게 이양됨으로써 학습자가 특정 과제 수행을 내면화하도록 돕는다. 내면화 과정을 도와주기 위해 특정 행동에 대한 명료화와 반성적 사고의 기회를 주고 새로운 과제를 통해 탐색할 수 있도록 한다(Brown, Colins, & Duguid, 1989).

인지적 도제가 가장 잘 적용될 수 있는 교과목은 국어와 수학이다. 예를 들어, 국어에서 독해문제를 다룰 때 학생들로 하여금 소리 내어 내용을 요약하게 하고, 혼동을 초래하는 부분을 확실히 설명하게 하며, 읽은 내용에 대해 질문을 만들거나 상황을 예측하게 한다. 처음에는 교사가 시범을 보여 주다가, 점점 교사의 역할을 학생들에게 넘긴다. 그런 다음 교사는 학생들을 지도하거나 보조해 주고, 점차적으로 학생들이 독해에 익숙해지면 스스로 해결하도록 한다. 인지적 도제에 의한 수업은 학생들이 주어진 자료를 이해하는 데 도움을 줄 뿐만 아니라 직면한 새로운 상황에서 그들이 가지고 있는 지식을 적용할 수 있도록 해 준다.

(2) 상황학습

상황학습(situated leaning)은 모든 지식을 그 지식이 사용되는 맥락 안에서 가르쳐야 한다는 것을 강조하는 교수–학습모형이다. 학습이나 인지발달이 실제로 그것과 관련된 상황이나 맥락 속에서 일어나므로 학습과제는 현실적인 맥락에서 제시되어야 한다. 현실적인 맥락이란 다양한 지식과 기능을 이용하여 실제적인 문제를 해결해야 하는 상황을 가리킨다. 예를 들어, 교실에서 수학문제를 풀며 사칙연산을 학습하는 것보다 마트나 은행 등의 산술기능이 필요한 맥락에서 학습하는 것이 새로운 상황에 더 잘 적용할 수 있다는 것이다.

현실적 맥락을 바탕으로 수업설계에 적용할 수 있는 상황학습의 원리를 살펴보면 다음과 같다(박성익, 1999). 첫째, 실제적인 과제를 사용하여야 한다. 둘째, 지식이나 기능은 그것이 사용되는 상황이나 맥락과 함께 제시되어야 한다. 셋째, 다양한 맥락에 적용될 수 있도록 추상적인 사례보다는 구체적인 사례를 사용하는 상황학습 환경을 제시해야 한다. 넷째, 상황학습 환경에서 교사는 실제적인 과제를 통해 학습자가 해결할 수 있도록 하는 촉진자의 역할을 담당하여야 한다.

(3) 문제중심학습

문제중심학습(problem based learning: PBL)은 실생활의 문제 상황을 중심으로 교육과정과 수업을 구조화한 교수–학습모형이다. 교사의 지시나 단순한 전달학습의 비중을 줄이고 학습자의 사고를 중심으로 과제 발표와 토의 등을 경험하도록 하여, 학습자들이 문제를 해결해 가는 과정에서 비판적 사고능력과 협력 기술을 신장하도록 하는 학습 형태다(Barrows, 1994). 또한 학습 촉진자가 제시한 문제를 협동적으로 해결할 수 있도록 학습자를 5~7명의 소그룹으로 편성하여 그룹 토론을 통해 문제를 해결하는 학습방법이기도 하다(Savery & Duffy, 1995). PBL모형의 특징을 제시하면 다음과 같다.

첫째, 문제로부터 학습이 시작된다. 이 경우 학습자들은 그들이 수집하는 정보들이 문제를 해결하기 위한 목적으로 이루어진다는 것을 인식할 수 있게 되어 자신이 왜 학습해야 하는지를 잘 알 수 있다. 그러므로 학습자가 실제 생활에서 다루게 될 과제들을 해결하는 과정에서 교과 관련 지식을 습득하는 것은 물론 문제해결력과 고차적 사고능력을 신장하고 학습동기를 유발할 수 있다.

둘째, 학습자 중심의 수업이다. PBL모형에서는 학습자들이 학습과정에서 스스로 주인의식을 느끼면서 문제를 해결해 나갈 수 있도록 자기주도적 학습을 적극 권장한다. 학습자들은 자신이 직접 문제를 선정하고 동료들과의 협력을 통하여 문제해결 방법을 찾아야 하므로 자신들의 학습과정에 대해 계획을 세우고 관리·점검할 수 있는 학습전략 기술을 배울 수 있다.

셋째, 교사는 안내자의 역할을 한다. 전통적 학습법과는 달리 교사는 정답을 제공하지 않으면서 비판적 사고를 촉진할 수 있도록 질문과 조언을 한다. 이러한 과정에서 교사는 학습자의 자기주도학습과정을 도와주는 안내자의 역할뿐만 아니라 교사 스스로 고등정신 과정을 개발하는 모델의 역할을 해야 한다.

넷째, 협동학습을 구성한다. PBL모형에서는 상호작용을 통해 다른 학습자들의 관점을 공유하고 자신의 관점을 검토하는 노력을 중시한다. 소그룹으로 구성된 협동학습을 통해 학습자의 문제해결 과정을 명료화함으로써 보다 나은 해결책을 제시할 수 있게 된다.

PBL모형은 실제적 문제해결, 학습자 중심, 자기주도적 학습, 협동학습의 구성주의 학습원리를 구체적으로 보여 주는 것으로 구성주의 견해를 가장 충실하게 반영한 것으로 평가받고 있다. PBL모형이 다양한 형태로 수업 상황에서 활용되기 위해서는 다음과 같은 점에 유의해야 한다(신명희 외, 2010).

첫째, 문제가 구체적으로 설계되어야 한다. 문제가 구체적이지 못하고 추상적이거나 포괄적으로 제시되었을 경우 학습자는 문제를 해결하는 과정에서 혼란을 겪을 수 있고, 교사도 수업목표를 달성하는 데 실패할 수 있다.

둘째, 문제의 양이나 참여 학습자 수가 적절해야 한다. 한 학기에 제시되어야 할 문제가 많거나 학습자 수가 많을 경우 토론과 발표 시간이 부족하여 어려움을 겪을 수 있다.

셋째, 학습자의 문제해결 과정의 중요성에 대한 인식이 필요하다. 학습자가 학습 결과물과 평가에만 치중하게 되면 과정의 중요성에 대한 인식이 결여될 수 있으므로, 교사는 학생들에게 학습과정의 중요성을 인식시켜야 한다.

〈표 11-3〉 **구성주의 교수-학습방법의 비교**

구분	인지적 도제	상황학습	문제중심학습
학습자	• 도제	• 주도적 학습자	• 주도적 학습자
교사	• 전문가, 안내자	• 동료학습자, 촉진자	• 안내자
학습과정	• 시연 • 교수 지원의 점진적 감소	• 맥락에서 충분한 학습의 여유 제공	• 문제발견 • 자기주도학습 • 비판적 사고
학습목표	• 지식, 기술의 전문성 • 문화적 동화	• 독자적 사고능력 • 협동학습 능력	• 전문지식 습득 • 문제해결과정 습득
학습과제	• 특정 영역의 지식 • 전문가적 수행 및 지식	• 다양한 구체적 사례 • 복잡한 과제	• 비구조화된 복잡한 구조
학습환경	• 실생활의 복잡성 반영 • 전문가와의 상호작용 강조 • 협동학습 강조 • 학습과정에서 일어나는 변화의 수용이 상대적으로 적음	• 실생활의 복잡성 반영 • 안내자와의 사회적 상호작용 강조 • 협동학습 강조 • 학습과정의 변화를 융통성 있게 수용	• 실생활의 복잡성 반영 • 안내자와의 상호작용 강조 • 협동학습 강조 • 학습과정의 변화를 융통성 있게 수용 • 학습과정이 순환적·역동적

넷째, 교사의 숙달된 코칭 기술이 필요하다. 숙달된 코칭 기술을 가진 교사는 학습자들로 하여금 토론의 주제에서 벗어나지 않으면서도 적극적으로 토론에 참여할 수 있게 하지만, 그렇지 못한 교사들은 토론의 주제에서 벗어나지 않게 하거나 소극적인 학습자의 적극적인 토론을 유도하는 데 어려움이 있다.

4. 구성주의적 접근의 교육적 적용

구성주의는 기존의 수동적이고 지식 암기 위주의 전통적 교육이 지닌 한계와 문제점에 대한 대안적인 교수-학습방법이다. 구성주의는 지식의 형성과 습득을 개인의 인지작용과 사회적 상호작용에 근거하여 설명하는 상대주의 인식론에 기반을 두고 있기 때문에 기존 교육의 변화를 요구한다. 즉, 교사 중심의 교육에서 학생 중심의 교육으로, 단편적인 지식의 암기에서 맥락적 지식의 활용으로, 그리고 획일적 환경에서 다양한 학습 환경으로의 변화를 추구한다. 평가 또한 기존의 결과로서 양적 평가가 아닌 실제 과제를 수행하는 과정에서 자연스럽게 이루어지는 질적 평가를 강조한다.

실제 교육현장에서 구성주의적 접근을 적용할 수 있는 방안을 구체적으로 살펴보면 다음과 같다.

첫째, 학습자 중심의 학습환경을 강조한다. 구성주의적 관점에서는 학습자가 주도적이고 능동적으로 학습활동을 해야 하기 때문에 학습자 중심의 교육환경을 제공해 주어야 한다.

둘째, 실제적 과제와 맥락을 강조한다. 지식이 제공되는 맥락은 복잡하고 비구조화된 실제의 상황과 유사한 것이어야 하며, 학습자들이 다루는 과제도 실제적이고 구체적인 상황을 포함한 내용으로 구성되어야 한다.

셋째, 문제해결 중심의 학습을 강조한다. 구성주의적 관점에서는 지식이 적용될 수 있는 실제적 문제를 중심으로 학습을 제공함으로써 문제 상황에 대한 이해와 관련된 정보를 회상하는 능력, 문제해결 과정에 대한 초인지적 감지 능력, 문제해결에서 경험하는 사고력을 촉진하여야 한다.

넷째, 협동학습 환경을 강조한다. 사회적 구성주의에 의하면 지식의 습득 과정은 개인의 인지적 작용으로만 이루어지는 것이 아니고 개인이 속한 사회문화적 환경과의 상호작용을 전제로 하므로 구성주의적 학습환경에서는 학습자들의 협동학습이 이루어져야 한다.

다섯째, 교사는 조언자, 촉진자, 동료학습자의 역할을 한다. 구성주의적 관점에서 교사는 질문을 통해 학습자의 인지적 활동을 자극하거나 시연을 통해 개념의 틀을 제공하는 등 학습자가 의미를 구성하는 과정을 도와주는 조언자나 촉진자가 되어야 한다.

여섯째, 수행평가의 도입을 권장한다. 구성주의에서의 학습은 현실세계와 동일한 복잡한 문제 상황이나 맥락 속에서 이루어지는 것이므로 평가는 지식을 활용하여 문제를 해결하는 수행과정에서 자연스럽게 파악될 수 있도록 해야 한다.

구성주의는 학습과 학습자에 대해 새로운 접근을 시도하고 학습환경을 구상할 수 있는 근거를 제공하였다. 또한 학습현장에서 정보, 지식, 사물들을 다양한 관점에서 해석하며 사례와 문제 상황이 풍부하게 제시되는 환경을 구상할 수 있도록 하였다. 뿐만아니라 학습자가 주체가 되어 새로운 지식을 형성해 나간다는 점에서 교육에 있어서 새로운 전망을 제시하고, 급속히 발달하고 있는 정보 기술을 토대로 구체적인 학습모형을 제시하고 있다.

이러한 구성주의의 긍정적 역할에도 불구하고, 구성주의는 단일 이론이 아니라 다양한 관점을 포괄하고 있기 때문에 학교에서 적용하는 것에 문제가 있다는 비판도 받고 있다. 구성주의적 접근에 대한 비판점을 살펴보면 다음과 같다.

첫째, 학습자 중심의 교육을 지나치게 강조한다는 점이다. 인지적 도제나 협동학습과 같이 학습자 중심의 교육을 중시하는 교수방법은 학습에 어려움이 있거나 인지적 능력이 떨어지는 학생들에게 부담이 될 수 있다.

둘째, 교사의 다양한 교수능력을 강조한다는 점이다. 구성주의 교육을 교실에서 실행할 때 교사는 학생들에 대한 심층적 이해와 비판적 사고를 촉진시킬 수 있는 능력과 적절한 수업방법을 제시할 수 있어야 한다.

셋째, 지식이 상대적이라는 구성주의 견해와는 달리 보편적인 지식도 엄연히 존재한다는 것이다. 예를 들어, 구구단이나 역사적 사실 등은 협동학습과 같은 사회적 상호작용을 통한 학습보다는 직접교수법으로 가르치는 것이 효과적이다.

제12장 학습동기

1. 동기의 이해

시험 기간이 되면 어떤 학생은 자발적으로 공부하는 데 반해 어떤 학생은 부모나 교사의 간섭이나 지시를 받아야만 공부를 한다. 어떤 학생은 수학은 자발적으로 공부하지만 영어는 마지못해 억지로 공부하거나 아예 공부를 하지 않는다. 시험 결과 낮은 성적을 받았을 때 다음 시험에서는 좋은 성적을 받기 위해 더 노력하는 학생이 있는가 하면, 아예 그 교과목의 공부를 포기하는 학생도 있다. 학습자의 이러한 행동과 관련된 심리적 특성이 바로 동기다. 동기(motivation)는 '움직이다'라는 뜻의 라틴어 'movere'에서 유래된 것으로, 사람의 마음을 움직여 행동을 하게 하는 힘을 말한다. 동기는 어떤 일을 하고자 하는 의욕이며, 따라서 동기가 없으면 행동을 하지 않고 설령 하더라도 지속되기 어렵다.

동기에 대해 Atkinson(1958)은 행위의 방향과 강도 및 지속에 대한 직접적인 영향이라고 정의하였으며, Young(1961)은 인간과 동물의 행위를 결정짓는 요인이라고 정의하였다. 또한 Lindsley(1957)는 동기란 어떤 목표를 지향하는 행동을 일으키고, 방향을 잡아 주고 유지하는 힘의 총합이라고 정의하였고, 김아영(2010)은 동기를 행동의 시작을 이끌고, 방향을 결정하며, 끈기와 강도를 결정하는 힘이라고 정의하였다. 즉, 동기란 일정한 목표를 성취하기 위해서 특정한 행동을 수행하고자 하는 개인의 정신적 태세이며, 행동과정에서 특정 행동을 유발하고 방향을 잡아 주고 지속시키는 심리적 과정이라고 볼 수 있다.

동기의 기능에는 행동을 일으키는 발생적 기능, 어떤 방향으로 향하게 하는 방향적 기능, 일어난 행동을 지속시키는 강화의 기능이 있다.

- 발생적 기능: 발생적 기능은 동기가 어떤 행동을 일으키거나 시작하게 하는 기능으로 출발점 기능이라고도 한다. 예를 들어, 책을 거의 읽지 않던 학습자가 갑자기 독서를 하기 시작하거나, 운동을 거의 하지 않던 사람이 운동을 시작하는 등 어떤 행동을 시작하게 하는 것이 바로 발생적 기능이다.
- 방향적 기능: 방향적 기능은 동기가 행동의 구체적인 방향을 결정하게 하여 궁극적으로는 목표에 도달할 수 있게 하는 기능이다. 예를 들어, 도서관을 갈 것인지 아니면 친구들과 게임방을 갈 것인지의 갈등 상황에서 학습동기가 높은 학습자는 도서관을 선택할 것이며, 학습동기가 낮거나 또래관계를 중시하는 학습자는 게임방을 선택할 것이다.
- 강화의 기능: 강화의 기능은 행동을 지속하게 하는 기능이다. 칭찬이나 상장 등과 같은 외재적 강화물, 흥미나 호기심 등과 같은 내재적 강화물에 의해 특정 행동을 오랫동안 수행하도록 하는 것을 말한다. 예를 들어, 장학금을 받은 학습자가 더 열심히 공부를 하는 것이나, 독서의 재미에 빠진 학습자가 독서를 계속하는 행동은 강화기능 때문이다.

한편, 인간의 다양한 활동 영역 중에서 학습 상황에 적극적으로 참여하게 하는 힘을 학습동기라고 한다. 학습동기(learning motivation)란 학습활동에 의미와 가치를 부여하고 그것을 통하여 의도한 학습 효과를 얻으려고 노력하는 경향성을 의미한다(Brophy, 1988). 인간의 동기가 행동의 유발, 방향, 지속성, 강도를 결정하는 것과 같이 학습동기 역시 학습활동에 참여하는 자세, 학습방법, 학업성취 등에 영향을 미친다. 학습활동은 동기유발에서 시작되며, 학습동기는 학습자가 그 학습에 대한 의욕을 가지고 학습활동을 하게 하는 힘의 근원이다. 더구나 학습의 결과는 다시 동기 수준에 영향을 미치기 때문에 학습 결과가 낮은 학습자는 동기가 저하되는 악순환을 계속한다. 이와 같이 학습동기는 학습을 이끄는 중요한 변인이며, 학업성취를 예언해 주는 정의적 특성 중 가장 영향력 있는 변인이다.

동기는 학습과 관련하여 일반동기와 특수동기로 구분할 수 있다. 일반동기(general motivation)란 학습 상황에서 지식의 습득과 기능의 숙달을 위해 노력하는 지속적이고 폭넓은 경향성으로 교육과정 전반과 일상생활에 광범위하게 영향을 준다. 특수동기(specific motivation)는 특정 영역이나 특정 내용의 학습에 관해서만 동기화되는 것으로 특정 과목 혹은 특정 수업 시간의 학습에서만 학생들의 학습을 촉진시킨다. 일반동기가 높은 학생들이 모든 교과목에 대해 열심히 공부한다면, 특수동기가 높은 학생들은 특정 교과목만 열심히 하며 다른 교과목 공부에는 별로 관심이 없다.

또한 동기를 유발시키는 원인 혹은 힘이 개인의 외부에 있느냐 혹은 내부에 있느냐에 따라 외재적 동기와 내재적 동기로 구분하기도 한다. 외재적 동기(extrinsic motivation)란 행동의 목표가 칭찬이나 상과 같은 외적인 요인들에 의해서 유발된 동기를 말한다. 여기서 외적인 요인을 외재적 보상(extrinsic reward)이라고 하며 외재적 보상에는 칭찬, 음식, 상장, 용돈 등이 있다. 외재적 보상에 의한 동기는 학습자의 내적 상태에 긍정적 영향을 줄 수도 있지만, 학습자는 행동 자체에는 관심이 없고 행동의 결과에만 관심을 기울이는 경향이 있어 학습자 내부의 동기를 감소시킬 수 있다는 비판을 받기도 한다. 내재적 동기(intrinsic motivation)란 흥미나 호기심, 신념, 가치 등

학습자의 내적인 요인에 의해 유발되는 동기를 말한다. 여기서 내적인 요인을 내재적 보상(intrinsic reward)이라고 하며, 내재적 보상에는 활동 그 자체에서 오는 만족감, 성취감, 성취에 대한 자부심, 자아존중감의 향상 등이 있다. 내재적 동기는 타인의 지시나 강요, 물질적 보상과 같은 외적 요인이 없는 상태에서 순수한 내적 욕구에 의해 행동하는 경향성이므로, 내재적으로 동기화된 학습자는 과제에서 스스로 흥미를 추구하고 능력을 발휘한다. 그 과정에서 도전할 만한 것을 찾으면 자발적으로 학습활동에 몰입하는 자연스러운 경향성을 보이므로 내재적으로 동기화된 특정 활동이나 행동에 대해서는 외재적인 보상을 필요로 하지 않는다.

이 두 가지 동기 유형 간의 관계에 대해서는 내적 흥미가 있는 상태에서 외적 보상이 주어지면 동기유발에 대한 긍정적인 효과가 증가한다는 상호보완적 견해와 내적 흥미가 있는데 외적인 보상이 제시되면 내적 흥미가 감소한다는 상호대립적인 견해가 있다. 전통적으로 교사들은 내재적 동기와 외재적 동기 모두 있는 상황에서 학습자의 목표 행동이 최대로 유발될 것이라고 믿는 상호보완적 견해를 지지해 왔다. 그러나 상호대립적 견해를 가진 많은 연구에서 높은 수준의 내재적 동기를 가진 학습자가 외재적 보상이 보장된 행동에 참여하게 되면 학습자의 행동에 대한 흥미나 과제 수행의 지속성, 행동의 질이 떨어진다는 결과도 밝혀졌다(Lepper & Greene, 1975).

다음은 내재적으로 동기화된 아이들에게 외재적 보상을 줌으로써 내재적 동기를 떨어뜨리는 하나의 예다.

어느 마을 외딴곳에 할아버지가 살고 있었다. 할아버지는 매우 내향적이어서 다른 사람들과 어울리기보다는 혼자서 조용히 지내는 것을 좋아하였다. 할아버지 집 바로 옆에는 커다란 공터가 있는데, 마을 아이들은 거의 매일 그곳에서 공놀이 등을 하며 신나게 놀았다. 조용하게 혼자 지내고 싶은 할아버지는 아이들의 시끄러운 소리에 진절머리가 났다.

어느 날 할아버지는 신나게 놀고 있는 아이들에게 다가가서 "나 혼자 외딴 곳에 살고 있어 외로웠는데 너희가 여기에 와서 놀아 주니 정말 고맙구나! 그래서 이 할아버지가 너희에게 돈을 줄게."라고 말하고는 모두에게 1,000원씩을 주었다. 아이들은 자신들이 좋아서 놀고 있는데 돈까지 받아서 기분이 더 좋았다. 다음 날에도 할아버지는 재미있게 놀고 있는 아이들에게 다가가서 "오늘은 할아버지가 돈이 없어서 800원씩 줄게." 하면서 아이들에게 800원씩을 나눠 주었다. 그다음 날에는 600원을, 또 그다음 날에는 400원을 아이들에게 주었다. 그렇게 해서 5일째가 되는 날 할아버지는 아이들에게 200원씩을 주었다. 그러자 아이들은 이구동성으로 "할아버지! 우리가 단돈 200원 받으려고 여기에 와서 노는 줄 아세요? 다음부터는 여기에 절대 오지 않을 거예요."라고 말하였다. 그 후로 아이들은 더 이상 그곳에 오지 않았으며, 할아버지는 평소 원했던 대로 조용하게 살 수 있었다.

일반적으로 외재적 동기보다는 내재적 동기로 인한 행동의 강도 및 지속력이 크다. 학습자의 내재적 동기를 유발하기 위한 방법 중 학교현장에서 어느 것을 더 강조해야 하는지에 대해 일치된 견해는 없지만, 내재적 동기가 부족한 학습자에게는 칭찬이나 상장, 용돈 등의 외재적 보상이 학습동기를 유발하는 데 효과적이라고 알려져 있다. 이를 계기로 학습에 대한 유능감과 자기결정의 기회를 경험해 봄으로써 점차 내재적 동기로 전환시킬 수 있다. 반면, 내재적 동기가 강한 학습자는 활동 그 자체가 보상의 역할을 하기 때문에 교사의 동기유발을 위한 노력이 거의 필요하지 않다. 그러나 학습현장에서는 학습자의 개인차가 크기 때문에 모든 학습 상황에서 내재적 동기를 유발하는 것은 쉽지 않다. 교사는 학습자의 외재적 동기 수준을 살핌과 동시에 내재적 동기를 자극할 수 있는 자신감, 성취감을 갖도록 사회적 지지를 해 주는 것이 바람직하다.

2. 학습동기이론

1) Hull의 추동감소이론

추동감소이론(Drive Reduction Theory)은 행동주의 관점에 따른 동기이론으로, 학습자의 욕구 해결 여부에 관심을 두고 있다. 신행동주의의 대표적인 학자인 Hull(1951)은 인간 행동이 유기체의 특정한 결핍에 의해 발생하는 욕구를 해소하려는 목적에서 유발된다는 추동감소이론을 제안하였다. 추동(drive)이란 바람직한 생리적·심리적 상태에 도달하고자 하는 인간의 욕구로 인해 유발된 심리적 긴장과 각성 상태다. 추동 상태에 있는 유기체는 결핍으로 인한 긴장 상태에서 벗어나기 위해서 행동을 하는데 이것이 동기를 유발하는 역할을 한다는 것이다. 예를 들어, 목이 마르면 물을 마시고 싶은 욕구가 생기고, 물에 대한 욕구는 갈증이라는 추동을 생성시켜 물을 마시게 하는 동기가 유발된다. 그리고 물을 마시면 추동이 감소되어 생리적 평형을 회복한다. 추동은 배고픔이나 목마름과 같은 생물학적 욕구에 의해 생겨나는 일차적 추동(primary drive)과 인정받기, 창조하기 등과 같이 일차적 추동과의 연합과정에서 생겨나는 이차적 추동(secondary drive)으로 구분할 수 있다.

우리가 욕구를 감소시키기 위해 취한 어떤 행동은 자극과 반응 간의 연합으로 인해 그 자극에 대하여 지속적으로 반응하는 습관을 발달시킨다. 이처럼 자극과 반응이 짝지어지는 정도를 습관 강도(habit strength)라 한다. 습

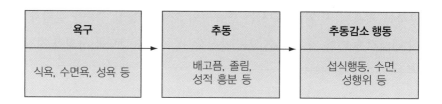

[그림 12-1] 추동감소이론에 따른 동기화 과정

관 강도는 자극과 반응의 연합 횟수가 증가함에 따라 강하게 나타난다. 유기체가 어떤 욕구를 느끼게 되면 학습된 행동을 반복하도록 동기화되고, 동기화된 행동이 어떤 상황에서 자주 나타날 수 있는 가능성을 반응경향성(tendency of response)이라고 한다. 반응경향성은 다음과 같이 추동과 습관 강도 간의 함수관계로 나타낼 수 있다.

$$반응경향성 = 추동 \times 습관\ 강도$$

이 공식에 따르면 추동 수준이 높다 하더라도 학습을 통한 습관이 형성되어 있지 않으면 반응경향성, 즉 행동은 일어나지 않는다. 또한 습관 강도가 높게 형성되어 있더라도 추동 수준이 낮으면 행동하는 데 필요한 에너지를 제공받지 못하므로 반응경향성이 낮아진다. 추동감소이론은 보상이 사람에 따라 다르다는 것을 유용하게 설명해 준다. 동일하게 수행한 일에 대해 동일하게 돈으로 보상을 받았을 때 돈에 대한 욕구가 강한 사람은 추동감소를 위한 동기가 유발되겠지만, 칭찬과 인정에 대한 욕구가 강한 사람은 추동감소가 일어나지 않을 것이다.

추동감소이론은 행동을 일으키는 요인으로 추동과 추동감소로 동기를 설명하고 있으나 인간을 수동적으로 보는 행동주의적 관점을 벗어나지는 못하였다. 또한 행동이 언제나 긴장을 감소시키는 방향으로 동기화되지는 않는다는 점에서 비판을 받았다. 예를 들어, 쥐에게 어떤 정해진 행동을 하면 사카린이 들어 있는 물을 먹을 수 있게 하였다. 이 실험에서 사카린은 물에 단맛이 나게 하였을 뿐 어떤 결핍 상태를 제거하거나 결핍으로 인한 긴장을 감소시키는 것은 아니었다. 그런데도 쥐는 사카린이 든 물을 먹기 위해 실험자가 요구하는 행동을 열심히 하였다. 배고픔을 참으며 심미적인 가치를 추구하는 예술가도 있고, 생명의 위협과 신체적 고통이 있음에도 불구하고 험한 산을 오르는 산악인도 있다. 이들의 행동은 생리적인 욕구 충족이 모든 행동에 우선하며 추동감소가 행동의 동기가 된다는 이론만으로는 설명할 수 없다.

2) Weiner의 귀인이론

귀인이론(Attribution Theory)은 인지주의적 관점에 따른 동기이론으로, 행동의 원인을 어디에 두는지에 대한 학습자의 인지적 과정에 관심을 두고 있다. 귀인(attribution)이란 어떤 사건이나 결과 또는 행동의 원인에 대한 개인의 지각을 의미하며, 자신과 타인의 행동에 대한 성공과 실패의 원인을 어떻게 지각하는가를 파악하여 추후 행동을 설명한다(Fiske & Taylor, 1991). 그 원인을 그 사람의 내적인 요소, 즉 기질, 성격 특성, 태도 등에 귀인하는 것을 내적 귀인(internal attribution)이라고 하고, 상황적 요소, 즉 외부 압력, 사회적 규범, 우연한 기회 등에 귀인하는 것을 외적 귀인(external attribution)이라고 한다.

귀인은 학생들의 정서 상태와 추후 행동 기대에 많은 영향을 미친다고 가정한다. 즉, 학습자가 좋은 성적을 얻게 된 원인이 어디에 있다고 지각하는지에 따라서 후속 학습에 대한 동기 수준은 달라진다. Weiner는 학습자들이 성공과 실패의 원인으로 가장 많이 귀인하는 요인을 능력, 노력, 학습과제의 난이도, 운의 네 가지로 보았다. 능력이나 노력은 내적 귀인에 해당되며, 과제 난이도나 운은 외적 귀인에 해당된다. 일반적으로 어떤 행동의 성공이나 실패에 대한 원인을 내적으로 귀인하는 학생들이 외적으로 귀인하는 학생들에 비해 동기유발이 높다.

성공과 실패의 원인으로 가장 많이 귀인시키는 네 가지 요인은 다시 통제의 소재, 안정성, 통제의 가능성의 세 가지 차원으로 분류하여 설명할 수 있다.

● 통제의 소재

통제의 소재(locus of control)란 사람들이 성공과 실패의 원인을 자신의 외부에서 찾느냐 혹은 내부에서 찾느냐의 문제로 외적-내적 차원으로 나뉜다. 머리가 나쁘거나 공부를 안 했기 때문에 시험을 망쳤다고 생각하는 학생은 실패의 원인을 자신의 능력이나 노력에서 찾고 있으므로 이는 내적통제 소재의 예라고 할 수 있다. 반면, 시험이 너무 어려웠다거나 운이 없어서 시험을 망친 것은 실패의 원인을 과제의 난이도나 운에서 찾고 있으므로 이는 외적통제 소재의 예라고 할 수 있다.

● **안정성**

안정성(stability)이란 귀인을 변화시킬 수 있는 가능성의 정도를 의미한다. 원인이 시간이 경과되거나 상황이 바뀌어도 비교적 항상성을 띠는 안정적인 것인지 혹은 때와 상황에 따라 수시로 변할 수 있는 불안정한 것인지의 문제로 안정적-불안정적 차원으로 나뉜다. 능력이나 과제의 난이도는 시간과 상황에 따라 단기간에 변하지 않기 때문에 안정적 요인으로 분류할 수 있다. 반면, 노력과 운은 시간과 상황에 따라 달라질 수 있는 것이기 때문에 불안정적 요인으로 분류한다. 성공에 대해 안정적 차원으로 지각하는 것은 불안정적 차원으로 지각하는 것보다 미래의 성공적 수행에 대한 기대감을 높인다. 반면 실패에 대해 안정적 차원으로 지각하는 것은 불안정적 차원으로 지각하는 것보다 미래의 성공적 수행에 대한 기대감이 낮아진다.

● **통제의 가능성**

통제의 가능성(controllability)이란 원인들이 학생의 의지에 따라 통제될 수 있느냐 아니면 통제될 수 없느냐 하는 것으로 통제 가능성-통제 불가능성 차원으로 나뉜다. 학습자의 노력은 통제 가능한 요인으로 분류되는 반면, 학습자의 의지와 무관한 운은 통제 불가능한 요인으로 분류된다. 자신이 통제를 할 수 있다고 느끼면 과제가 어렵거나 노력이 필요한 경우에도 이를 지속하는 경향을 보이는 반면 자신이 통제할 수 없다고 느끼면 성공에 대한 기대감과 동기도 낮은 경향을 보인다. 학습에 대한 결과들이 통제 가능하다고 믿는다면 학생들은 과제를 수행하기 위해 더 많은 노력을 기울일 것이고 이것이 곧 학습동기유발로 이어질 것이다.

〈표 12-1〉 귀인의 인과차원 분류

	내부		외부	
	안정	불안정	안정	불안정
통제 불가능	능력	기분	과제난이도	운
통제 가능	일반적 노력	일시적 노력	교사의 편향	타인의 도움

학습자는 자신의 성공과 실패의 원인을 귀인할 때 늘 비슷한 방식으로 반응하는 경향이 있다. 나아가 귀인 경향은 이후 선택하는 과제의 종류, 과제의 수행 속도, 과제 지속력에 영향을 미치는 것으로 나타났다(Weiner, 1974). 일반적으로 학업 수준이 높은 집단은 성공을 능력과 같은 내적 요인으로 귀인한다. 반면, 학업 수준이 낮은 집단은 실패를 능력 부족으로 귀인하면서도 성공은 운에 귀인하는 경향이 높다. 또한 실패를 누적적으로 경험한 학습자일수록 학업의 실패를 내적 요인인 자신의 능력이나 노력의 부족으로 지각하는 경향이 높다(박영신, 1989). 학습자들이 학습에서의 성공과 실패를 외적 요인보다는 내적 요인에, 안정적 요인보다는 불안정적 요인에, 그리고 통제 불가능 요인보다는 통제 가능 요인에 귀인할 때 학습동기는 증가된다(Ames, 1992). 따라서 Weiner는 교사가 학생들에게 낮은 학업성취는 자신들의 노력 부족의 결과이고 낮은 능력 때문이 아니라는 것을 인식시키는 것이 필요하다고 하였다.

3) Maslow의 욕구위계이론

욕구위계이론(Hierarchy of Needs Theory)은 인본주의 관점에 따른 동기이론으로 건강한 인간의 본성에 관심을 두고 있다. Maslow(1970)는 인간이 자신의 잠재력을 성장시키고자 하는 본능적인 욕구를 가지고 태어났으며, 인간의 모든 행동이 위계적 구조로 형성되어 있는 내적 욕구에 의해 동기화된다는 욕구위계이론을 제시하였다. 여기서 동기란 위계화 되어 있는 욕구를 충족시키기 위한 움직임이다. 욕구위계란 말에서 알 수 있듯이 욕구는 강도가 다르다. 하위 욕구일수록 동기의 강도가 크고 상위 욕구로 갈수록 동기의 강도는 낮아진다. 일단 충족된 욕구는 더 이상 동기화되지 않으며 다음 단계의 욕구 충족을 위해서만 동기화된다.

　　Maslow가 제시한 인간의 일곱 가지 욕구는 [그림 12-2]에서 볼 수 있듯이 결핍욕구인 생리적 욕구, 안전의 욕구, 소속과 사랑의 욕구, 존중의 욕구와 성장욕구인 인지적 욕구, 심미적 욕구, 자아실현의 욕구다. 결핍욕구와 성장욕구는 질적인 측면에서 확연한 차이가 있다. 결핍욕구는 긴장의 이완이 최종목표이며 완전한 충족이 가능하다. 성장욕구는 긴장 그 자체를 즐기는 것이 목표이며 따라서 완전한 충족이 불가능하다. 성장욕구가 강한 사람은 자율적이고 자기지시적이라 스스로 욕구 충족이 가능하지만 결핍욕구가 강한 사람은 욕구를 충족하기 위해 타인에게 의존한다. 각 위계들의 특징을 살펴보면 다음과 같다.

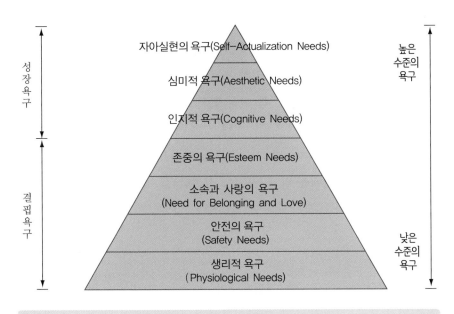

[그림 12-2] Maslow의 욕구위계 7단계

● **결핍욕구**

결핍욕구(deficiency needs)란 욕구의 위계 중 우선적으로 충족되어야 하는 것으로 생리적 욕구, 안전의 욕구, 소속과 사랑의 욕구, 존중의 욕구가 있다. 이들 욕구는 결핍 상태로부터 야기되는 긴장을 해소하기 위한 것이다. 이를 충족시키기 위해서 동기가 유발되고, 충족되면 동기는 감소한다.

- 생리적 욕구(physiological needs): 공기, 음식, 물, 수면과 같은 인간에게 가장 기본적인 욕구다. 이것들이 충족되기 전에는 어떤 높은 수준의 욕구도 인간을 동기화시킬 수 없다. 굶주린 사람은 단지 음식만을 생각하지만 일단 굶주림이 해결되면 더 이상 음식에 집착하지 않는다.
- 안전의 욕구(safety needs): 신체적 위협이나 불확실성에서 벗어나고자 하는 욕구다. 미래를 위해 저축하거나 안정성 있는 직업을 선호하는 행동, 낯선 사람이나 익숙하지 않은 환경보다는 익숙한 사람이나 환경을 더 선호하는 경향도 여기에 해당된다.
- 소속과 사랑의 욕구(need for belonging and love): 원만한 대인관계, 집단에의 귀속감 등의 욕구다. 생리적 욕구와 안전의 욕구가 보장되면 사회적인 만족감을 찾는다. 친구를 원하게 되고 어떤 집단에 소속되어 사랑받기를 원하는 것이 여기에 해당된다.
- 존중의 욕구(esteem needs): 자기존중과 타인으로부터 존경받고 싶은 욕구다. 권력과 지위를 얻고, 자기가 성취한 일 때문에 중요한 인물로 인정받기를 바라는 것이 여기에 해당된다.

● **성장욕구**

성장욕구(growth needs)는 결핍욕구가 충족되어야 비로소 발현되는 것으로 인지적 욕구, 심미적 욕구, 자아실현의 욕구가 있다. 이들 욕구는 잠재력을 실현하려는 목표와 관련된 것이다. 결핍되어도 반드시 충족시킬 필요는 없으며 욕구가 충족될수록 동기가 감소하지 않고 오히려 증가하는 경향이 있다. 또한 완전히 충족시킬 수 없기 때문에 그것을 달성하려는 동기는 끊임없이 유발된다.

- 인지적 욕구(cognitive needs): 자신과 세상에 대해 지식을 쌓고 이해를 넓히려는 욕구다. 상급학교로 진학하거나 새로운 운동을 배우고자 한다.
- 심미적 욕구(aesthetic needs): 아름다움이나 질서, 조화를 추구하려는 욕구다. 학생들이 교실을 꾸미거나 외모에 대한 관심을 가진다.
- 자아실현의 욕구(self-actualization needs): 자기가 되고 싶어 하는 존재가 되고자 하는 욕구다. 자신의 잠재력과 능력을 최대한으로 실현하는 것을 의미한다. 자아실현의 욕구가 충족된 사람은 사회적으로 건강한 사람으로 맡은 바 역할을 잘 수행한다.

하위의 욕구가 충족되어야 상위의 욕구를 추구한다는 Maslow의 욕구위계이론은 여러 단계의 욕구를 동시에 충족시키려고 한다든지 하위단계의 욕구가 충족되지 않더라도 상위단계의 욕구를 가질 수 있다는 측면에서 비판을 받는다. 예를 들면, 순교자와 같이 자신이 믿는 교리를 포기하기보다는 오히려 생명을 희생하기도 하고, 자신의 지적 욕구를 충족하기 위하여 생리적 욕구를 포기하기도 한다.

이러한 비판에도 불구하고, 욕구위계이론은 다음과 같은 점에서 교육현장에 시사점을 준다. 가난으로 인해 생리적 욕구를 미처 충족하지 못한 학생에게 자아실현의 욕구를 강조하는 것은 무리가 있다. 또한 학교폭력으로 학교에서 신체적으로나 심리적으로 위협을 당하고 있는 학생들은 지식 추구에 대한 동기유발이 쉽지 않다. 위협감을 느끼고 안전하지 못하다고 느끼는 아이들은 안정적인 환경에서 공부하는 아이들보다 학업성취도가 낮다. 그러므로 교사는 교육현장에서 학습자의 욕구가 채워졌는지에 대해 관심을 가져야 한다. 생리적 욕구가 충족되었는지를 점검하고, 학교와 가정에서의 안전과 소속의 욕구를 위하여 적극적으로 개입할 필요가 있다. 애정을 충분히 느끼며 자신이 존중받아야 할 존재라는 생각을 가질 때, 학생들은 비로소 자신의 자아실현을 위한 학습 행동에 더 열의를 보일 것이다.

4) 자기결정성이론

자기결정성(self-determination)이란 인간의 행동에 대한 자기결정 정도를 의미한다. Deci와 Ryan(1985)은 처음에는 외재적 동기에 의해 시작되었던 행동도 자기결정을 할 수 있는 기회가 증가하면 점차 내재적 동기에 의해 행동하는 것으로 바뀔 수 있다는 자기결정성이론을 제시하였다.

자기결정성이론에서는 내재적 동기가 중요하다고 보고 있지만 내재적 동기 이외에도 다양한 동기 유형들이 있다. 동기는 개인이 지각하는 상대적 자율성 정도에 따라서 달라지기 때문에 스스로의 사고와 행동을 조절하는 자기결정의 정도에 따라 다양한 동기들이 존재한다는 것이다. 즉, 외재적 동기와 내재적 동기는 상반적인 것이 아니라 동기의 유형들과 함께 연속선상에 존재할 수 있는 속성이라고 간주하였다. 동기의 유형들은 [그림 12-3]에서와 같이 자기결정성의 정도에 따라 자기결정이 전혀 없는 무동기에서 시작하여 외재적 동기에 속하는 외적 조절, 내사된 조절, 확인된 조절, 통합된 조절과 내재적 동기로 배열할 수 있다.

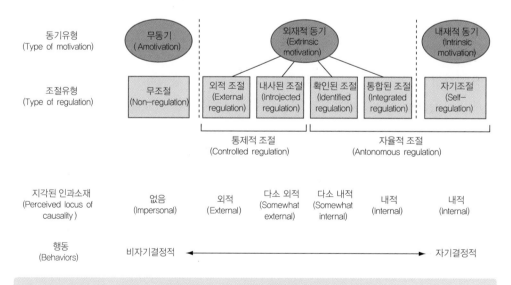

[그림 12-3] 자기결정성에 따른 동기 유형

출처: Ryan & Deci (2000).

● **무동기**

무동기(amotivation)는 행동하려는 의지가 결핍된 상태로 자기결정성이 전혀 없는 동기 유형이다. 무동기 상태에서는 행동을 전혀 하지 않거나 행동에 가치부여를 하지 않으며 학습동기가 내면화되어 있지 않다. 무동기 상태의 학생들은 자신의 학습 행동 성과를 의심할 뿐만 아니라 성과를 내기 위한 행동을 해낼 자신도 없다는 학습된 무기력 상태에 있다.

● **외적 조절**

외적 조절(external regulation)은 외재적 동기 유형 중 자기결정성이 가장 낮은 유형으로 외적 보상을 얻거나 처벌을 피하기 위해 요구나 명령이 있을 때 이에 따르는 것을 말한다. 외적 조절에 의한 행동은 통제적이고 낮은 수행 수준을 보이므로 효율성이 떨어져 지속력이 약하다. 예를 들어, 보상을 받기 위해 운동하는 것, 야단맞지 않기 위해 공부를 하는 것, 시험 직전에 공부를 하는 것 등이 여기에 해당된다.

● **내사된 조절**

내사된 조절(introjected regulation)은 자신이나 타인의 인정을 추구하거나 죄책감이나 비난을 피하기 위해 행동하는 것이다. 행동에 대한 원인을 내재화시키기 시작하는 상태로, 근본적으로는 외부의 압력에 기초한 것이기는 하나 자신의 의지가 어느 정도 개입되는 상태다. 예를 들어, 부모님 또는 선생님이 실망하는 것을 원치 않아서 공부하는 것, 공부를 하지 않으면 좋은 학생이 아닐 것 같은 생각에 공부하는 것 등이 여기에 해당된다.

● **확인된 조절**

확인된 조절(identified regulation)은 개인적으로 중요하거나 가치가 있다고 판단되는 목표를 추구하기 위해 그 가치를 인정하고 수용한 상태를 말한다. 확인된 조절은 외적 조절과 내사된 조절에 비해 더 자율적이며 내재적 동기와 밀접하게 관련되어 있다. 하지만 성취 자체의 기쁨이나 자기만족보다는 어떤 목적을 달성하기 위해 행해지는 것이기 때문에 외재적 동기의 하나로 분류된다. 예를 들어, 좋은 대학을 가기 위해 공부하는 것, 건강을 위해 운동하는 것 등이 여기에 해당된다.

● 통합된 조절

통합된 조절(intergrated regulation)은 특정 행동이 갖는 바람직한 측면을 받아들여 자신의 가치 또는 정체성과 통합하여 행동하는 것이다. 외재적 동기 중 가장 자기결정성이 높은 동기이기는 하지만 여전히 행동 자체의 고유한 속성 때문에 행동을 하는 것은 아니다. 통합적 조절은 개인의 인식 차원으로 경험적으로는 잘 변별되지 않기 때문에 실제적으로 측정의 어려움이 있어 확인된 조절과 통합적 조절을 하나의 요인으로 설명하기도 한다. 예를 들어, 개인의 인간적 성장을 위해 공부하는 것, 성취감을 위해 운동하는 것 등이 여기에 해당된다.

● 내재적 동기

내재적 동기(intrinsic motivation)는 가장 자율적이고 자기결정성이 높은 유형으로 과제 자체에 대한 관심이나 흥미, 즐거움 때문에 행동하는 것이다. 내재적 동기는 특정한 보상, 제약, 압력에 영향을 받지 않는다. 예를 들어, 배우는 것이 즐겁기 때문에 연습하는 것, 잘 모르는 것을 알았을 때 기쁨을 느끼기 때문에 공부하는 것 등이 여기에 해당된다.

자기결정이론에서 인간은 생존을 위한 기본적인 생리적 욕구뿐만 아니라 기본적인 심리적 욕구도 가지고 있다고 제안하였다. 기본적인 심리적 욕구의 구성요인에는 자율성, 유능성, 관계성이 있다. 자율성(autonomy)은 자신의 행동을 스스로 통제하고자 하는 욕구를 의미하고, 유능성(competence)은 자신이 능력 있는 존재임을 지각하고 싶어하는 욕구를 의미한다. 관계성(relatedness)은 타인과의 관계를 추구하고 발전시키는 경험을 통해 안정감을 느끼고 싶어하는 욕구를 의미한다. Johnston과 Finney(2010)는 〈표 12-2〉에

〈표 12-2〉　Johnston과 Finney의 자기결정성 척도의 구성요인 및 문항

자율성	1. 나는 내가 어떻게 삶을 살아갈 것인가에 관해서 스스로 결정한다. 2. 나는 내 삶에 대해서 자율적으로 결정할 수 있다. 3. 일상생활에서 내가 만나는 사람들은 내 생각을 존중해 준다. 4. 일상생활에서 나는 내가 어떻게 할 것인가를 스스로 결정할 기회가 많다.
유능성	5. 나는 내가 능력이 있다고 느낀다. 6. 나를 아는 사람들은 내가 무엇이든지 잘 한다고 생각한다. 7. 나는 내가 하는 일에서 성취감을 느낀다. 8. 나는 살아가면서 내가 가진 능력을 보여 줄 기회가 많다.
관계성	9. 나는 내가 만나는 사람들과 잘 어울린다. 10. 나는 내가 꾸준히 만나 온 사람들을 친구라고 생각한다. 11. 나를 꾸준히 만나 온 사람들은 나를 좋아한다. 12. 일반적으로 사람들은 나에게 호의적이다.

출처: Johnston & Finney(2010).

서와 같이 자기결정성이론에서 제시하는 인간의 기본적인 심리적 욕구를 기초로 자기결정성을 측정하기 위한 척도를 고안하였다.

5) 성취목표이론

성취목표이론(Achievement Goal Theory)은 학습자가 학습 혹은 과제에 참여할 때 추구하는 목표나 이유에 관한 학습자의 지각에 초점을 맞추고 있다. Atkinson(1964)은 성취목표이론에서 학습동기의 가장 중요한 속성을 목표지향적 행동이라고 하였다. Atkinson은 학습자의 목표지향성에 따라 투입하는 노력이나 시간의 양, 사용하는 학습전략이 달라지기 때문에 학습자들의 학습과정을 이해하기 위해서는 그들이 학습장면에서 어떤 성취목표를 가지고 있는가를 파악해야 한다고 하였다.

성취목표는 숙달목표와 수행목표로 구분된다. 숙달목표(mastery goal)는 과제에 적극적으로 도전하고 어려움에 직면했을 때 더 많은 노력을 쏟는 목표지향성을 뜻한다. 숙달목표를 지향하는 학습자는 배우는 것 자체에 가치를 두며, 자신의 진보에 초점을 두고 새로운 기술이나 과제를 습득하려는 태

도를 가진다. 학습에 참여하는 기본적인 목표는 새로운 기능을 배우며 학습 내용을 이해하는 과정을 통해 유능감을 지각하고 자신의 능력이 향상되는 것에 가치를 두는 것이다. 숙달목표는 학습목표, 완숙목표, 과제몰입목표, 내적 목표 등과 유사한 의미로 사용되고 있다. 숙달목표를 지향하는 학습자들은 실패의 원인이 노력의 부족이라고 생각하며, 추가적인 노력을 통해 난관을 극복하려고 한다. 또한 부가적인 지식 획득이나 새로운 기술의 숙달과정 자체를 즐기며 그 과정에 적극적으로 참여한다. 따라서 타인의 시선보다는 자신의 능력 향상을 위해 적극적인 전략들을 구상하며 실제로도 좋은 수행을 이루게 된다.

수행목표(performance goal)는 학습에 참여하는 목표가 자신의 높은 능력을 보여 주거나 낮은 능력을 감추려는 데 있는 것을 의미한다. 수행목표를 가진 학습자들은 자신의 능력이 타인에게서 어떻게 판단되는가에 관심이 있으며, 타인과의 비교를 통해 자신의 높은 능력을 증명하거나 인정받으려는 태도를 가진다. 따라서 도전을 피하고 과제의 난이도가 높아질수록 수행에 비적극성을 보인다. 학습에 참여하는 기본적인 목표는 자신의 약한 부분을 감추거나 학습을 단지 원하는 목표를 성취하기 위한 수단으로 사용하려는 것이다. 수행목표는 자아목표, 자아몰입목표, 외적 목표, 능력목표, 평가목표 등과 유사한 의미로 사용되고 있다. 수행목표를 지향하는 학습자들은 실패를 두려워하여 도전적인 과제를 회피하고, 실패 후에 실패의 원인을 자신

〈표 12-3〉 숙달목표와 수행목표의 비교

	숙달목표	수행목표
학습의 목표	진보, 완숙, 학습	증명, 인정, 비교
평가기준	지식획득, 기술숙달	규준, 사회적 비교
실패원인	노력의 부족	능력 결여
학습행동	도전적 과제 선호 적극적 전략	쉬운 과제 선호 피상적 전략
정서	성공에 대한 자부심	실패 후의 부정적 정서

의 능력 결여로 여기는 부정적인 정서를 지닌다. 또한 학습과정에서 피상적이고 단기적인 학습전략을 주로 사용한다. 그러나 수행목표도 경우에 따라 긍정적·적응적으로 나타난다는 연구 결과들이 발표되면서 학습자의 성취목표를 숙달목표와 수행목표로 구분하는 이중구조모델이 가지는 한계를 극복할 수 있는 삼중구조모델이 제안되었다(Elliot, 1999; Elliot & Church, 1997; Pintrich, 2000).

삼중구조모델은 수행목표를 다시 수행접근목표와 수행회피목표로 세분화하였다. 수행접근목표는 타인과의 비교를 통해 자신의 능력을 입증하려는 성향을 의미한다. 수행접근목표는 학업성취에 대한 욕구나 긍정적 가능성에 주안점을 두는 측면에서는 숙달목표와 유사하나, 외부적 성취 결과에 중점을 두며 실패에 대한 두려움을 지닌다는 점에서 숙달목표와는 다르다. 수행회피목표는 타인과의 비교를 통해 무능력이 드러나는 것을 회피하려는 성향으로 실패에 대한 두려움을 기반으로 두고 있다. 자신의 수행에 있어서 부정적인 결과가 일어날 가능성에 몰두하고, 다른 사람들이 자신의 수행에 대해 부정적인 평가를 하는 것을 두려워하여 수행 자체를 회피하려는 목표지향을 말한다.

1990년대 초까지의 연구들은 숙달목표지향성과 수행목표지향성을 비교하며 숙달목표는 유익하고 수행목표는 그렇지 않다는 대립적인 견해를 갖는

⟨표 12-4⟩ 삼중구조모델의 목표 유형

목표 유형	예시	성취
숙달목표	• 나는 열심히 배운다. • 틀리는 것도 배움이다.	• 높은 자기효능감과 성취
수행접근목표	• 나는 다른 학생들보다 잘하고 싶다. • 나는 선생님에게 다른 학생보다 똑똑하다는 것을 보여 주고 싶다.	• 성취경험이 높은 자기효능감과 성취동기를 보임
수행회피목표	• 나는 다른 학생에게 못한다는 것을 보이고 싶지 않다. • 나는 다른 사람이 내가 무능력하다고 생각하는 것이 싫다.	• 실패경험이 자기효능감과 성취동기를 저해

경향이 있었다(Harakiewicz & Linnenbrink, 2005). 최근 여러 연구에서도 숙달목표는 효과적인 학습 전이력, 높은 학습행동 지속력, 학업성취에 긍정적 영향을 준다는 일관된 결과를 보여 주었다. 그러나 수행목표 또한 경우에 따라 긍정적·적응적으로 나타난다는 연구 결과가 도출되고 있으며, 학습자는 학습 상황에서 숙달목표와 수행목표를 동시에 추구할 수도 있다고 알려져 있다. 그러므로 숙달목표와 직접적인 관련이 없는 수행목표나 기타 다른 목표를 가지고 있는 학습자에 대해 과제를 잘 수행할 수 없을 것이라고 단정할 수 없다. 교사는 학생들이 학습 상황에 전력을 다할 수 있도록 성취와 무관한 목표 역시 고려하여야 한다.

3. 학습동기 유발전략

1) 내재적 동기 유발전략

● 학습 흥미에 맞는 과제 선정

동기를 유발하기 위해서는 학습자의 능력과 학습과제의 난이도와의 관계를 적절하게 결합하여 학습자의 흥미를 끌 수 있어야 한다. 학습자로 하여금 문제해결에서 오는 만족감을 체험시키는 것이 중요하며, 학습자가 현재 해야 할 과제에 새로운 학습을 연결시켜 흥미를 갖게 하는 것도 필요하다. 뉴스, 화제가 되는 사람, 유행을 수업 중에 예로 활용할 수 있다.

● 참여와 탐구가 요구되는 과제 제공

학습자의 높은 참여와 적극성을 요구하는 과제는 학습목표를 달성하는 데 도움을 준다. 학습자가 학습 내용에 대하여 의견을 제시하고 연극, 역할놀이, 모의학습 등으로 학습활동에 적극적으로 참여하도록 할 수 있다.

● 도전감 있는 과제 제공

학습자의 유능감을 유발시키기 위해서는 학습자의 능력보다 조금 높아서 노력하면 달성할 수 있는 과제가 효과적이다. 학습자의 현재 수준보다 지나치게 쉬운 과제는 흥미를 유발시킬 수 없으며, 지나치게 어려운 과제는 좌절감을 유발시켜 과제에 대한 참여를 저조하게 한다.

● 학습목표 확인

모든 행동은 목표를 지향하므로 목표를 뚜렷하게 인식시켜 주는 것은 학습동기를 유발시키는 데 많은 도움이 된다. 학습자의 능력이나 발달 수준에 적합한 학습목표를 설정하여 학습의 의미를 부여해 주면 활기 있는 학습활동이 가능해진다.

2) 외재적 동기 유발전략

● 학습과제의 가치에 대한 이해

학교에서 배우는 지식과 기술들이 학교 밖에서의 삶에 어떠한 영향을 미치는지 관심을 가지게 할 필요가 있다. 과제에 대한 학습자의 가치부여는 노력, 지속성, 활동의 선택에 영향을 미친다. 교사가 실제적인 문제나 상황과 관련된 과제를 제공하면 과제의 진정한 효용 가치를 이해할 것이고 그 과제를 의미 있는 것으로 지각하게 될 것이다.

● 칭찬과 보상

칭찬과 보상은 동기유발의 방법으로 가장 일반적이다. 이것은 성공감과 만족감을 주고 사회적 승인의 욕구를 충족시켜 주기 때문에 학습을 촉진시키는 동기유발에 도움이 된다. 칭찬과 보상으로는 좋은 점수, 상품으로 주어지는 선물, 상장 등이 있다. 이와는 달리 벌이나 질책은 학생에게 불쾌감이나 공포감을 유발시켜 불필요한 학습을 억제하고 요구하는 학습만을 하도록 할 때 사용되는 방법이다. 부모나 교사에 의한 신체적 체벌, 불쾌감을 수반하는 언어, 애정의 철회, 기본적인 권리 박탈 등이 이에 속한다. 칭찬과 보상의 효과가 누구에게나 동일하게 나타나는 것은 아니다.

제13장 교육평가

1. 교육평가의 이해

1) 교육평가의 개념

교육평가라고 하면 우리는 흔히 학교에서 실시하는 시험을 연상한다. 그러나 교육평가는 시험 이상의 의미를 가지고 있으며 교육의 과정 전반에 관계한다. 즉, 교육평가는 단순히 교육의 결과뿐만 아니라 교육의 입력이나 과정에도 관심을 가진다. 이러한 의미에서 교육평가(educational evaluation)는 일정한 준거를 잣대로 하여 교육의 입력, 과정 및 성과에 대한 가치를 조사하고 판단하는 행위로 정의할 수 있다.

Bloom(1956)은 교육평가를 학습자에게 실제로 어떠한 변화가 일어났는지를 밝히고 그와 동시에 학생에게 일어나는 변화의 양이나 정도를 결정하기 위한 체계적인 증거 모집의 절차로 보았으며, Cronbach(1969)는 어떤 교육

프로그램에 관한 결정을 내리기 위하여 정보를 수집하고 사용하는 과정으로 정의하였다. Tyler(1953)는 교육평가의 개념을 교육과정 및 수업에 의하여 교육목표가 실제로 얼마나 달성되었는지를 밝히는 과정으로 보았다. 한편, 정범모는 교육평가를 교육목적의 달성도를 측정하여 교육과정의 여러 절차의 계획과 개량에 이바지하는 일로 정의하고 있다. 이러한 정의를 종합해 보면, 교육평가란 교육목표의 달성 정도나 교육과정의 효율성을 판단하기 위해 학습자의 행동 변화 및 학습과정에 관한 제반 정보를 체계적으로 측정하여 의사결정을 내리는 과정이다.

교육평가에서 평가는 흔히 검사, 측정, 총평 등의 용어들과 혼용되어 사용되는 경향이 있으나, 이 개념들 간에는 다음과 같이 서로 구별되는 차이점이 있다.

● 검사

검사(test)란 개인차를 밝힐 목적으로 표준화된 조건하에서 개인의 심리적 특성을 재기 위한 객관적이고 조직적인 절차 또는 도구를 의미한다. 인간의 잠재적 특성은 직접적으로 측정하는 것이 불가능하기 때문에 간접적으로 측정해야 하며, 이를 위해 사용되는 도구가 검사이다. 인간의 잠재적 특성은 인지적 특성, 정의적 특성, 심동적 특성으로 구분할 수 있다. 인지적 특성은 인간의 지적 능력과 관련된 영역으로 인지적 특성을 측정하는 검사로 지능검사, 학업적성검사, 학업성취도검사 등이 있다. 정의적 특성은 인간의 마음과 관련된 특성으로, 이를 측정하는 검사로는 성격검사, 흥미검사, 불안검사 등이 있다. 심동적 특성은 신체와 관련된 기능의 숙달 및 발달과 관련되는 것으로, 심동적 영역의 달성 정도는 주로 점검표나 채점표에 의하여 측정한다.

검사는 또한 검사 전문가가 엄격한 제작 원리 및 절차에 의해 개발한 MMPI, MBTI, K-ABC 등과 같은 표준화 검사와 학교현장에서 교사들이 제작하여 실시하는 중간고사나 학기말고사 등과 같은 비표준화 검사로 구분하기도 한다.

● 측정

측정(measurement)이란 일정한 법칙에 의거하여 어떤 사물이나 속성에 수치를 부여하는 것을 의미한다. 예를 들어, 체중계로 어떤 사람의 몸무게를 재어 체중이 68kg이라고 수치화하거나, 수학시험을 치르게 한 후 채점하여 85점이라고 수치화하는 행위를 측정이라고 한다. 측정은 사물이나 사람의 속성을 수량화함으로써 언어적 표현에 따르는 모호성을 배제할 수 있고, 판단에 따른 실수의 근원을 감소시킬 수 있다.

측정 대상은 직접 측정이 가능한 것과 직접 측정이 불가능하며 간접 측정만이 가능한 것으로 구분된다. 어떤 물체의 길이, 무게 등과 같은 특성은 직접 측정이 가능하지만, 인간이 지니고 있는 잠재적 특성은 검사라는 도구를 사용하여 간접 측정할 수 있다.

● 총평

총평(assessment)은 사정이라고도 하며 인간의 심리적 또는 행동적 특성의 크기나 수준을 감정 혹은 추정하는 것 또는 의사결정을 위해 정보를 수집하는 과정을 의미한다. 인간의 특성을 하나의 검사나 도구로 측정하여 평가하는 것이 아니라 다양한 방법을 동원하여 종합적으로 평가하는 방법이다. 그러므로 총평은 지필검사와 같은 단일한 방법에 의해 자료를 수집하는 것이 아니라 관찰, 구술, 면접 등의 방법을 통해 얻은 자료를 가지고 종합적으로 평가한다. 예를 들어, 대학에서 신입생을 선발할 때 고등학교 때의 내신 성적, 대학수학능력시험 성적, 논술고사 성적, 면접고사 성적 등을 사정 자료로 모으는 과정을 총평 또는 사정이라고 한다.

● 평가

평가(evaluation)란 사물이나 그 속성에 대한 가치판단을 의미한다. 예를 들어, 어떤 사람의 몸무게를 재어 체중이 68kg이라고 수치화하는 과정은 측정이지만, 이 측정의 결과에 대해 과체중이라고 하였다면 이것은 가치판단이기 때문에 평가에 해당된다. 또 대학에서 신입생을 선발할 때, 고등학교 때의 내신 성적, 대학수학능력시험 성적, 논술고사 성적, 면접고사 성적 등을 사정 자료로 모으고 검토하는 과정은 총평 또는 사정에 해당되지만, 검토의 결과 합격 또는 불합격이라고 판정을 내리는 절차는 평가에 해당된다. 수학시험을 치르게 한 후 채점하여 82점이라고 수치화하는 행위는 측정이지만, 이 점수에 대해 'B'라는 학점을 주었다면 이것은 평가에 해당된다.

2) 교육평가의 기능

"교육평가를 왜 실시하는가?"라는 질문에 대부분의 사람들은 학습자에게 점수를 부과하고 등수나 등급을 부여하기 위해서라고 답할 것이다. 그러나 교육평가의 의미를 어떻게 정의하느냐에 따라 평가의 목적이 달라지고, 평가의 목적이 다르면 평가의 기능도 달라진다. 변창진 등(1996)은 교육평가의 기능을 개발, 수정 보완, 대안 탐색을 위한 형성적 기능과 선발, 자격 인정, 책무 확인을 위한 총괄적 기능과 홍보, 주의 환기, 동기유발을 위한 정략적 기능으로 구분하고 있다. 김경배 등(2005)은 교육평가의 기능을 교육적 성취 확인 기능, 분류 및 선발의 기능, 교육개선의 기능, 학습자 이해의 기능으로 구분하고 있다. 이러한 내용들을 기초로 교육평가의 기능을 정리하면 다음과 같다.

첫째, 교육평가는 학습자의 학업성취도를 확인하는 기능을 한다. 일반적으로 교육의 과정, 특히 교수-학습과정은 학습목표를 설정하고, 설정된 교육목표에 기초하여 수업을 실시하며, 학습목표에 기초하여 수업한 내용을 평가하는 세 과정으로 구성된다. 이 경우에 교육평가는 원래 설정한 교육목표를 어느 정도 달성했는지 그 성취의 정도를 확인하기 위해서 실시한다. 다시 말해, 교육평가는 교육목표 달성 정도에 관한 정보를 수집하는 것을 주요 기능으로 한다.

둘째, 교육평가는 교육 프로그램의 교육적 효과를 평가하고 개선하는 기능을 한다. 교육평가 결과, 현재의 교육목표나 교육과정, 교수-학습방법 등의 적절성을 확인하고, 이를 바탕으로 다음의 교육 계획이나 정책 수립에 중요한 자료로 활용하여 교육적 개선을 유도한다.

셋째, 교육평가는 학습자를 이해하는 기능을 가지고 있다. 교육평가의 결과로 학습자의 능력이나 적성, 잠재력과 같은 다양한 특성을 파악할 수 있다. 뿐만 아니라 학습자가 직면하고 있는 학습곤란점을 진단하여 개선해 줌으로써 보다 효과적이고 효율적인 교육이 가능하도록 하는 기능을 한다.

그 밖에도 교육평가는 학습자를 분류하고 선발하며, 학습자의 학습동기를 유발하고, 학습자의 진로 지도를 위한 자료를 수집하는 역할을 한다. 나아가 교육의 제반 문제를 이해하고 올바른 교육정책을 수립하는 데 필요한 자료를 제공한다.

3) 교육평가의 절차

평가의 절차는 그 목적과 방법에 따라 약간의 차이가 있으나 대체로 수업목표의 확인, 평가장면의 선정, 평가도구의 제작, 평가의 실시와 결과 처리, 평가결과의 해석 및 활용이라는 다섯 단계를 거치게 된다. 여기서는 Tyler의 평가모형을 적용하여 평가의 절차를 제시한다.

첫 번째 단계는 수업목표의 확인이다. 수업목표의 확인은 무엇을 평가할 것인가를 확인하는 작업이다. 즉, 수업목표가 무엇이며, 이 목표를 학습자가 달성할 수 있는 수업목표인가를 확인하는 것이다. 따라서 평가에서 가장 먼저 생각해야 할 일은 무엇을 평가할 것인가를 확인하는 일이 되어야 한다. 이 단계에서는 평가하고자 하는 주요 수업목표가 무엇이며, 이 목표가 평가하기에 적합하도록 구체적이고 명세적으로 진술되었는지를 확인해야 한다. 만일 그렇지 않다면 구체적인 행동용어로 다시 진술하여 본래 의도한 수업목표와 일치되는가를 검토해야 한다.

두 번째 단계는 평가장면의 선정이다. 수업목표가 일단 확인되고 나면 다음 단계는 수업목표가 제시하는 내용과 행동이 잘 나타날 수 있는 적절한 평가장면, 즉 평가상황을 선정해야 한다. 평가장면의 선정이란 효과적인 평가를 위해 어떤 평가형태를 선정할 것인가의 문제로서 수업목표가 제시하는 내용과 행동을 잘 평가할 수 있는 평가장면의 선정이 요구된다. 이러한 평가장면의 적절성은 수업목표의 달성도에 관한 타당한 증거를 얼마나 잘 수집하는가에 달려 있다.

세 번째 단계는 평가도구의 제작이다. 수업목표가 확인되고 평가장면이 선정되면, 다음 단계는 직접 평가도구를 제작하는 단계이다. 이 단계에서는 평가할 수업목표를 확인하고 내용과 행동의 두 차원으로 분류하여 어떤 평가방법을 적용할 것인가를 결정해야 한다. 이 단계에서 평가자가 할 일은 평가에서 사용할 도구를 직접 제작하거나, 아니면 기존의 평가도구들 중에서 적합한 것을 선정하는 일이다.

네 번째 단계는 평가의 실시와 결과 처리이다. 평가의 실시에 있어 가장 중요한 것은 학생들이 목표 행동에 잘 반응할 수 있는 상황 또는 조건을 마련하는 일이다. 즉, 학생들이 편안한 분위기에서 최대한의 능력을 발휘할 수 있도록 하여야 한다. 평가가 실시되고 나면 자료를 모아 채점을 하고 통계처리를 하게 된다. 어떠한 평가든지 간에 평가의 결과는 과학적이고 객관적으로 처리되고 분석되어야 한다. 특히 채점은 공정하고 객관적이며 신뢰성 있게 이루어져야 한다.

다섯 번째 단계는 평가결과의 해석 및 활용이다. 평가절차의 각 단계가 다 중요하지만, 결과의 해석과 활용은 평가 실시의 궁극적인 목적이 된다는 점에서 가장 중요한 단계라 할 수 있다. 즉, 평가를 통하여 수집된 정보와 자료는 의미 있고 바르게 해석되어 유용하게 활용되어야 평가의 존재 가치가 있다.

[그림 13-1] 교육평가의 절차

2. 교육평가의 유형

　교육평가의 유형은 기준에 따라 다양하게 분류된다. 먼저 평가의 영역에 따라 인지적 영역의 평가, 정의적 영역의 평가, 심동적 영역의 평가로 구분할 수 있으며, 평가의 시점이나 기능에 따라 진단평가, 형성평가, 총합평가로 나눌 수 있다. 또 평가의 준거에 따라 규준지향평가와 준거지향평가로 구분할 수 있으며, 평가체제를 기준으로 입력평가, 과정평가, 출력평가로 분류할 수 있다. 여기서는 평가준거를 기준으로 분류한 규준지향평가와 준거지향평가, 그리고 평가기능을 기준으로 분류한 진단평가, 형성평가, 총합평가에 대해 살펴보기로 한다.

1) 규준지향평가와 준거지향평가

(1) 규준지향평가

　규준지향평가(norm-referenced evaluation)는 흔히 상대평가라고도 하며, 학생들의 학업성취 수준을 정규분포곡선 이론에 의거하여 미리 정해 놓은 비율을 평가의 기준으로 하여 성취도를 서로 비교하고 평가하는 방법이다. 개인이 얻은 점수나 측정치를 비교집단의 규준(norm)에 비추어 상대적인 서열에 의하여 판단하는 평가이므로 규준지향평가라고 한다. 즉, 한 학생이 어느 과목에서 아무리 좋은 점수를 받았다 하더라도 다른 학생들이 그 학생보다 더 좋은 점수를 받았다면 이 학생은 그 과목에서 낮은 등급을 받게 된다.

　규준지향평가에서 평가의 목적은 개인차 변별에 있다. 즉, 상대적으로 잘한 사람과 못한 사람을 구별하는 데 목적이 있는 것이다. 평가의 절차에 있어 중요한 것은 개인차 변별에 목적이 있으므로 교육목표 달성의 충실도를 기하기보다는 개인차 변별을 위한 난이도 조절이 더 중요시된다. 또한 결과의 활용은 주로 등급, 분류, 선택, 선발 등에 활용된다.

　이러한 규준지향평가의 장점으로는 개인차 변별에 적합하고, 경쟁을 통한 외적 동기유발에 적합하며, 선택이나 선발에 적절하게 이용할 수 있다. 그러나 이러한 규준지향평가는 지나친 경쟁심 유발로 인한 시기와 질투로 경쟁적 태도를 초래할 수 있으며, 상대평가에 의한 필연적인 실패자, 낙오자의 발생으로 부정적 자아개념을 형성할 수 있다. 학업성취의 상대적 해석만이 가능하여 결손학습의 교정이 곤란하며, 집단 내에서만 성적 비교가 가능하므로 목표달성도의 확인이 어렵다. 따라서 규준지향평가는 교수-학습이론에 부적합하다.

(2) 준거지향평가

준거지향평가(criterion-referenced evaluation)는 절대평가라고도 하며, 학생들의 학업성취 수준이 준거, 즉 학습목표에 어느 정도 도달하였는지를 판단하는 평가방법이다. 개인의 성취점수를 정해진 준거(criteria)에 비추어 해석하는 평가이므로 준거지향평가라고 한다. 준거지향평가는 학습목표라는 속성을 대상으로 하여 어떤 합의된 기준을 설정하고 그 기준에 비추어 학생 개개인의 달성 정도를 밝히는 입장이므로, 평가의 결과는 교육과정 또는 교사의 수업목표가 얼마나 달성되었는지에 대한 정보를 제공해 준다.

평가의 목적은 개인차 변별에 의한 선별이 아니라 교육목표 또는 수업목표에 어느 정도 달성하였는지 여부를 확인하는 것이며, 평가절차에 있어서는 수업목표를 충실히 재어 주는 문항에 관심을 둔다. 준거지향평가의 결과는 학생 개개인의 달성도를 확인하여 학습결손을 보충하는 자료로 활용되며, 수업의 평가 및 개선의 자료로도 이용된다.

준거지향평가의 장점은 무엇을 알고 무엇을 모르는지의 정보를 제공해 줌으로써 교수-학습이론에 적합하며, 교육목표, 교육과정, 교수방법 등의 개선에 용이하다. 또 수업목표의 달성 정도를 확인하여 학습자의 학습결손에 대한 정보를 제공해 줌으로써 효과적인 보충지도가 가능하다. 또한 탐구적이며 협동적인 학습 분위기를 조성할 수 있어 개인의 정신건강에 좋으며, 내적 동기유발이 가능하므로 진정한 의미의 학습 효과의 평가라고 할 수 있다. 그러나 개인차 변별이 쉽지 않으며, 준거의 설정 기준이 문제가 될 수 있고,

검사 점수의 통계적 활용이 어렵다는 단점이 있다.

〈표 13-1〉 규준지향평가와 준거지향평가의 비교

구분	규준지향평가	준거지향평가
기본 가정	• 선발적 교육관	• 발달적 교육관
평가목적	• 규준집단 내에서의 상대적 서열 또는 순위를 결정	• 특정 영역의 준거에 대한 성취 수준을 평가 • 수업(교육)목표 도달 여부 평가
평가방법	• 집단 내에서 개인들의 상대적 위치 비교	• 개인의 수행 수준 사정 혹은 분류
결과 활용	• 분류, 선별, 배치 등 행정적 기능 강조	• 자격 부여, 수업목표 달성 여부 확인 등 교수적 기능 강조
비교 대상	• 개인과 개인	• 준거와 수행
강조점	• 상대적인 서열	• 특정 영역의 성취 수준

2) 진단평가, 형성평가, 총합평가

(1) 진단평가

진단평가(diagnostic evaluation)는 교수-학습이 시작되기 전에 학생들이 가지고 있는 특성을 체계적으로 측정하는 행위로서, 학습자의 선수학습의 정도, 적성, 흥미, 동기, 지능 등을 사전에 파악하여 교육목표 및 계획을 수립하는 데 목적이 있다. 즉, 진단평가는 교수-학습활동이 시작되는 초기 단계에서 수업전략을 위한 기초자료를 얻고, 어떤 교수-학습방법이 적절한지를 결정하기 위하여 학습자의 기초능력을 진단하는 평가를 말한다. 진단평가의 주요 기능은 다음과 같다.

첫째, 출발점 행동의 진단으로 학생 정치(placement)의 기능을 가진다. 수업에 임하는 학습자들이 현재 어떠한 특성들을 가지고 있는지 그 출발점 행동을 정확하게 파악하는 기능을 지닌다. 이러한 출발점 행동의 정확한 파악은 학습의 성공에 주요한 요인이 된다. 이러한 출발점 행동을 비롯한 선수학습 정도가 파악되면 적합한 학습계획 및 보충지도가 가능하나, 선수학습의 파악이 제대로 되지 않으면 학습의 결손을 초래하여 후속학습 실패와 학습 결손의 누적적 현상으로 인해 학습지진아가 발생할 수 있다. 따라서 진단평 가의 결과에 의해 교재 선택, 수업진도, 수업방법, 학습집단 구성 등을 결정 하여야 한다.

둘째, 학습자의 신체적, 환경적 학습장애 요인에 대한 진단이 가능하다. 수업 진행 중에 학습자가 수업 내적인 면에서는 그 원인을 찾기 힘든데도 불 구하고 계속적으로 심하게 학습부진 현상을 보이는 학생들이 있는데, 교수-학습활동이 시작되기 전에 학생들에게 학습장애 요소가 있는지 있다면 그 요인이 무엇인지를 진단하여 적절하게 조치를 취해야 한다.

(2) 형성평가

형성평가(formative evaluation)는 교수-학습이 진행되고 있는 도중에 학습 의 진전 상황에 관한 정보를 수집하고 분석하여 그 수업 및 학습을 개선하기 위해 실시되는 평가이다. 다시 말해, 형성평가는 교수-학습과정이 진행되고 있는 도중에 학생에게 피드백 효과를 주고 교육과정 및 수업방법의 질적 개 선을 위해서 실시되는 평가이다. 이는 한 단원이 끝난 후 또는 매 수업시간 마다 실시하는 것이 효과적이며, 교사가 직접 칠판에 문제를 출제하거나 즉 각적인 문답형식 또는 인쇄물 등을 이용할 수 있다. 형성평가의 기능은 다음 과 같다.

첫째, 형성평가는 학습에 대한 보상(reward)과 강화(reinforcement)의 역할 을 한다. 즉, 형성평가는 학생들로 하여금 충분히 학습된 것은 무엇이며, 더 공부해야 할 것은 무엇인지에 대한 피드백을 제공한다. 형성평가에서 좋은 성적을 받으면 자신감을 심어 줌으로써 학습 효과를 강화시켜 주고 좋지 않 은 성적을 받으면 분발심을 자극하여 동기유발이 된다. 특히 형성평가에서 의 성공감은 학습동기와 자신감 유지 등의 심리적 효과를 가져다준다.

둘째, 형성평가는 학습곤란의 진단 및 교정학습을 가능하게 한다. 즉, 형 성평가는 교사와 학생 모두에게 학습의 진전에 대한 정보를 제공한다. 그러므로 형성평가의 결과는 학습 진전의 상황에 대한 파악뿐 아니라 학습곤란, 학습결손을 정확히 밝혀서 이를 보충하고 교정하는 데 그 목적이 있다. 즉, 목표를 달성한 아동에게는 강화 효과를 주고, 미달한 학생에게는 무엇을 학습해야 할 것인가에 대한 정보를 제공해 준다. 또한 자신이 직접 채점하여 그 결과에 대한 판단을 스스로 내리게 하여, 자신에게 어떠한 결점이 있으며 그 원인이 무엇인지를 깨닫게 하는 것도 학습곤란의 문제를 해결하는 데 도움이 된다.

셋째, 형성평가는 학습 진행 속도의 조절 기능을 가진다. 형성평가의 결과는 교사와 학생에게 피드백되므로 교사는 진도 조절이 가능하고, 학생에게는 매 시간마다 적당한 긴장감을 부여하여 학습동기를 자극하게 된다.

넷째, 형성평가는 학습지도 방법을 개선하는 기능을 지닌다. 형성평가의 결과는 학생뿐만 아니라 교사의 수업활동에도 피드백되어 교사로 하여금 자신의 학습지도 과정을 반성하게 한다.

(3) 총합평가

총합평가(summative evaluation)는 총괄평가라고도 하며 교수-학습과정이 끝난 다음 학습목표의 달성 및 성취 여부를 종합적으로 판정하는 평가이다. 이는 주어진 학습과제에 대한 일정 기간의 수업이 종결되었을 때 그 동안의 학습성과를 총괄적으로 사정하여 수업의 효율성에 대한 판단을 내리는 데 목적이 있다. 즉, 일련의 학습과제나 특정 교과의 교수-학습활동이 끝난 후에 수업목표의 달성 여부를 종합적으로 판단하려는 평가형태로서 중간고사, 기말고사 등이 여기에 해당된다. 이러한 총합평가의 주요 기능은 다음과 같다.

첫째, 총합평가는 학업성적을 판정하는 기능을 지닌다. 총합평가의 기능은 학생들의 학업성적을 판정하는 데 있으며, 판정은 대개 점수나 문자, 즉 평점으로 표시된다. 또한 평가의 내용은 특정 교과나 학습단원의 주요 목표들을 대표할 수 있도록 선정되어야 한다. 특히 총합평가의 결과는 학생들의 등급이나 석차를 결정하는 자료로 사용되므로 개인차를 잘 변별해 줄 수 있는 평가도구가 요구되며, 따라서 문항난이도와 변별도가 고려되어야 한다.

둘째, 총합평가의 결과는 학습자의 미래 성적을 예측하는 근거가 된다. 즉, 현재의 성취도와 장래의 성취도 사이의 상관관계를 예측하게 하는 근거가 된다.

셋째, 총합평가의 결과는 집단 간의 성적 비교의 자료로 사용된다. 총합평가는 개개인의 성적뿐 아니라 학습집단 전체에 대한 성적 산출의 근거가 된다.

넷째, 총합평가는 자격 인정, 과목의 이수, 수료, 졸업시험, 종합시험 등의 근거가 된다.

〈표 13-2〉 진단평가, 형성평가, 총합평가의 비교

구분	진단평가	형성평가	총합평가
시기	• 교수-학습 시작 전	• 교수-학습 진행 도중	• 교수-학습 완료 후
목적	• 적절한 교수 투입	• 교수-학습 진행의 적절성 • 교수법의 개선	• 교육목표 달성 • 교육 프로그램 선택 결정 • 책무성
평가방법	• 비형식적 평가 • 형식적 평가	• 비형식적 평가 • 형식적 평가	• 형식적 평가
평가주체	• 교사 • 교육내용 전문가	• 교사	• 교사 • 교육내용 전문가 • 평가 전문가
평가기준	• 준거지향평가	• 준거지향평가	• 규준지향평가 • 준거지향평가
평가문항	• 준거에 부합하는 문항	• 준거에 부합하는 문항	• 규준: 다양한 난이도 • 준거: 준거에 부합하는 문항

3. 문항의 제작과 분석

1) 문항 제작

수업목표에 따라 수업을 실시한 후 학생들이 어느 정도 수업목표에 도달했는지 여부를 평가하기 위해서는 평가도구가 필요하다. 따라서 교사들은 평가의 목적에 적합한 평가문항이나 도구를 선택할 수 있는 능력뿐만 아니라 수업에 적합한 평가도구를 개발할 수 있는 능력을 가지고 있어야 한다.

문항 제작자로서 교사는 좋은 문항을 제작하기 위하여 다음과 같은 몇 가지 기본적인 자질이 필요하다. 첫째, 출제 교과목에 대한 충분한 이해와 지식을 지니고 있어야 한다. 즉, 해당 교과목에 대한 교육목표와 교과내용에 대한 충분한 이해가 필요하다. 둘째, 피험자 집단의 특성에 대한 충분한 이해가 필요하다. 즉, 피험자의 학습발달 수준이나 언어발달 수준, 학습동기 유무 등 학습자의 인지적, 정의적, 심동적 특성을 잘 파악하고 있어야 한다. 셋째, 문항 작성 방법에 대한 충분한 지식을 지니고 있어야 한다. 즉, 문항의 유형과 각 유형의 특징 및 장단점, 그리고 문항 제작 방법을 숙지하고 있어야 한다. 넷째, 제작한 평가문항을 분석할 수 있는 검사이론에 대한 이해와 지식이 필요하다. 검사의 신뢰도와 타당도가 무엇이며 왜 필요한지, 문항난이도, 문항변별도, 문항추측도, 오답지의 매력도 등이 무엇인지, 어떻게 산출하는지에 대해 알고 있어야 한다. 다섯째, 질문의 내용을 간결하고 명확하게 표현할 수 있는 문장력을 지니고 있어야 한다.

평가문항의 제작 절차는 평가의 목적, 유형, 내용 등에 따라 다소 차이가 있으나 다음과 같은 기본적인 절차에 따라 문항을 제작한다. 첫째, 평가목적을 구체화한다. 둘째, 평가목적에 적절한 문항 제작 계획서를 작성한다. 셋째, 문항 제작 계획서에 따라 문항을 제작한다. 넷째, 제작한 문항으로 검사를 실시하여 얻은 피험자들의 문항 응답 자료를 분석하여 문항과 검사의 질을 평가한다. 마지막으로, 개발이 완료된 검사문항들을 편집하고 인쇄한다.

한편, 좋은 문항의 조건은 평가의 목적이나 평가의 유형에 따라 달라지므로, 좋은 문항에 대한 절대적인 판단기준을 설정하기는 어렵다. 하지만 다음과 같은 몇 가지 조건을 충족시킨다면 좋은 문항을 만들 수 있을 것이다. 첫째, 문항의 내용이 측정하고자 하는 내용과 일치하여야 한다. 문항들이 측정하고자 하는 내용을 담고 있을 때, 검사의 타당도가 높다고 한다. 둘째, 문항 내용이 복합성을 가지고 있어야 한다. 복합성(complexity)이란 문항의 내용이 단순 기억에 의한 사실보다는 분석, 종합, 평가 등의 고등정신능력을 측정하여야 한다는 것이다. 셋째, 문항이 구조화되어 있어야 한다. 문항의 구조화(organization)란 문항의 체계성과 명료성을 의미하는 것으로 문항이 모호하지 않고 명확한 것을 말한다. 넷째, 문항의 난이도(item difficulty)가 적절하여야 한다. 여섯째, 문항의 변별도(item discrimination)가 있어야 한다. 일곱째, 문항은 학습동기를 유발하여야 한다. 여덟째, 문항 제작 원리에 근거하여 문항이 만들어져야 한다. 이 외에도 문항은 특정집단에 유리하지 않게 제작되어야 하며, 윤리적·도덕적·교육적으로 문제를 지니지 않아야 한다.

2) 문항 유형

문항의 유형은 크게 선택형과 서답형으로 분류된다. 선택형(selection type) 문항은 주어진 선택지 중 하나 또는 그 이상을 고르는 문항으로 진위형, 선다형, 연결형 문항 등이 있으며, 서답형(supply type) 문항은 피험자가 정답을 직접 써 넣는 문항으로서 완성형, 단답형, 논술형 문항 등이 있다.

(1) 선택형 문항
● 진위형 문항

진위형 문항(true-false item)은 제시된 진술문의 진위에 대한 피험자의 판단을 요구하는 문항 형태로, 흔히 양자택일형이라고 한다. 진위형은 특수한 사실, 용어의 정의, 원리 등에 대한 간단한 지식을 정확하게 이해했는지 여부를 측정하고자 할 때 적합하다. 진위형 문항은 문항 제작이 쉽고 객관적으로 채점할 수 있다는 장점이 있는 반면, 추측에 의하여 문항의 답을 맞힐 확률이 높고, 단순정신능력을 측정할 가능성이 높다는 단점이 있다.

※ 다음 진술문을 읽고 맞으면 ○, 틀리면 ✕를 괄호에 넣으시오.

1. 살수대첩에서 수나라군을 무찌른 장군은 강감찬이다. (   )

2. 동화는 기존의 도식 자체를 변형시켜 새로운 정보나 사물을 파악해 가는 과정을 의미한다. (   )

3. 타당도는 검사가 측정하고자 하는 것을 충실하게 측정하는 정도를 말한다. (   )

● 연결형 문항

연결형 문항(matching item)은 일련의 문제군(premises)과 답지군(responses)을 배열하여 문제군의 질문에 대한 정답을 답지군에서 찾아 연결하는 문항 형태로서 결합형 또는 배합형 문항이라고도 한다. 지식, 용어, 정의, 날짜, 사건 등의 상호관계에 관한 지식을 평가하고자 할 때 사용하기가 적합하다. 연결형 문항은 유사한 사실을 비교하여 구분하고, 판단하는 능력을 측정하기에 적합하며, 채점을 신뢰롭고 객관적으로 할 수 있다는 장점이 있는 반면, 문제군과 답지군이 동질성을 상실하였을 경우 피험자가 쉽게 해답을 찾을 수 있으며, 단순한 사실이나 역사적 사건을 질문하므로 고등정신능력을 측정하기가 어렵다는 단점이 있다.

※ 다음 [A]는 우리나라 문학작품이며, [B]는 저자들이다. 각 문학작품에 대한 저자를 바르게 연결하시오.

[A]		[B]
1. 배따라기	•	• 가. 김동인
		• 나. 김유정
2. 메밀꽃 필 무렵	•	• 다. 염상섭
		• 라. 이효석
3. 술 권하는 사회	•	• 마. 현진건

● 선다형 문항

선다형 문항(multiple-choice item)은 학교에서 가장 널리 사용되는 선택형 문항 형식 중 하나로서 문두와 3개 이상의 선택지들을 제시한 다음 피험자로 하여금 맞는 답지 혹은 가장 적합한 답지를 고르도록 하는 문항 형식이다. 선다형 문항은 여러 개의 선택지 중 하나의 옳은 답을 선택하는 정답형 문항과 여러 선택지 중 가장 옳은 답을 선택하는 최선답형 문항으로 구분된다. 채점을 신뢰롭고 객관적으로 할 수 있으며, 양질의 문항은 고등정신능력도 측정할 수 있다는 장점이 있는 반면, 그럴듯하고 매력적인 오답을 제작하기가 쉽지 않고, 문항 제작에 많은 시간과 노력이 소요된다는 단점이 있다.

※ 다음 문항을 읽고 알맞은 답의 번호를 괄호에 넣으시오.

1. 광합성의 3대 요소가 <u>아닌</u> 것은? (　　)

　　① 물　　　　　② 토양　　　　③ 햇빛　　　　④ 공기

2. 논술형 문항에 대한 설명으로 <u>틀린</u> 것은? (　　)

　　① 문항표집의 대표성이 높다.

　　② 채점 시 채점자의 주관이 개입될 가능성이 높다.

　　③ 추측으로 정답을 할 가능성이 매우 낮다.

　　④ 표현력과 문장력이 평가결과에 영향을 미칠 수 있다.

⑵ 서답형 문항

● 완성형 문항

완성형 문항(completion item)은 진술문의 일부분에 여백을 두어 적합한 단어, 구, 또는 기호 등을 써넣음으로써 불완전한 문장을 완성하게 하는 형태의 문항이다. 완성형 문항은 문항 제작이 용이하고, 짧은 시간에 광범위한 내용을 측정할 수 있으며, 채점을 신뢰롭고 객관적으로 할 수 있다는 장점이 있는 반면, 단순한 지식, 개념, 사실 등만을 측정할 가능성이 높다는 단점이 있다.

> ※ 다음 문장을 읽고 괄호 안에 들어갈 알맞은 말을 괄호에 넣으시오.
> 1. 일정한 법칙에 의거하여 어떤 사물이나 속성에 수치를 부여하는 것을 (   )(이)라고 한다.
> 2. Vygotsky는 사회문화적 인지발달이론에서 실제적 발달 수준과 잠재적 발달 수준 간의 차이를 (   )(이)라고 하였다.
> 3. 한 검사가 측정하고자 하는 것을 안정적이고 일관성 있으며 정확하게 측정하는 정도를 (   )(이)라고 한다.

● 단답형 문항

단답형 문항(short-answer item)은 의문문이나 명령문 형태의 문제에 피험자가 단어, 숫자, 기호, 구, 문장 등으로 응답하는 문항 형태를 말한다. 완성형 문항의 진술문이 여백을 포함한 불완전한 문장으로 제시되는 것과는 달리 단답형 문항은 완전한 문장으로 제시된다. 단답형 문항은 문항 제작이 용이하고, 넓은 범위의 내용을 측정할 수 있으며, 추측에 의하여 정답을 맞힐 수 있는 요인을 배제할 수 있다는 장점이 있는 반면, 짧은 답을 요구하는 문항의 특성상 단순 지식이나 개념, 사실들을 측정할 가능성이 높으며, 선택형 문항에 비하여 채점의 객관성이 낮다는 단점이 있다.

> ※ 다음 문항을 읽고 물음에 답하시오.
> 1. '어떤 대상이 시야에서 사라져도 계속 존재한다는 것을 인식하는 능력'을 Piaget는 무엇이라고 하였는가?
> 2. 감각과 지각의 차이를 설명하시오.

● 논술형 문항

논술형 문항(essay item)은 논문형 문항이라고도 하며, 주어진 질문에 대해 피험자가 자유롭게 여러 개의 문장으로 응답하는 문항 형식이다. 논술형 문항은 피험자에게 정답에 이르는 과정이나 이유 등을 서술하게 함으로써 피험자의 분석력, 비판력, 조직력, 종합력, 문제해결능력 등의 고등정신능력을 측정할 수 있다는 장점이 있는 반면, 다른 문항 유형에 비해 채점하는 데 노력과 시간이 많이 들고, 채점자 간, 채점자 내 신뢰도가 낮다는 단점이 있다.

※ 다음 문항을 읽고 물음에 답하시오.

1. 아동의 사회성 발달에서 가정, 학교, 사회 환경의 영향에 대하 논하시오.
2. 정신분석적 측면에서 도덕성 발달이론을 설명하고, 교육적 시사점에 대해 논하시오.

---

3) 문항분석

문항분석(item analysis)이란 검사를 구성하고 있는 각 문항에 대한 쉽고 어려운 정도와 문항이 능력이 높은 피험자와 낮은 피험자를 변별하는 정도 등과 같이 문항이 원래 의도한 검사의 목적을 제대로 수행할 수 있도록 만들어졌는지를 확인하는 절차이다. 문항분석 방법은 크게 고전검사이론에 의한 문항분석과 문항반응이론에 의한 문항분석으로 나누어진다.

(1) 고전검사이론에 의한 문항분석

● 문항난이도

문항난이도(item difficulty)는 문항의 쉽고 어려운 정도를 나타내는 지수로 문항곤란도라고도 한다. 문항난이도는 총 피험자 중 정답을 맞힌 피험자의 비율로서 문항난이도 지수(item difficulty index)가 높을수록 그 문항에 정답을 한 피험자가 많다는 것을 의미하며, 동시에 그 문항이 쉽다는 것을 의미한다. 문항난이도를 산출하는 공식은 다음과 같다.

$$P = \frac{R}{N}$$

R: 총 피험자 중 해당 문항의 정답자 수

N: 총 피험자 수

문항난이도에 의한 문항평가기준은 학자나 평가의 목적에 따라 다소 차이가 있으나, 일반적으로 .25 미만은 어려운 문항, .25~.75 미만은 적절한 문항, .75 이상은 쉬운 문항으로 평가한다.

● **문항변별도**

문항변별도(item discrimination)는 문항이 피험자의 능력을 변별하는 정도를 나타내는 지수를 말한다. 일반적으로 피험자의 능력은 검사의 총점을 나타내므로 어떤 문항에서 총점이 높은 피험자들, 즉 상위능력집단은 대부분 정답을 맞히고 총점이 낮은 피험자들, 즉 하위능력집단은 틀리게 답하였다면 그 문항은 변별도가 높다 또는 피험자의 능력을 잘 변별해 준다고 해석할 수 있다. 문항변별도를 산출하는 공식은 다음과 같다.

$$D = \frac{U-L}{n}$$

U: 상위능력집단의 정답자 수

L: 하위능력집단의 정답자 수

n: 상위 또는 하위 능력집단의 피험자 수

문항변별도에 의한 문항평가기준은 학자나 평가의 목적에 따라 다소 차이가 있다. 일반적으로 .20 미만은 변별력이 없는 문항, .20~.40 미만은 변별력이 낮은 문항, .40 이상은 변별력이 높은 문항으로 평가한다. 어떤 문항에서 하위능력집단의 정답자 수가 상위능력집단의 정답자 수보다 많은 경우 문항변별도 지수는 음수가 되며, 이 경우 문항과 정답을 다시 확인해 볼 필요가 있다.

(2) 문항반응이론에 의한 문항분석

문항반응이론(Item Response Theory: IRT)은 총점에 의해서 문항난이도와 문항변별도가 분석되고, 집단과 검사에 의하여 이들이 제한된다는 고전검사이론의 문제점을 해결하기 위해 고안된 검사이론이다. 즉, 고전검사이론에서는 똑같은 평가문항이라도 시험을 치르는 집단에 포함된 학생들의 능력에 의해 난이도가 달라진다. 예를 들어, 똑같은 문항이라도 상위능력집단에서는 문항난이도 지수가 높은 쉬운 문항이 되며, 하위능력집단에서는 문항난이도 지수가 낮은 어려운 문항이 된다. 또 한 집단의 능력도 그 집단에 주어지는 검사, 즉 평가문항에 따라 결정된다. 예를 들어, 특정 시점에 어느 집단의 능력은 일정한데 쉬운 문항으로 평가하면 학생들의 능력은 높은 것으로 나타나며, 어려운 문항으로 평가하면 학생들의 능력은 낮은 것으로 나타난다.

문항반응이론에서 문항의 난이도와 변별도는 피험자의 능력에 따라 문항의 답을 맞힐 확률을 연결한 곡선인 문항특성곡선(Item Characteristic Curve: ICC)에 의해 설명된다. 문항난이도는 문항의 어려운 정도를 나타내는 지수로 문항반응이론에서는 문항특성곡선이 어디에 위치하여 기능하는가와 연관된다. 즉, 문항특성곡선이 오른쪽에 위치할수록 어려운 문항이며 왼쪽에 위치할수록 쉬운 문항이 된다. 문항변별도는 하위능력집단의 피험자와 상위능력집단 피험자를 변별하는 정도를 나타내는 지수로서, 문항특성곡선의 기울기가 심할수록 문항의 변별도가 높으며, 반대로 기울기가 낮을수록 변별도가 낮은 문항이 된다.

4. 교육평가도구의 구비조건

1) 타당도

타당도(validity)는 평가도구가 측정하고자 하는 내용이나 속성을 얼마나 충실하게 측정하고 있는지를 나타내는 것으로 검사 점수가 검사의 사용 목적에 얼마나 부합하느냐의 문제이다. 즉, 검사도구 목적의 적합성에 해당된다. 예를 들어, 몸무게를 잴 때는 자를 사용하는 것보다 저울을 사용하는 것이 적합하듯이, 지능을 측정할 때는 지능검사로, 수학능력을 잴 때는 수학능력을 측정하는 문항으로 된 검사로 측정해야 된다는 것이다. 만약 수학문제를 영어로 출제했을 경우 영어를 몰라서 수학문제를 틀렸다면, 이것은 수학문제가 아니고 영어문제이다. 즉, 이 문제는 수학문제로서 적합하지 않으며, 따라서 수학능력을 재는 수학문제로서 타당도가 낮다고 할 수 있다. 타당도의 종류는 크게 내용타당도, 준거타당도, 구인타당도로 구분된다.

● 내용타당도

내용타당도(content validity)는 평가도구가 측정하고자 하는 내용을 잘 대표할 수 있는 문항 표집으로 되어 있는지를 전문가의 체계적이고 논리적인 사고에 의해 판단하는 주관적인 타당도를 말한다. 즉, 평가도구에 포함되어 있는 문항들이 평가하고자 하는 내용을 잘 대표하고 있는 정도를 내용타당도라고 한다. 종종 안면타당도(face validity)라는 용어를 사용하는데, 안면타당도는 검사문항을 전문가가 아닌 일반 사람들이 대략적이고 주관적으로 훑어보고 그 검사의 타당도를 평가하는 것을 말한다. 안면타당도는 내용타당도와는 달리 비과학적이므로, 안면타당도라는 용어는 평가에서 사용하지 않는다.

● 준거타당도

준거타당도(criterion-related validity)는 검사 점수와 어떤 준거 점수와의 상관계수에 의하여 검사도구의 타당도를 검증하는 방법을 말한다. 즉, 준거타당도는 검사와 준거와의 관련성을 분석하는 것으로, 이때 준거란 검사를 평가하기 위한 기준을 의미한다. 준거타당도에는 예언타당도와 공인타당도가 있다.

예언타당도(predictive validity)는 현재의 어떤 검사가 피험자의 미래 행동을 정확하게 예언하는 정도를 의미하는 것으로, 이때의 준거는 미래의 행동 특성이 된다. 대학수학능력시험을 예로 들어 보자. 대학수학능력시험은 피험자들이 대학교에 입학하여 공부를 할 수 있는 능력이 있는지 없는지를 측정하는 평가도구이다. 만약 대학수학능력시험이 목적에 맞게, 즉 적합하게 잘 만들어졌다면 이 시험에서 높은 성적을 받은 학생은 대학 입학 후 높은 성적을 받을 것이다. 다시 말해, 대학수학능력시험의 성적과 준거가 되는 대학교에서의 성적 간에 높은 상관이 있으면 대학수학능력시험의 예언타당도는 높다고 할 수 있다.

공인타당도(concurrent validity)는 검사와 준거가 동시에 측정되면서 검증되는 타당도로 검사 점수와 그 검사 이외의 현재 다른 어떤 준거 점수 간의 관계에 의해 타당도를 검증하는 방법이다. 예를 들어, 연구자가 인성검사를 새롭게 개발하여 타당도를 검증하고자 할 때 새로운 인성검사 점수와 기존에 타당도가 검증된 인성검사 점수의 상관계수를 추정하여 상관계수가 높으면, 새롭게 개발된 인성검사의 공인타당도가 높다고 할 수 있다.

● 구인타당도

구인타당도(construct validity)는 평가도구가 측정하고자 하는 인간의 심리적 특성의 하위요인들을 제대로 측정하고 있는가를 검증하는 방법이다. 예를 들어, 새로 제작한 지능검사가 지능의 하위요인들을 제대로 측정하고 있다면 이 검사의 구인타당도가 높다고 할 수 있다. 구인타당도의 이해를 돕기 위해 구인타당도를 추정하는 절차를 살펴보면 다음과 같다. 첫째, 측정하고자 하는 심리적 특성을 구성하는 구인, 즉 구성요인을 이론에 의해 밝힌다. 둘째, 구인을 측정할 수 있는 문항을 제작한다. 셋째, 구인을 측정하는 문항들로 검사를 제작한다. 넷째, 피험자들에게 검사를 실시한다. 다섯째, 응답 자료를 분석하여 검사가 측정하고자 하는 구인들을 제대로 측정하였는지를 밝힌다. 여섯째, 구인과 관계없는 문항을 제거하여 최종적으로 심리적 특성을 구성하고 있는 구인을 측정하고 있는 문항들로 검사를 완성한다.

2) 신뢰도

신뢰도(reliability)는 한 검사가 측정하고자 하는 것을 안정적이고 일관성 있고 오차 없이 정확하게 측정하는 정도, 즉 검사의 정확성(accuracy)을 의미한다. 동일한 검사를 동일한 피험자에게 여러 번 실시하였을 경우, 검사 점수들 간의 일치 정도가 높으면 그 검사의 신뢰도는 높다고 할 수 있다. 신뢰도의 종류에는 검사-재검사 신뢰도, 동형검사 신뢰도, 반분검사 신뢰도, 문항내적합치도가 있다.

● 검사-재검사 신뢰도

검사-재검사 신뢰도(test-retest reliability)는 동일한 검사를 동일한 피험자 집단에게 어느 정도의 시간차를 두고 두 번 실시하여 얻은 두 검사 점수의 상관계수에 의하여 신뢰도를 검증하는 방법이다. 검사와 재검사 간의 간격은 일반적으로 피험자의 기억이 소멸되는 시간으로 2주에서 4주로 설정하나, 검사의 특성, 측정 내용, 피험자의 연령에 따라 달라질 수 있다. 신뢰도를 추정하는 방법이 간단하다는 장점이 있는 반면, 검사와 재검사 간의 간격 설정에 따른 논란이 있을 수 있다는 단점이 있다.

● 동형검사 신뢰도

동형검사 신뢰도(equivalent-form reliability)는 연구자가 두 개의 동형검사를 제작하여 두 검사를 동일 피험자 집단에게 실시하여 두 검사 점수의 상관계수로 신뢰도를 추정하는 방법이다. 동형검사 신뢰도는 두 검사의 유사성을 측정하며, 평행검사 신뢰도라고 한다. 따라서 동형검사는 동일 내용을 측정하여야 하며, 동일한 형태의 문항과 문항 수, 그리고 동일한 문항난이도와 문항변별도가 지켜져야 한다. 동형검사 신뢰도는 두 개의 동형검사를 동일 집단에 동시에 시행하므로 검사-재검사 신뢰도와는 달리 시험 간격이 문제되지 않는다는 장점이 있다. 하지만 동일한 특성을 측정하는 동형검사 제작이 쉽지 않다는 단점이 있다.

● 반분검사 신뢰도

반분검사 신뢰도(split-half reliability)는 한 개의 검사를 한 피험자 집단에게 실시하여 그것을 적절한 방법에 의해 두 부분으로 분할하고, 이렇게 반분된 검사 점수들 간의 상관계수에 의하여 신뢰도를 추정하는 방법이다. 두 번 검사를 시행하지 않고 신뢰도를 추정할 수 있다는 장점이 있는 반면, 검사를 어떻게 양분하는가에 따라 반분검사 신뢰도 계수가 다르게 추정된다는 단점이 있다.

● 문항내적 합치도

문항내적 합치도(inter-item consistency)는 검사에 포함된 문항 하나하나를 모두 독립된 한 개의 검사로 생각하여 그들 간의 합치도, 동질성, 일치성을 종합하는 신뢰도를 말한다. 문항내적 합치도에는 Cronbach α, KR-20, KR-21, Hoyt 신뢰도 등이 있다. 문항내적 합치도로 가장 많이 활용되고 있는 Cronbach α는 문항내적 합치도를 측정하기 위해 문항 점수의 분산을 고려하여 신뢰도를 추정한다. 문항내적 합치도는 하나의 검사를 양분하지 않고 신뢰도를 추정할 수 있으며, 문항 간의 일관성에 의하여 단일한 추정 결과를 얻을 수 있다는 장점이 있다.

3) 객관도

객관도(objectivity)란 채점자 신뢰도라고도 할 수 있으며, 검사 결과를 채점자가 편견 없이 얼마나 공정하게 그리고 신뢰롭게 채점하느냐에 관한 것이다. 다시 말해, 측정의 결과에 대해 검사자 또는 채점자가 어느 정도 일치된 평가를 하는가를 의미한다.

채점자 간 신뢰도가 떨어져 같은 답안지를 여러 사람이 채점한 결과가 각각 다르게 나오거나, 채점자 내 신뢰도가 떨어져 동일한 답안지를 한 사람이 여러 번 채점하여 그 결과가 다르게 나온다면 객관성이 결여된 경우라고 할 수 있다. 이렇게 객관도가 낮게 되는 주된 요인으로는 우선 평가자의 소양이 부족하거나 평가도구 자체의 객관성이 결여된 경우 또는 평가자의 편견이나 인상, 즉 후광 효과나 안면 효과 등에 영향을 받을 수 있기 때문이다.

객관도를 높이기 위해서는 우선 명확한 평가기준이 있어야 하고, 평가도구를 객관화시키고, 평가자의 소양을 높여야 하며, 여러 사람이 공동으로 평가해서 그 결과를 종합하는 것도 효과적이다.

4) 실용도

실용도(usability)는 어떤 검사를 실시하고 사용하는 데 소요하는 시간, 노력, 비용 등에 관한 문제이다. 아무리 좋은 평가도구라도 경제적, 시간적 노력을 많이 요한다든지 실시나 채점에 있어 복잡하고 까다롭다면 실용도가 부족하다고 할 수 있다. 실용도를 높이기 위해서는 검사의 채점이 쉬워야 하며, 해석과 활용이 용이해야 하고, 비용, 시간, 노력 등이 절약될 수 있어야 한다.

● 실시 시간의 적절성

실시 시간이 짧은 검사를 일반적으로 선호한다. 그렇다고 실용도만을 고려하여 검사 실시 시간을 지나치게 단축하면 검사의 신뢰도가 낮아지기 쉽다. 그래서 타당하고 신뢰로운 결과를 얻을 수 있을 정도의 실시 시간이 적절하게 배정되어야 한다.

● 실시 절차의 용이성

검사를 실시할 경우에 준수해야 할 지시사항은 간단하고 명료해야 한다. 지시사항이 지나치게 복잡하면 노련한 실시자라도 실시 과정에 어려움을 당할 수 있다. 실시 절차가 까다로운 경우에는 실시 과정에서 오류가 발생할 수 있다. 또한 하위검사의 수가 비교적 적은 것이 실시하기에 더 용이하다.

● 채점의 용이성

채점의 용이성을 위해서 채점을 위한 지시가 명확하고 채점 답안지를 간단하게 만들어야 한다. 그리고 답안지를 문제지와 분리해서 사용해야 한다. 검사문항의 특성으로 인하여 객관식 응답을 요구하는 대신 주관식 응답을 요구하는 경우에는 채점자의 주관적인 판단이나 편견으로 인하여 점수가 달라질 수 있다. 따라서 주관식 문항을 출제할 경우, 문항과 함께 모범답안을 반드시 먼저 준비해야 한다. 모범답안에 의해 채점의 일관성을 유지하고 채점의 혼란을 최소화할 수 있기 때문이다.

● 해석과 활용의 용이성

일반적으로 검사의 실시요강이나 검사지침서에 검사를 정확하게 해석하고 올바르게 활용하는 방법을 상세하게 제시하고 있다. 검사 실시 시 검사실시요강을 충분히 숙지하여 정확하게 해석하고 용이하게 활용할 수 있어야 한다. 검사 결과가 정확하게 해석되고 효과적으로 활용된다면 그 결과는 교육적으로 바람직한 결정을 하는 데 도움을 줄 것이다.

● 검사비용의 경제성

검사의 효과가 동일할 경우에 비용이 적은 검사가 더 실용적이나, 무조건 검사의 비용이 저렴한 검사가 경제적인 것은 아니다. 신뢰도와 타당도가 제시되지 않는 검사는 비용이 저렴할 가능성은 높지만 검사의 정확성이나 적합성이 떨어지므로, 검사의 신뢰도와 타당도가 제시되어 있는 검사를 사용하여야 한다.

참고문헌

고현(2011). 자폐아동을 위한 미술관 교육프로그램 개발. 중앙대학교 교육대학원 석 사학위논문.

권석만(2016). 현대 이상심리학(제2판). 서울: 학지사.

김동일, 신을진, 이명경, 김형수(2011). 학습상담. 서울: 학지사.

김아영(2010). 학업동기: 이론, 연구와 적용. 서울: 학지사.

김영채(2003). 학습심리학. 서울: 박영사.

김정휘 역(2006). 지능심리학[Intelligence: Multiple perspectives]. Gardner, H. 저. 서 울: 시그마프레스. (원저는 1997년에 출판).

박권생(2011). 인지심리학: 이론과 적용. 서울: 시그마프레스.

박성익(1999). 교육방법의 교육공학적 이해. 서울: 교육과학사.

박아청(1992). 성격심리학. 서울: 교육과학사.

박아청(2004). 교육심리학의 이해. 서울: 교육과학사.

박영신(1989). 성패귀인의 측정: 학업성패귀인 차원의 재검토. 교육학연구, 27(1), 11- 27.

송명자(1995). 발달심리학. 서울: 학지사.

신명희, 강소연, 김은경, 김정민, 노원경, 박성은, 서은희, 원영실, 황은영(2010). 교육 심리학. 서울: 학지사.

신명희, 강소연, 김은경, 김정민, 노원경, 송수지, 서은희, 원영실, 임호용(2014). 교육 심리학(3판). 서울: 학지사.

윤가현, 김문수, 김정희, 남기덕, 도경수(2005). 심리학의 이해. 서울: 학지사.

이건인, 이해춘(2011). 교육심리학. 서울: 학지사.

이성진(1996). 교육심리학: 그 학문적 성격과 과제. 교육심리연구, 10, 25-40.

이신동, 최병연, 고영남(2011). 최신교육심리학. 서울: 학지사.

이영나(2005). 틱장애 아동의 가정환경 및 어머니의 양육관련 변인에 관한 연구. 놀이치료연구, 6(8), 37-48.

이용남, 강민철, 김계현, 방선욱, 송인섭, 이신동, 이재신, 최진승(1999). 신교육심리학. 서울: 학지사.

이우경, 이원혜(2012). 심리평가의 최신 흐름. 서울: 학지사.

이지연, 김태준(2017). 유아교사를 위한 교육심리학. 경기: 양서원.

임규혁, 임웅(2007). 학교학습효과를 위한 교육심리학(2판). 서울: 학지사.

임승권(1994). 교육의 심리학적 이해. 서울: 학지사.

임정훈, 한기순, 이지연(2009). 교육심리학. 경기: 양서원.

조성연(2006). 예비부모교육. 서울: 학지사.

한국교육심리학회 편(1999). 교육심리학 용어사전. 서울: 학지사.

황윤한(1998). 보다 좋은 수업을 향한 교수-학습의 패러다임적 전환. 서울: 교육과학사.

Adams, G. R., & Gullotta, T. D. (1989). *Adolescent life experiences*. Pacific Grove, California: Brooks/Cole.

Adelman, H. S., & Taylor, L. (1986). *An introduction to learning disabilities*. Glenview, IL: Scott, Foresman & Co.

Amabile, T. M. (1982). Social psychology of creativity: A consensual assessment technique. *Journal of Personality and Social Psychology, 43*, 997-1013.

Ambron, S. R., & Irwin, D. M. (1975). Role-taking and moral judgment in five- and seven-year-olds. *Developmental Psychology, 11*, 102.

Ames, C. (1992). Classrooms: Goals, structures, and students motivation. *Journal of Educational Psychology, 84*(3), 261-271.

American Psychiatric Association (1994). *Diagnostic and statistical manual of mental disorders*. Washinton D.C.: American Psychiatric Association.

Atkinson, J. W. (1958). *Motives in fantasy, action, and society*. NJ: Van Nostrand.

Atkinson, J. W. (1964). *An introduction to motivation*. NJ: Van Nostrand.

Atkinson, R. C., & Shiffrin, R. M. (1968). Human memory: A proposed system and its control process. In K. W. Spence & J. T. Spence (Eds.), *The psychology of learning and motivation: Advances in research and theory*. New York: Academic Press.

Ausubel, D. P. (1968). *Educational psychology: A cognitive view*. New York: Holt, Rinehart and Winston.

Ausubel, D. P. (1969). Is there a discipline of educational psychology? *Educational Psychologist, 5*, 1-9.

Baddeley, A. (1986). *Your memory: A user's guide*. London: Prion.

Bandura, A. (1977). *Social learning theory*. Englewood Cliffs, NJ: Prentice Hill.

Bandura, A. (1986). *Self-efficacy: The exercise of control*. New York: W. H. Freeman.

Bandura, A., & Walters, R. M. (1963). *Social learning and personality development*. New York: Holt, Rinehart and Winston.

Barrows, H. (1994). *Practice-based learning: Problem-based learning applied to medical education*. Springfield, IL: Southern Illinois University School of Medicine.

Berk, L. E. (2006). *Child development* (7th ed.). Boston: Allyn & Bacon.

Berk, L. E., & Spuhl, S. T. (1995). Maternal interaction, private speech, and task performance in preschool children. *Early Childhood Research Quarterly, 10*, 145-169.

Berk, L. E., & Winsler, A. (1995). *Scaffolding children's learning: Vygotsky and early childhood education*. Washington DC: National Association for the Education of Young Children.

Berkowitz, M. W., & Bier, M. C. (2004). Research-based character education. *Annals of the American Academy of Political and Social Science, 591*, 72-85.

Bjorklund, D. F. (2000). *Children's thinking*. CA: Wadsworth/Thomson Learning.

Bloom, B. S. (1956) *The taxonomy of educational objectivers, Handbook I, Congnitive domain*. NY: David Mckay.

Brody, G. H., & Shaffer, D. R. (1982). Contributions of parents and peers to children's moral socialization. *Developmental Review, 2*, 31-75.

Brophy, J. (1998). *Motivating students to learn*. New York: McGraw Hill.

Brown, J., Colins, A., & Duguid, P. (1989). Situated cognition and the culture of learning. *Educational Researcher, January-February*, 33-40.

Bruner, J. S. (1959). Learning and thinking. *Harvard Educational Review, 29*, 184-192.

Bruner, J. S. (1961). The act of discovery. *Harvard Educational Review, 31*, 21-32.

Cattell, R. (1971). *Abilities: Their structure, growth, and action*. New York: Houghton Mifflin.

Chap, J. B. (1985). Moral judgment in middle and late adulthood: The effects of age-appropriate moral dilemmas and spontaneous role taking. *International Journal of Aging and Human Development, 22*, 161-171.

Clements, S. D. (1970). *Minimal brain dysfunction in children: Educational, medical, and health related services.* Washington DC: U.S. Public Health Service.

Cobb, N. J. (1998). *Adolescence: Continuity, change, and diversity* (3rd ed.). New York: Mayfield.

Colby, A., Kohlberg, L., & Gibbs, J. C. (1979). The measurement of stage of moral judgement. *Final report to the National Institute of Mental Health.* Cambridge, MA: Center for Moral Development and Education.

Colby, A., Kohlberg, L., Gibbs, J. C., Lieberman, M., Fischer, K., & Saltzstein, H. D. (1983). A longitudinal study of moral development. *Monographs of the Society for Research in Child Development, 48,* 1-124.

Cole, P. M., Barrett, K. C., & Zahn-Waxler, C. (1992). Emotion displays in two-year-olds during mishaps. *Child Development, 63,* 314-324.

Crain, W. C. (1992). *Theories of development: Concepts and applications.* Englewood Cliffs, NJ: Prentice-Hall.

Crawford, R. P. (1954). *The techniques of creative thinking.* New York: Prentice-hall.

Cronbach, L. J. (1969). Validation of Educational measures. In Proceedings of the 1969 Invitation Conference on Testing Problems: Toward a theory of achievement measurement, 35-52. Princeton, NJ: Education Testing Service.

Davis, G. A., & Rimm, S. B. (1982). Group inventory for finding interests(GIFFI) I and II: Instruments for identifying creative potential in the junior and senior high school. *Journal of Creative Behavior, 16,* 50-57.

de Bono, E. (1985). The CoRT thinking program. In R. W. Segal, S. R. Chipman, & R. Gkase (Eds.), *Thinking and learning skills: Research and open questions.* Hillsdale, NJ: Lawrence Erlbaum Association Publishers.

Deci, E., & Ryan, R. M. (1985). *Intrinsic motivation and self-determination in human behavior.* New York: Plenum.

Dweck, C. (1999). Self-theories and goals: Their role in motivation, personality, and development. In R. Diensstbier (Ed.), *Perspectives on motivation: Nebraska symposium on motivation 1990* (pp. 199-325). Lincoln: University of Nebraska Press.

Eberle, R. F. (1972). Developing imagination through scamper. *The Journal of Creative Behavior, 6*(3), 199-203.

Eggen, P. D., & Kauchak, D. P. (2006). *Educational psychology: Windows on classrooms* (8th ed.). Upper Saddle River, NJ: Pearson.

Elkind, D. E. (1978). Understanding the young adolescent. *Adolescence, Spring*, 127-134.

Elliot, A. J. (1999). Approach and avoidance motivation and achievement goals. *Educational Psychologist, 34*, 169-189.

Elliot, A. J., & Church, M. (1997). A hierarchical model of approach and avoidance achievement motivation. *Journal of Personality and Social Psychology, 72*, 218-232.

Fiske, S., & Taylor, S. (1991). *Social cognition*. New York: McGraw-Hill.

Forman, E. A., & Cazden, C. B. (1985). Exploring Vygotskian perspectives in education: The cognitive value of peer interaction. In J. V. Wertsch (Ed.), *Culture, communication and cognition: Vygotskian perspectives*. New York: Cambridge University Press.

Fuchs, L. S., & Fuchs, D. (2001). Principles for the prevention and intervention of mathematics difficulties. *Learning Disabilities Research and Practice, 16*, 85-95.

Gage, N. L. (1991). The obviousness of social and educational research results. *Educational Research, 20*(1), 10-16.

Gall, J. P., Gall, M. D., & Bong, R. (1999). *Applying educational research: A practical guide*. New York: Longman.

Gallagher, J. (1985). *Teaching the gifted child*. Boston: Allyn & Bacon.

Gardner, H. (1983). *Frames of mind: The theory of multiple intelligences*. New York: Basic Books.

Gardner, H. (2000). *Intelligence reframed: Multiple intelligences for the 21st century*. New York: Basic.

Gilligan, C. (1982). *In a different voice: Sex differences in the expression of moral judgment*. Cambridge, MA: Harvard University Press.

Gilligan, C. (1985). Remapping development. Paper presented at the biennial meeting of the Society for Research in Child Development, Toronto.

Gilligan, C. (1990). Teaching Shakespeare's sister. In C. Gilligan, N. Lyons, & T. Hanmer (Eds.), *Making connections: The relational worlds of adolescent girls at Emma Willard School*. Cambridge, MA: Harvard University Press.

Goetz, E. T., Alexander, P. A., & Ash, M. J. (1992). *Educational psychology: A classroom perspective*. New York: MaCmillan.

Goldstein, E. (2011). *Cognitive psychology: Connecting mind, research, and everyday experience*. Australia: Wadsworth Cengage Learning.

Good, T., & Marshall, S. (1984). Do student learn more in heterogeneous or homogeneous groups? In P. Peterson, L. Wilkison, & M. Hallinan (Eds.), *The social context of instruction: Group organization and group process.* (pp. 15-38). New York: Academic Press.

Gordon, W. J. J. (1961). *Synectics: The development of creative capacity.* New York: Harper & Row.

Gough, H. G., & Heilbrun, A. B. (1983). *The adjective check list manual* (2nd ed.). Palo Alto, CA: Consulting Psychologists Press.

Guilford, J. P. (1959). Three faces of intellect. *American Psychologist, 14,* 469-479.

Guilford, J. P. (1967). *The nature of human intelligence.* New York: McGraw-Hill Book Company.

Hansel, C. E. M. (2011). Apparent movement and eye movements. *British Journal of Psychology: General Section, 44*(2), 145-155.

Harackiewicz, J. M., & Linnenbrink, E. A. (2005). Multiple achievement goals and multiple pathways for learning: The agenda and impact of Paul R. Pintrich. *Educational Psychologist, 40,* 75-84.

Harkness, S., Edwards, C. P., & Super, C. M. (1981). The claim to moral adequacy of a highest stage of moral judgment. *Developmental Psychology, 17,* 595-603.

Harter, S. (1998). The development of self-representations. In W. Damon & N. Eisenberg (Eds.), *Handbook of child psychology* (pp. 553-618). New York: Wiley.

Hennessey, B. A., & Amabile, T. M. (1988). The role of environment in creativity. In R. J. Sternberg (Ed.), *The nature of creativity* (pp. 11-38). Cambridge, MA: Cambridge University Press.

Hergenhahn, B. R. (1988). *Shaping your child's personality.* Englewood Cliffs, NJ: Prentice Hall.

Heyes, J. (1988). *The complete problem solver* (2nd ed.). Hillsdale, NJ: Erlbaum.

Hoffman, M. L. (1980). Moral development in adolescence. In J. Adelson (Ed.), *Handbook of adolescent psychology.* New York: Wiley.

Hoffman, M. L. (1988). Moral development. In M. H. Bornstien & M. E. Lamb (Eds.), *Developmental psychology: An advanced textbook* (2nd ed.). Hillsdale, New Jersey: Prentice-Hall.

Horn, J. L. (1970). Organization of data on life span development of human abilities. In L. R. Gonlet & P. B. Baltes (Eds.), *Life-span development psychology: Research and theory.* New York: Academic Press.

Hull, C. L. (1951). *Essential of behavior*. New Hanven, CT: Yale University Press.

Inhelder, B., & Piaget, J. (1958). *The growth of logical thinking*. New York: Basic Books.

Johnston, M. M., & Finney, S. J. (2010). Measuring basic needs satisfaction: Evaluating previous research and conducting new psychometric evaluations of the basic needs satisfactionin general scale. *Contemporary Educational Psychology, 35*, 280-296.

Jellen, H., & Urban, K. (1986). The TCP-DP: An instrument that can be applied to most age and ability groups. *Creative Child and Adult Quarterly, 3*, 138-155.

Jose, P. M. (1990). Just world reasoning in children's immanent justice arguments. *Child Development, 61*, 1024-1033.

Kagan, J. (1964). Impulsive and reflective children. In J. D. Krumbolz (Ed.), *Learning and the educational process*. Chicago, IL: Rand McNally.

Kagan, J., Rosman, B. L., Day, D., Albert, J., & Phillips, W. (1964). Information processing in the child: Significances of mental growth. *Grade Teacher Magazine, 79*, 123-130.

Kaufman, A. S., & Kaufman, N. L. (1983). *Kaufman Assessment Battery for Children Interpretive Manual*. MN: American Guidance Service.

Kennedy, M. M. (1997). The connection between research and practice. *Educational Researcher, 26*(7), 4-12.

Keyser, V., & Barling, J. (1981). Determinants of children's self-efficacy beliefs in an academic environment. *Cognitive Therapy and Research, 5*(1), 29-40.

Kochanska, G. (1997). Multiple pathways to conscience for children with different temperaments: From toddlerhood to age 5. *Developmental Psychology, 33*, 228-240.

Kochanska, G., Murray, K., & Coy, K. C. (1997). Inhibitory control as a contributor to conscience in childhood: From toddler to early school age. *Child Development, 68*, 263-277.

Kohlberg, L. (1959). The development of modes of moral thinking and choice in the years 10 to 16. Unpublished doctoral dissertation, University of Chicago.

Kohlberg, L. (1973). Cognitive development theory and the practice of collective moral education. *Collected papers on moral development as moral education*, 342-372.

Kohlberg, L. (1984). *Essays on moral development: The psychology of moral development*. New York: Harper & Row.

Kohlberg, L., & Kramer, R. (1969). Continuities and discontinuities in childhood and adult moral development. *Human Development*, *12*, 93-120.

Lapsley, D. K. (1996). *Moral psychology*. CO: West view.

Lepper, M. R., & Green, D. (1975). Turning play into work: Effect of adult surveillance and extrinsic rewards on children's of intrinsic motivation. *Journal of Personality and Social Psychology*, *31*, 479-486.

Lewis, M., Alessandri, S. M., & Sullivan, M. W. (1992). Differences in shame and pride as a function of children's gender and task difficulty. *Child Development*, *63*, 1722-1731.

Lindsley, D. B. (1957). Psychophysiology and motivation. In M. R. Jones (Ed.), *Nebraska symposium on motivation*. Lincoln, Nebraska: University of Nebraska Press.

Lloyd, M. A. (1985). *Adolescence*. New York: Harper & Row.

Maltzman, I. (1960). On the training of originality. *Psychological Review*, *67*, 229-242.

Marcia, J. E. (1980). Ego identity development. In J. Adelson (Ed.), *Handbook of adolescent psychology*. New York: Wiley.

Maslow, A. H. (1970). *Motivation and personality*. New York: Haper & Row.

Munro, G., & Adams, G. R. (1977). Ego identity formation in college students and working youth. *Developmental Psychology*, *13*(5), 523-524.

Nelson, S. A. (1980). Factors influencing young children's use of motives and outcomes as moral criteria. *Child Development*, *51*, 823-829.

Osborn, A. F. (1963). *Applied imagination: Principles and procedures of creative problem solving*. New York: Scriber.

Patrick, E., & Abravanel, E. (2000). The self-regulatory nature of preschool children's private speech in a naturalistic setting. *Applied Psycholinguistics*, *21*, 45-61.

Perkins, D. N. (1988). Creativity and the quest for mechanism. In R. J. Sternberg & E. E. Smith (Eds.), *The psychology of human thought* (pp. 309-336). New York: Cambridge University Press.

Piaget, J. (1932). *The moral judgment of the child*. New York: Free Press.

Piaget, J. (1952). *The language and thought of the child*. London: Routledge & Kegan-Paul.

Piaget, J. (1973). *The psychology of intelligence*. Totowa, NJ: Little field & Adams.

Piaget, J. S., & Inhelder, B. (1956). *The child's conception of space*. London: Routledge & Kegan Paul.

Pintrich, P. R. (2000). An achievement goal theory perspective on issues in motivation terminology, theory, and research. *Contemporary Educational Psychology, 25*, 92-104.

Pratt, M. W., Golding, G., & Hunter, W. J. (1983). Aging as ripening: Character and consistency of moral judgment in young mature, and older adult. *Human Development, 26*, 277-288.

Pratt, M. W., Golding, G., Hunter, W. J., & Norris, J. (1988). From inquiry to judgment: Age and sex differences in patterns of adult moral thinking and information-seeking. *International Journal of Aging and Human Development, 27*, 109-124.

Price, R. A., Kidd, K. K., Cohen, D. J., Pauls, D. L., & Leckman, J. F. (1985). A Twin study of Tourette's. Arch Gen PSYCHIATRY, 43,815.

Reis, E. M. (2002). Attention deficit hyperactivity disorder: Implications for the classroom teacher. *Journal of Instructional Psychology, 29*, 175-177.

Renzulli, J. S. (1978). What makes giftedness? Re-examining a definition. *Phi Delta Kappa, 60*, 180-181.

Rimm, S., & Davis, G. A. (1976). GIFT an instrument for the identification of creativity. *Journal of Creative Behavior, 10*, 178-182.

Rosenshine, B., & Meister, C. (1992). The use of scaffolds for teaching higher-level cognitive strategies. *Educational Leadership, 49*(7), 26-33.

Rundus, D. (1971). Analysis of rehearsal processes in free recall. *Journal of Experimental Psychology, 89*, 63-77.

Ryan, R. M., & Deci, L. (2000). Intrinsic and extrinsic motivations: Classic definitions and new directions. *Contemporary Educational Psychology, 25*, 54-69.

Ryckman, R. M. (2000). *Theories of personality*. Belmont, CA: Wadsworth.

Santrock, J. W. (2003). *Child development*. New York: McGraw-Hill.

Savery, J., & Duffy, T. (1995). Problem based learning: An instructional model and its constructivist framework. *Educational Technology, 35*(5), 31-38.

Schunk, D. H. (1990). Goal setting and self-efficacy during self-regulated learning. *Educational Psychologist, 25*(1), 71-86.

Seifert, K. L. (1991). *Educational psychology*. Boston: Houghton Mifflin Co.

Shaffer, D. R. (1999). *Developmental psychology: Childhood and adolescence*. Pacific Grove, CA: Brooks/Cole.

Shaffer, D. R. (2002). *Developmental psychology: Childhood and adolescence* (6th ed.). Belmont, CA: Wordsworth Thomson Learning.

Slavin, R. E. (1987). Ability grouping and student achievement in elementary schools: A best evidence synthesis. *Review of Educational Research*, *57*, 293-336.

Smetana, J. G. (1982). Children's judgments about mixed (moral and social) events. Paper presented at the Annual Meetings of the American Educational Research Association, New York.

Smetana, J. G. (1997). Parenting and the development of social knowledge reconceptualized: A social-domain analysis. In J. E. Grusec & L. Kuczynski (Eds.), *Parenting and children's internalization of values* (pp. 162-192). New York: Wiley.

Smetana, J. G., & Braeges, J. (1990). The development of toddlers' moral and conventional judgements. *Merrill-Palmer Quarterly*, *36*, 329-346.

Snyderman, M., & Rothman, S. (1987). Survey of expert opinion on intelligence and aptitude testing. *American Psychologist*, *42*, 137-144.

Spearman, C. (1904). "General intelligence," objectively determined and measured. *American Journal of Psychology*, *15*, 201-293.

Spearman, C. (1927). *The abilities of man*. New York: Macmillan.

Stephen, J., Fraser, E., & Marcia, J. E. (1992). Moratorium achievement, (Mama) cycles in life span identity development: Value orientations and reasoning systems' correlates. *Journal of Adolescence*, *15*, 283-300.

Sternberg, R. J. (1987). Teaching intelligence: The application of cognitive psychology to the improvement of intellectual skills. In J. B. Baron & R. Sternberg (Eds.), *Teaching thinking skills: Theory and practice* (pp. 182-218). New York: Freeman.

Sternberg, R. J. (1993). Would you rather take orders from Kirk or Spock? The relation between rational thinking and intelligence. *Journal of Learning Disabilities*, *26*(8), 516-519.

Sternberg, R. J. (1997). *Thinking styles*. New York: Cambridge University Press.

Sternberg, R. J. (1998). Applying the triarchy theory of human intelligence in the classroom. In R. J. Sternberg & W. M. Williams (Eds.), *Intelligence, instruction, and assessment* (pp. 79-84). Alexandria, VA: Association for Supervision and Curriculum Development.

Sternberg, R. J. (2005). The theory of successful intelligence. *International Journal of Psychology*, *39*(2), 189-202.

Sternberg, R. J., & Berg, C. A. (Eds.). (1986). *Intellectual development*. New York: Cambridge University Press.

Sternberg, R. J., & Detterman, D. K. (Eds.). (1986). *What is intelligence? Contemporary viewpoints on its nature and definition*. Norwood, NJ: Ablex Publishing Corporation.

Sternberg, R. J., Ferrari, M., Clinkenbeard, P. R., & Grigorenko, E. L. (1996). Identification, instruction, and assessment of gifted children: A construct validation of a triarchic model. *Gifted Child Quarterly, 40*(3), 129-137.

Sternberg, R. J., & Grigorenko, E. L. (1995). Styles of thinging in the school. *European Journal for High Ability, 6*, 201-219.

Sternberg, R. J., Grigorenko, E. L., Ferrari, M., & Clinkenbeard, P. (1999). A triarchic analysis of an aptitude-treatment interaction. *European Journal of Psychological Assessment, 15*, 1-11.

Sternberg, R. J., & Lubart T. I. (1995). *Defying the crowd: Cultivating creativity in a culture of conformity*. New York: Free Press.

Sternberg, R. J., & Williams, W. M. (2002). *Educational psychology*. Boston: Allyn & Bacon.

Stevens-Long, J. (1990). Adult Development: Theories past and future. In R. A. Nermiroff & C. B. Colarusso (Eds.), *New dimensions in adult development*. New York: Basic books.

Strike, K. (1990). The legal and moral responsibility of teachers. In J. Goodlad, R. Soder, & K. Sirotnik (Eds.), *The moral dimension of teaching* (pp. 188-223). San Francisco: Jossey-Bass.

Terman, L. M., & Oden, H. M. (1959). *The gifted groups at mid-life: Thirty-five follow up of the superior child*. Stanford, CA: Stanford University Press.

Thorndike, E. L. (1921). *Educational psychology*. New York: Columbia University Teachers College Press.

Thurstone, L. L. (1938). *Primary mental abilities*. Chicago: University of Chicago Press.

Tolman, E. C. (1948). Cognitive maps in rats and men. *Psychological Review, 55*, 1-4.

Tolman, E. C., & Honzik, C. H. (1930). Introduction and removal of reward and maze performance in rats. *Publications in Psychology, 4*, 215-232.

Torrance, E. P. (1962). *Guiding creative talent*. Englewood Cliffs, NJ: Prentice Hall.

Torrance, E. P. (1988). The nature of creativity as manifested in its testing. In R. J. Sternberg (Ed.), *The nature of creativity: Contemporary psychological perspectives* (pp. 43-75). New York: Cambridge University Press.

Trotter, J. W. (1990). *Coal, class and color.* New York: University of Illinois Press.

Turiel, E. (1998). The development of morality. In W. Damon (Ed.), *Handbook of child psychology* (pp. 863–932). New York: Wiley.

Tyler, W. L. (1953). Cloze procedure: A new tool for measuring readability. *Journalism Quarterly, 30,* 415–433.

Vygotsky L. S. (1978). *Mind in society: The development of processes.* Cambridge, MA: Harvard University Press.

Walker, L. J. (1980). Cognitive and perspective taking prerequisites of moral development. *Child Development, 51,* 131–139.

Walker, L. J. (1982). The sequentiality of Kohlberg's stages of moral development. *Child Development, 53*(5), 1330–1336.

Walker, L. J., de Vries, B., & Trevethan, S. D. (1987). Moral stages and moral orientations in real–life and hypothetical dilemmas. *Child Development, 58,* 842–858.

Wallach, M. A., & Kogan, N. (1965). *Models of thinking in young children.* New York: Holt, Rinehart and Winston.

Watson, J. B. (1925). *Behaviorism.* New York: Norton.

Watson, J. B., & Rayner, R. (1920). Conditioned emotional reactions. *Journal of Experimental Psychology, 3,* 1–14.

Wechsler, D. (1939). *Measurement of adult intelligence.* Baltimore, MD: Williams & Wilkins.

Weiner, B. (1974). *Achievement motivation and attribution theory.* Morristown, NJ: General learning Press.

Wertsch, J. V. (1985). *Vygotsky and the social formation of mind.* Cambridge, MA: Harvard University Press.

Witkin, H. A., Dyk, R. B., Faterson, H. F., Goodenough, D. R., & Karp, S. A. (1962). *Psychological differentiation.* New York: Wiley.

Witkin, H. A., Moore, C., Goodenough, D., & Cox, P. (1977). Field–dependent and Field–independent cognitive styles and their educational implications. *Review of Educational Research, 47,* 1–64.

Wittrock, M. C. (1992). An empowering conception of educational psychology. *Educational Psychologist, 27,* 129–141.

Woolfolk, A. E. (1993). *Educational psychology* (5th ed.). Boston: Allyn & Bacon.

Woolfolk, A. E. (2007). *Educational psychology* (10th ed.). Boston: Allyn & Bacon.

Young, P. T. (1961). *Motivation and emotion.* New York: Wiley.

저자 소개

조규판(Cho, Gyupan)
University of Alabama Ph.D.(교육심리 및 측정 전공)
현 동아대학교 교육학과 교수

〈주요 저·역서 및 논문〉
『교육학개론』(공저, 창지사, 2018)
『마이어스의 인간행동과 심리학』(공역, 시그마프레스, 2018)
『진로와 자기계발』(공저, 학지사, 2017)
「취업불안척도의 개발 및 타당도 연구」(2008)
「청소년용 학습몰입척도 개발 및 타당화」(공동연구, 2018)

주희진(Ju, Heejin)
동아대학교 대학원 교육학과 교육학 박사(교육심리 전공)
현 동아대학교 교육학과 교수

〈주요 논문〉
「청소년용 배려척도 개발 및 타당도 연구」(공동연구, 2013)
「부산교육종단연구 연구설계 및 문항개발」(공동연구, 2016)
「대학생의 완벽주의 성향의 수준에 따른 대인관계능력과 진로성숙도 및 준비행동의 차이」
      (공동연구, 2017)
「대학생 핵심역량 진단검사 개발 및 타당화」(공동연구, 2018)

양수민(Yang, Sumin)
동아대학교 대학원 교육학과 교육학 박사(교육심리 전공)
현 동아대학교 교육학과 겸임교수

〈주요 논문〉
「가족자원봉사활동이 청소년의 가족건강성 및 학교적응에 미치는 효과」(공동연구, 2014)
「아이돌보미의 직무열의 및 보육효능감이 직무만족도에 미치는 영향」(공동연구, 2017)

교육심리학 (2판)
Educational Psychology(2nd ed.)

2016년 8월 30일 1판 1쇄 발행
2017년 4월 20일 1판 2쇄 발행
2019년 2월 25일 2판 1쇄 발행
2021년 9월 15일 2판 3쇄 발행

지은이 • 조규판 · 주희진 · 양수민
펴낸이 • 김진환
펴낸곳 • (주) **학지사**

04031 서울특별시 마포구 양화로 15길 20 마인드월드빌딩 5층
대표전화 • 02) 330-5114　　팩스 • 02) 324-2345
등록번호 • 제313-2006-000265호
홈페이지 • http://www.hakjisa.co.kr
페이스북 • https://www.facebook.com/hakjisabook

ISBN 978-89-997-1758-1 93370

정가 18,000원

이 도서의 국립중앙도서관 출판시도서목록(CIP)은 서지정보유통지원시스템
홈페이지(http://seoji.nl.go.kr)와 국가자료공동목록시스템(http://www.nl.go.kr/kolisnet)
에서 이용하실 수 있습니다.
(CIP제어번호: CIP2019002849)

출판 · 교육 · 미디어기업 **학지사**

간호보건의학출판 **학지사메디컬** www.hakjisamd.co.kr
심리검사연구소 **인싸이트** www.inpsyt.co.kr
학술논문서비스 **뉴논문** www.newnonmun.com
원격교육연수원 **카운피아** www.counpia.com